ETHNICITÉ RÉPUBLICAINE

Dr Tim Stigmaouse

ETHNICITÉ RÉPUBLICAINE

Les élites d'origine maghrébine dans le système politique français

Vincent Geisser

PRESSES DE SCIENCES PO

Catalogage Électre-Bibliographie (avec le concours des Services de documentation de la FNSP)

Geisser, Vincent
Ethnicité républicaine : les élites d'origine maghrébine dans le système politique français. – Paris : Presses de Sciences Po, 1997
ISBN 2-7246-0732-5

RAMEAU :	français d'origine maghrébine : politique et gouvernement
	français d'origine maghrébine : identité ethnique classes dirigeantes : France
DEWEY :	305.8 : Structure de la société. Groupes sociaux définis par leurs pratiques religieuses, leur langue, des caractères ethniques, raciaux ou nationaux
	306.3 : Anthropologie sociale et culturelle.
	Sociologie de la vie politique
Public concerné :	Universitaire. Public intéressé

Le photocopillage tue le livre

Couverture : Emmanuel Le Ngoc
© 1997. PRESSES DE LA FONDATION NATIONALE DES SCIENCES POLITIQUES

TABLE DES MATIÈRES

PRÉFACE par *Michel Camau* 9

INTRODUCTION 17

Mitterrandisme d'État et mythe de réconciliation 20
Une ethnicité à la française 22
De nouveaux « fous de la République » ? 30

PREMIÈRE PARTIE

UNE ÉLITE EN FORMATION

Chapitre 1. DE L'ART DE RECONSTRUIRE SES ORIGINES 43

Le pôle franco-algérien 43
Nationalismes migratoires 48
Les élites et la guerre civile en Algérie 54

Chapitre 2. HÉRITIERS OU PARVENUS ? 59

Origines sociales et migratoires 60
Des grimpeurs sociaux 63
Les projets de mobilité 71
École et promotion sociale : des « exceptions scolaires » ? 77

Chapitre 3. MARIAGES 87

Stratégies matrimoniales 89
La mixité comme spécificité ? 92

Chapitre 4. DE L'ASSOCIATIF AU POLITIQUE ? 99

La virginité associative comme ressource politique 100
Les « engagés » 102

DEUXIÈME PARTIE
L'ETHNICITÉ DANS LA NATION

Chapitre 5. LES TERRITOIRES 115

Une distribution géopolitique 116
Deux logiques d'ethnicisation du politique en France 123

Chapitre 6. GESTION MUNICIPALE ET MÉDIATION
COMMUNAUTAIRE 129

L'expérience des conseillers étrangers associés 130
Les enjeux municipaux de l'ethnicité maghrébine 134
La représentation politique des populations maghrébines 141

Chapitre 7. LES ÉLITES LAÏQUES ET L'ISLAM 149

La dimension privée du rapport à l'islam 151
Une faible implication dans les réseaux islamiques 156
La « Sainte-Alliance » autour de la Mosquée de Paris 159

TROISIÈME PARTIE
UNE FORCE SOCIALE ET POLITIQUE

Chapitre 8. LES ASSOCIATIONS CIVIQUES ET POLITIQUES ... 167

La « galaxie PS » 168
France Plus : élitisme républicain et ethnicité déguisée 170
L'espace ethnique du Parti socialiste 178
Les mouvements pour la « nouvelle citoyenneté » 190

Chapitre 9. LA CRITIQUE RADICALE DU MULTICULTURA-
LISME D'ÉTAT 197

Fantasmes de dilution de l'identité arabo-musulmane 198
La fin d'un tabou : dialoguer avec l'extrême droite 203

Chapitre 10. LES ASSOCIATIONS POUR LA CRÉATION
D'ENTREPRISES 207

La fin du civisme ? 208
Arabité symbolique et médiation économique 210
Une position apartidaire dans le champ politique ? 212

Chapitre 11. ETHNICITÉ ET IDÉAL RÉPUBLICAIN 215

Une mise en scène officielle du dialogue intercommunautaire 216
Crise et célébration du « modèle républicain français » 218
Les élites maghrébines : des pacificateurs sociaux ? 219
La guerre du Golfe en France : un « laboratoire d'ethni-
cités » ? 225

Conclusion. UN LOBBY MAGHRÉBIN EN FRANCE ? 227

Annexe 1. Liste des conseillers municipaux d'origine maghré-
bine recensés ou enquêtés pour le mandat 1989-1995 235
Annexe 2. Liste des dirigeants d'associations d'élites maghré-
bines et des personnalités interrogés entre 1990 et 1995 ... 239
Annexe 3. Association France Plus : déclaration constitutive ... 242
Annexe 4. Conférence nationale des élus socialistes originaires
du Maghreb 244
Annexe 5. Le Cercle des socialistes de culture musulmane 247
Annexe 6. Association Arabisme et Francité : projet de charte 249

BIBLIOGRAPHIE 255

INDEX DES NOMS 259

PRÉFACE

Abcès de fixation des passions françaises depuis le début des années quatre-vingt, le débat sur l'immigration ne cesse de glisser du terrain de l'économie et des contraintes de la crise à celui de la nation et des voies et moyens de l'*intégration*. Au-delà des querelles de chiffres, il tend à mobiliser de plus en plus ouvertement les référents identitaires : comment concilier la promotion d'une identité nationale et la libre expression des identités particulières des individus et des groupes ?

Qu'il s'agisse de réformer le Code de la nationalité ou de renforcer le contrôle des flux migratoires, les motivations avancées et les arguments échangés témoignent de l'insinuation du doute dans la représentation qu'une société se fait d'elle-même.

Le trait renvoie, entre autres, à des caractéristiques de l'immigration postcoloniale que le discours politique avait omis d'expliciter et d'expliquer : les courants migratoires ne consistent pas dans des allers et retours régulés en fonction des cycles de croissance, à la manière de Bison futé et des cohortes de vacanciers sur les routes de l'été. Longtemps partagé par les immigrés et les *natifs* (pour ne pas dire les *indigènes*), le mythe du retour a fait place au constat, par les uns et les autres, que l'immigration emprunte souvent la forme d'un aller simple et produit, d'une génération à l'autre, des... *natifs*. Assurément, avec le recul de l'historien ou les projections du démographe, il n'y a point là matière à découverte. En revanche, aux yeux de populations qui vivent une histoire en train de se faire sans se projeter dans des représentations positives de l'avenir, les effets différés de l'immigration peuvent apparaître comme une mutation subite, si ce n'est subie.

Sans doute, la question de l'immigration et de l'intégration relève-t-elle davantage des symptômes que des causes profondes des poussées de fièvre identitaire. La France, quelle que soit l'idée que l'on s'en fasse, est exposée à des tendances qui ne relèvent pas de sa seule histoire ou de ses seules particularités sociologiques, à des phénomènes qui excèdent les idées reçues sur un génie ou un mal français. À l'instar des autres démocraties dites « avancées », elle est confrontée à une mise à l'épreuve de la citoyenneté par l'*ethnicisation du monde*, ce repli des individus et des groupes sur des solidarités et des valeurs exclusives, redouté par Max Weber lorsqu'il entrevoyait une « guerre des dieux » à l'horizon d'un monde désenchanté.

De ce point de vue, il semble difficile de se conformer purement et simplement à l'inclination commune lorsqu'elle prétend résumer les enjeux français à une simple mise en opposition d'un modèle républicain d'intégration et d'un modèle anglo-saxon. Il s'agirait de sauvegarder, voire de restaurer, le premier, paré de toutes les vertus, et de se prémunir contre le second qui, caractérisant des sociétés d'immigrants, figurerait, dans le contexte français, une dérive contre laquelle il conviendrait de se prémunir.

À proprement parler, cette rhétorique relève d'un programme de vérité qui est celui non point de l'observation et de l'explication politiques mais de l'*émotion en politique*, telle qu'analysée par Philippe Braud dans un ouvrage récent. Elle traduit un ébranlement des repères symboliques en fonction desquels le « vivre ensemble » peut trouver sens. À cet égard, elle participe plus des données du problème posé qu'elle ne contribue à le résoudre.

Invoquer le modèle républicain et stigmatiser le modèle anglo-saxon, c'est une manière de constater l'émergence d'un pluralisme culturel tout en déniant à celui-ci tout droit à la reconnaissance dans la sphère publique. Or ce nouvel avatar du pluralisme défie le libéralisme politique jusque dans ses fondements mêmes. Il l'expose à l'impossibilité de l'absolu en matière de méconnaissance et, à l'opposé, de reconnaissance. Jusqu'où le libéralisme peut-il ou doit-il aller dans ce que

Charles Taylor désigne comme la « politique de reconnaissance » (c'est-à-dire la reconnaissance publique des particularités culturelles) ?

Michael Walzer distingue, à cet égard, deux formes de libéralisme, l'une mettant l'accent sur la neutralité et l'autre sur l'engagement. Suivant un premier cas de figure, qualifiable de libéralisme opératoire, l'État ne poursuivrait comme objectifs collectifs que la sauvegarde des libertés et des droits individuels. Dès lors, la reconnaissance ne bénéficierait pas à une identité culturelle en particulier, qu'elle soit majoritaire ou minoritaire, mais à toutes. En revanche, dans l'hypothèse de l'engagement, l'État s'emploierait à promouvoir des desseins collectifs consistant dans la sauvegarde ou la promotion d'une (ou plusieurs) identité(s) culturelle(s). Mais pour autant il ne saurait méconnaître les droits et les libertés des individus ne partageant pas cette (ou ces) identité(s).

La simple mise en opposition d'un modèle anglo-saxon et d'un modèle républicain (français) n'offre de cette distinction analytique qu'une caricature dans la mesure où elle en identifie les principes aux termes d'une alternative, comme si, dans la pratique, la neutralité et l'engagement pouvaient revêtir un caractère illimité et une signification univoque. Les deux formes de libéralisme correspondent à des idéaux types, autrement dit à des instruments de mesure et non à des photographies de régimes politiques. La neutralité en certains domaines n'exclut pas des formes particulières de reconnaissance au profit de telle ou telle identité culturelle, comme en témoigne l'*affirmative action* aux États-Unis. Quant à la promotion de desseins collectifs, qu'il s'agisse de l'identité nationale, de la laïcité ou des « valeurs de la République » en général, elle se heurte à l'indétermination de la marge de reconnaissance des identités minoritaires postulée par la sauvegarde des droits et des libertés individuelles.

C'est cette question, la détermination de la marge de reconnaissance des identités particulières, qu'actualisent, en France aujourd'hui, les effets différés de l'immigration postcoloniale.

On saura gré à Vincent Geisser de l'avoir abordée de manière concrète et illustratrice, sous l'angle des canaux et des procédures de la représentation politique. Sous le titre délibérément provocateur d'*Ethnicité républicaine*, il livre les résultats d'une enquête sociologique sur de nouveaux acteurs politiques, les élites issues de l'immigration maghrébine, dans le souci de contribuer à éclairer la dimension ethnique du politique.

Son entreprise s'adosse principalement à trois moments significatifs des modalités et de la portée de l'accession de Français d'origine maghrébine à la représentation politique : les élections municipales de 1989 ; le développement du phénomène associatif dans l'ombre de partis politiques et sous l'éclairage des médias ; la gestion, sur la scène politique intérieure, de l'engagement français dans la guerre du Golfe.

Les enseignements que l'auteur dégage méthodiquement de son remarquable travail de terrain permettent d'appréhender la part consentie à l'ethnicité par le système politique français comme le siège d'un dilemme.

Au fil des pages, on prend progressivement la mesure de ces élites, « opérateurs symboliques d'intégration » qui interviennent simultanément en tant que producteurs d'un discours légitime et participants à la mise en œuvre d'une politique publique. Leur intervention participe d'une réponse à une demande politique, mais leur représentativité (« ethnique ») est autoproclamée et/ou postulée, par les centres politiques. Leur parcours est celui de « réussites » individuelles, mais ils ne s'en réclament pas moins d'une « communauté imaginée ». Alors même qu'ils opèrent dans une perspective d'intégration, ils se réfèrent à l'ethnicité, qui constitue leur ressource politique, en des termes apparemment peu compatibles avec la plate-forme d'intégration républicaine. Par le jeu même de ces ambiguïtés de rôle, de statut et de discours, ils contribueraient à une *ethnicité à la française*, une ethnicité qui ne se construirait pas contre le mythe national mais le stimulerait de l'intérieur.

L'ainsi nommée *ethnicité à la française* serait sur le point d'aborder un autre moment de sa construction, caractérisé par les passages simultanés des opérateurs politiques d'origine maghrébine au cultuel et des opérateurs musulmans au politique. Cette étape pourrait devenir, semble-t-il, celle de la consolidation, avec des musulmans respectueux et des électeurs responsables permettant la constitution d'un pôle, religieux et politique, arabo-musulman.

Le propos, ici résumé en termes lapidaires, ne manque pas en réalité de nuances et s'emploie à éviter les écueils de l'angélisme et du cynisme. S'il prend acte de l'émergence de représentants politiques issus de l'immigration maghrébine, il se garde bien de l'interpréter comme une réponse stable et durable à l'enjeu de la détermination de la marge de reconnaissance des identités particulières. Il ne suggère pas davantage qu'elle procéderait d'une simple manipulation de la part de clans en quête de clientèles. Il problématise la relation entre les transformations de la société française et les caractéristiques du système politique français, de manière à éclairer le champ des évolutions possibles, sinon probables.

Bien qu'issu d'une thèse de doctorat et conforme aux exigences de la démarche scientifique, l'ouvrage ne sacrifie pas à l'académisme et s'ouvre ainsi à un large public. C'est là l'illustration involontaire d'un autre dilemme, inhérent celui-ci aux nécessités de l'édition. Une recherche universitaire ne peut donner lieu à vérification et évaluation qu'à travers la confrontation avec les membres d'une communauté scientifique, restreinte par définition. Néanmoins, pour prétendre contribuer peu ou prou à la coexistence entre les hommes, il lui faut donner matière à communication au-delà du cercle étroit des spécialistes. Comment satisfaire simultanément aux deux exigences ? *Ethnicité républicaine* en tient la gageure.

Michel CAMAU
Directeur de recherche au CNRS

Soraya Rahmouni, conseillère municipale, célébrant un mariage à l'hôtel de ville de Vénissieux *(photo R. Ariasno-Baroche, 1990).*

Saïd Merabti, adjoint au maire de Vitrolles, rend hommage, en présence d'un imam, aux soldats musulmans tombés pour la France *(photo S. Merabti, 1995).*

Saïd Merabti préside les opérations de dépouillement dans le bureau de vote du quartier des Pins à Vitrolles lors des législatives 1993 *(photo S. Merabti, 1993)*.

Le poids des symboles : Samy Driss, conseiller municipal à Orléans, avec Yasser Arafat, président de l'Organisation de libération de la Palestine *(photo Samy Driss, 1990)*.

INTRODUCTION

Les thèmes de l'immigration et de la légitimité d'une présence musulmane dans l'Hexagone font aujourd'hui l'objet de débats passionnels. Que faire, dans ce contexte, de la question qui nous intéresse ici, la formation d'une élite maghrébine au sein de la société française ? Voilà qui nous renvoie également à une histoire qui a débuté peu avant la première guerre mondiale, avec l'arrivée des travailleurs coloniaux d'Algérie, recrutés directement dans leur région d'origine et employés dans les principaux sites industriels et miniers français. Une minorité parmi eux parviendra à s'affranchir progressivement des contraintes imposées par leur statut de « recrutés administratifs » et à conquérir une position d'« ouvriers libres », noyau originel de l'élite maghrébine résidant en métropole. Disposant d'une instruction primaire et d'une qualification professionnelle supérieure à celle de leurs « frères », souvent mariés à des Françaises « de souche », ils contribueront à faire émerger un modèle d'ascension sociale qui emprunte à la fois au syndicalisme ouvrier et au nationalisme naissant, incarné par le combat de l'Étoile nord-africaine de Messali Hadj [1]. Aussi les enjeux étaient-ils à la fois internes à la société française, puisqu'ils

---

1. Gilbert Meynier, « Prolétaires et élites dans les villes françaises dans la première génération de l'émigration algérienne », *Les Cahiers de la Méditerranée*, 45, décembre 1992, p. 173-182.

s'inscrivaient clairement dans ceux de la classe ouvrière métropolitaine, et externes, dans la mesure où ils remettaient en cause la légitimité du fait colonial français ou du moins ses modalités « concrètes » de domination.

Au milieu des années cinquante, dans le cadre de leur politique d'intégration conduite en Algérie française, les gouvernements métropolitains encourageront l'accession des élites musulmanes à des postes de responsabilité au sein de l'administration locale. En 1955, fut ainsi créée à Alger une École d'administration, dont la mission était de former les futurs fonctionnaires musulmans. Se profilait l'utopie d'une troisième force, susceptible de jouer un rôle de médiateur entre une population « indigène » de plus en plus réceptive aux thèses nationalistes et les pouvoirs publics français discrédités, aussi bien dans la communauté musulmane que dans la communauté européenne.

Rompant avec le mot d'ordre d'intégration et instaurant un collège unique en Algérie, le gouvernement du général de Gaulle favorisera l'élection de personnalités musulmanes qui siégeront directement au Parlement français. Une députée algérienne, Nafissa Sid-Cara, se verra nommée en 1959 secrétaire d'État auprès du Premier ministre, Michel Debré. Toutefois, cette politique d'intégration – même si le terme est rejeté par le général de Gaulle – s'inscrit dans un contexte particulier qui est celui de la recherche de solutions politiques à la crise algérienne [1].

En réalité, la prise de conscience collective du caractère pluriel de la société française n'interviendra que tardivement. Il faut attendre la fin des années soixante pour que des partis politiques, des syndicats et des associations éprouvent le besoin d'en faire l'un des axes majeurs de leur plate-forme ou de leur programme. Pour la France, on peut citer les différentes initiatives de la CFDT, du PSU et des mouvements de solidarité avec les travailleurs immigrés. Malgré la reconnaissance de fait du pluralisme culturel, ces organisations ne sont pas conduites pour autant à « ethniciser » leurs modes de recrutement et d'intervention dans l'espace public. Imprégnées d'une logique à la fois

1. Cf. Benjamin Stora, *Histoire de la guerre d'Algérie (1954-1962)*, Paris, La Découverte, coll. « Repères », 1993.

classiste et universaliste, elles continuent à considérer les nouveaux arrivants d'Europe du Sud (Espagnols, Italiens et Portugais) et du Maghreb comme des acteurs de classe (prolétaires parmi les prolétaires) et comme porteurs d'une nouvelle universalité (hommes parmi les hommes). L'inclusion des minorités immigrées était conçue à travers la mobilisation de classe et la défense des cultures d'origine, selon un axe de représentation duale dominants/dominés. De leur côté, les pouvoirs publics français ont longtemps privilégié une approche technocratique des questions relatives à l'immigration, excluant toute possibilité de formation de médiateurs ethniques [1]. Dans ce contexte politique et idéologique, le débat sur les élites issues des minorités n'avait pas de raison d'être et apparaissait comme tabou dans une société censée intégrer des individus et non des communautés.

Aujourd'hui encore, les acteurs et les observateurs de la vie politique française traitent l'ethnicité en fait minoritaire, émanant de groupes dominés socialement et culturellement. Les nouvelles revendications identitaires sont généralement associées à l'« ethnicité du pauvre » qui recourrait ainsi à sa différence pour mieux se faire entendre dans l'espace public. Seules les questions corse et basque font aujourd'hui l'objet d'un traitement particulier et de négociations au plus haut niveau de l'État [2].

L'ethnicité peut-elle être ramenée exclusivement à l'expression de minorités dominées ? Ne doit-on pas prendre en compte également la part de l'institutionnel dans les logiques actuelles de différenciation ?

L'objectif de cet ouvrage est de montrer que l'« ethnicité à la française » constitue autant le produit de manifestations minoritaires (culturelles, religieuses ou autres) qu'un mode d'appréhension majoritaire de la réalité sociale : on ethnicise pour mieux saisir une réalité qui nous échappe. Le recours aux

---

1. Patrick Weil, *La France et ses étrangers : l'aventure d'une politique de l'immigration, 1938-1991*, Paris, Calmann-Lévy, 1991, et Catherine Wihtol de Wenden, *Les immigrés et la politique : cent cinquante ans d'évolution*, Paris, Presses de Sciences Po, 1988.
2. Cf. Barbara Loyer, « Les nationalismes basque et catalan. Des représentations géopolitiques différentes », *Hérodote*, 57, avril-juin 1990, et Marianne Lefèvre, « La dérive de la Corse. Une dérive économique, sociale et civique », *Hérodote*, 80, janvier-mars 1996, p. 24-54.

registres d'ethnicité tend à devenir un phénomène dominant et touche l'ensemble des champs sociaux (éducation, sciences, arts, politique de la ville...). Toutefois, ce processus d'ethnicisation repose sur une ambiguïté majeure. Il offre aux individus, aux groupes et aux institutions la possibilité de décrypter une réalité de plus en plus complexe, tout en entretenant la vision fantasmatique d'une société au bord de l'éclatement. À ce titre, la notion polysémique d'« intégration » est symptomatique de la tendance actuelle à créer, à partir d'un même objet (l'immigration), du sens prescrit et de l'incertitude anxiogène. La reconnaissance publique de la différence, telle qu'elle s'est manifestée, par exemple, au moment de la crise du Golfe (cf. discours de François Mitterrand sur les communautés juive et musulmane [1]), est intrinsèquement liée à l'idée que celle-ci pourrait se retourner contre le système, si elle n'était pas suffisamment encadrée et maîtrisée.

MITTERRANDISME D'ÉTAT
ET MYTHE DE RÉCONCILIATION

La question de l'ethnicité dans la société française des années quatre-vingt n'a de sens qu'au regard de ce qui fut l'un des mythes fondateurs du mitterrandisme au pouvoir : la réconciliation des communautés et des minorités autour de l'idéal national. En France, contrairement aux pays anglo-saxons, le multiculturalisme est principalement une production étatique. C'est l'État central et ses représentants autorisés qui définissent ses contours et ses limites légitimes, participant activement à sa propagation dans les différents secteurs de la société. Aussi n'est-il pas exagéré d'affirmer que le multiculturalisme à la française est d'abord un multiculturalisme d'État.

La gestion publique des nombreuses « affaires de foulards islamiques » et des retombées de la guerre du Golfe tendrait à

---

1. Le 3 mars 1991, à l'occasion de la victoire de la coalition alliée dans le Golfe, le président de la République, François Mitterrand, s'adresse à la nation française en ces termes : « Je remercie les communautés musulmane et juive qui ont donné l'exemple de la sagesse et du sang-froid [...]. » (*Le Monde*, 6 mars 1991.)

prouver que la gauche française, longtemps imprégnée par un jacobinisme et un laïcisme purs et durs, a progressivement évolué vers une lecture communautaire des enjeux et des rapports de force au sein de la société.

Déjà en 1960, le secrétaire général de la SFIO, Guy Mollet, proposait de résoudre la crise algérienne par la création d'un régime fédératif « où seraient garantis pour l'avenir les droits des communautés kabyle, arabe, chaouia, mozabite, juive et française [1] ». Certes, il s'agit d'une situation spécifique (la guerre d'Algérie) et les projets de l'ancien leader socialiste doivent être replacés dans leur contexte sociohistorique. Mais, comme le souligne l'historien Michel Abitbol, la gauche socialiste est à l'époque la seule force politique hexagonale à pousser aussi loin le communautarisme en lui donnant une formulation politique précise : une fédération regroupant sur une base égalitaire les « six communautés ethniques » d'Algérie française.

Dans un tout autre contexte politique, le nouveau Parti socialiste, dirigé par François Mitterrand, mettra au point une plateforme de gouvernement, dans laquelle les représentations communautaristes de la société française ne sont pas de reste. Tant le *Manifeste* adopté au congrès extraordinaire de Créteil, en janvier 1981, que le projet socialiste *Pour la France des années quatre-vingt* laissent transparaître une lecture communautaire des rapports sociaux : « Il faut préparer les nations les plus riches, dont la France, à envisager leur avenir en termes communautaires [2]. »

Par son statut de « parti du président », sa position hégémonique dans les instances gouvernementales et ses relations privilégiées avec le mouvement associatif issu de l'immigration maghrébine, le Parti socialiste jouera, au cours des années quatre-vingt, un rôle majeur dans la production institutionnelle d'ethnicité. Il assume très largement ce rôle en se positionnant à plusieurs reprises comme agent de pacification sociale et porteur d'un discours central de cohésion, susceptible de réconcilier

1. Michel Abitbol, « La citoyenneté imposée. Du décret Crémieux à la guerre d'Algérie », dans Pierre Birnbaum (dir.), *Histoire politique des juifs de France*, Paris, Presses de Sciences Po, 1990, p. 215.
2. Cité par Rachid Mendjelli, « L'intégration comme ressource politique. Nouvel électorat et/ou nouvelles élites », *Horizons maghrébins*, 20/21, 1993, p. 8-20.

une communauté nationale divisée et morcelée. C'est à ce niveau que se dégage le mieux la conception que le Parti socialiste a de sa propre fonction symbolique dans la société française : la défense de la cohésion nationale face aux risques de fragmentation communautaire, mais aussi la protection desdites « minorités » face à la montée de l'intolérance et du racisme de la majorité. Ainsi, discours de la Différence et discours de l'Unité s'interpellent mutuellement, confortant une nouvelle version de notre roman national français.

En définitive, la gestion étatique des affaires de foulards islamiques et les effets de la crise du Golfe sur les « communautés » n'ont fait que porter à son paroxysme l'un des mythes fondateurs du mitterrandisme d'État, c'est-à-dire un mythe de réconciliation nationale [1].

UNE ETHNICITÉ À LA FRANÇAISE

La notion d'ethnicité est quasiment absente de la sociologie française et des sciences sociales en général. Son usage restait cantonné au champ des études ethnologiques et anthropologiques, c'est-à-dire à l'analyse des sociétés dites « primitives » et « mécaniques ». Aujourd'hui encore, alors que son usage est courant chez les chercheurs américains et britanniques, qu'il connaît même un regain de vitalité chez nos voisins belges [2], des réticences perdurent chez les auteurs français.

---

1. L'analyse du discours de François Mitterrand pendant ses deux septennats confirme cette omniprésence d'un mythe de réconciliation des Français. C'est peut-être dans son intervention du 12 septembre 1994 à propos de ses relations avec René Bousquet que ce mythe transparaît de façon la plus saillante. Il justifie ainsi sa bienveillance à l'égard de l'ancien secrétaire général de la police sous le régime de Vichy par une « volonté d'apaiser les éternelles guerres civiles entre Français ». Sources : Entretien avec Jean-Pierre Elkabach, *France 2 Télévision*, 12 septembre 1994.
2. Cf. Albert Bastenier et Felice Dassetto, *Immigration et espace public : la controverse de l'intégration*, Paris, CIEMI-L'Harmattan, 1993, et Marco Martiniello, *Ethnicité et sciences sociales*, Paris, PUF, coll. « Que sais-je ? », 1995.

Un tabou hexagonal

Cette méfiance généralisée à l'égard de l'ethnicité ressortit au premier chef aux retombées intellectuelles de la décolonisation qui ont contribué à jeter une suspicion sur le concept d'ethnie. Le sentiment de culpabilité éprouvé par les penseurs occidentaux s'est traduit par une volonté commune de faire table rase de tout ce qui pouvait rappeler de près ou de loin les exactions du colonisateur. À la veille de l'an 2000, l'ethnicité continue à faire peur et sa simple évocation renvoie aux images terribles de guerre, de barbarie et de luttes intertribales. De ce point de vue, les intellectuels français sont porteurs d'une dénonciation ambiguë : ils entendent défendre les « ethnies disparues » tout en niant les réalités ethniques du temps présent. Les lectures actuelles des crises yougoslave et rwandaise reflètent cette volonté contradictoire de protection culturaliste (se faire l'avocat de l'ethnie massacrée face à son oppresseur) et de négation des structures ethniques existantes (désir d'imposer une lecture politique, voire économique, des réalités). La formule même de « purification ethnique », promue par certains de nos intellectuels [1], illustre cette tentation paradoxale d'en appeler simultanément à la Raison universelle et au fantasme de la guerre ethnique.

Par ailleurs, la profonde cicatrice provoquée par la découverte de l'horreur de la *Shoah* a participé à discréditer les études ethniques du début du siècle en leur accolant une dimension raciste qu'elles n'ont pas toujours eue. La simple idée qu'il puisse exister des ethnies différentes au sein d'une même entité nationale tend à être vécue comme la résurgence d'une idéologie passéiste et néfaste. De manière paradoxale, ce sont aujourd'hui des groupes de militants juifs qui prétendent réintroduire une lecture ethnique de l'appartenance au judaïsme, critiquant les effets désastreux des mariages mixtes et en appelant à une « rejudaïsation » des juifs d'Europe [2].

---

1. Cf. Bernard-Henri Lévy, *La pureté dangereuse*, Paris, Grasset, 1994.
2. Cf. Phyllis Cohen-Albert, « L'intégration et la persistance de l'ethnicité chez les juifs de la France moderne », p. 221-243, dans Pierre Birnbaum (dir.), *Histoire politique des juifs de France*, Paris, Presses de Sciences Po, 1990. Cf. aussi entretien avec le grand rabbin de France, Joseph Sitruk, *Le Monde*, 11 novembre 1989.

Il ne faut pas oublier, enfin, le fantasme d'américanisation, planant tel un fantôme sur notre débat politique. La notion d'ethnicité évoque la « société ghetto » que les Français se refusent à voir naître chez eux. Une telle vision occulte le fait que les Américains ont longtemps considéré leur société comme un ensemble homogène, et ont défendu une approche assimilationniste de l'intégration des nouveaux arrivants. L'idée d'une société nord-américaine comme assemblage de communautés hétérogènes constitue un cliché typiquement européen, largement utilisé par les intellectuels et les hommes politiques français pour justifier la supériorité intégrative de notre « modèle républicain ». A *contrario*, ledit « modèle anglo-saxon » tend à jouer le rôle de repoussoir, entretenant l'illusion d'une cohésion nationale moralement et socialement supérieure à celle de nos voisins.

Tous ces facteurs permettent de mieux comprendre la force de rejet du concept d'ethnicité, associé au complexe ethnocidaire et génocidaire, ainsi qu'au « communautarisme anglo-saxon ». Faut-il renoncer pour autant à recourir à une telle notion, alors qu'elle apparaît comme un élément déterminant des stratégies actuelles de différenciation sociale ? Ne doit-on pas, au contraire, la traiter comme un « concept actif quotidien » employé « par les gens ordinaires pour cette tâche importante, parfois même fondamentale, qui consiste à se communiquer le sentiment de leur communauté et de conscience sociale [1] » ?

Le débat « ethnicité objective »/« ethnicité subjective »

On distingue traditionnellement deux grands types d'approches de l'ethnicité qui, en principe, ne sont pas réductibles : l'approche objective et l'approche subjective. À travers cette opposition idéal-typique, nous retrouvons non seulement le débat sur les fondements de l'identité nationale (conception

---

1. Max Weber cité par William A. Douglass et Stanford M. Lyman, « L'ethnie : structure, processus et saillance », *Cahiers internationaux de sociologie*, 61, 1976, p. 198.

française/conception germanique), mais aussi les conflits de « repérage du politique [1] ».

Pour les défenseurs de l'approche objective, l'ethnicité repose sur des fondements tels que la race, la culture, la langue ou la religion, et se manifeste indépendamment du sentiment d'appartenance éprouvé par les individus ou les groupes sociaux. On naît « ethnique », mais on ne choisit pas de le devenir [2].

À l'inverse, pour les tenants de l'approche subjective, l'ethnicité se fonde sur des sentiments d'ordre affectif (l'*affektuel* de Max Weber), liés à la fois au contexte global et à la position du groupe dans la structure sociale. Il convient cependant de distinguer deux types de subjectivisme, selon le caractère coercitif ou volontaire de l'adhésion au stigmate ethnique.

Le premier est exprimé par Jean-Paul Sartre dans sa définition du juif : « Le juif est un homme que les autres hommes tiennent pour juif [3]. » Le subjectivisme sartrien pourrait être résumé ainsi : être « ethnique », c'est moins l'être *en soi* que *par et pour les autres*. L'ethnicité ne constitue donc pas l'expression d'un sentiment minoritaire mais celui d'une majorité ou d'un système politique (l'État français de 1940 à 1944) qui cherche à éliminer (l'extermination) ou à séparer (le ghetto ou la déportation). Parler de détermination subjective est pertinent, dans la mesure où l'ethnicité repose sur des critères irrationnels, produits par les mentalités collectives. Cela n'exclut pas que le sentiment subjectif (la haine du juif, de l'Arabe ou du métèque) fasse l'objet d'une tentative d'objectivation des traits distinctifs. L'organisation par le régime de Vichy d'une exposition sur « Le Juif » répond précisément à ce besoin de prouver que la différence entre les métèques et les « bons Français » repose bien sur des critères objectifs et visibles : le nez, le regard, la taille, la démarche... L'approche sartrienne pèche cependant par son caractère réducteur. Elle circonscrit les phénomènes d'ethnicité au regard de la majorité ou d'un pouvoir génocidaire, sans envisager la possibilité pour le « minoritaire » d'une conscience ethnique positive, c'est-à-dire assumée et revendiquée. Indépen-

---

1. Jean Leca, « Le repérage du politique », *Projet*, 71, 1973, p. 11-24.
2. Danielle Juteau-Lee, « La production de l'ethnicité ou la part réelle de l'idéel », *Sociologie et sociétés*, 15 (2), octobre 1983, p. 41.
3. Jean-Paul Sartre, *Réflexions sur la question juive*, Paris, Gallimard, 1954, p. 83.

damment de sa situation d'exclu, de dominé ou de stigmatisé, l'individu peut éprouver un sentiment de fierté ethnique. Quand le grand rabbin de France, Joseph Sitruk, déclare, par exemple, que « les juifs ont cessé d'être juifs lorsqu'ils sont devenus français, c'est-à-dire en 1791 [1] », il n'exprime pas seulement une conscience de victime, mais aussi un sentiment de fierté ethnique, clairement séparé de la nationalité juridique.

Le second type de subjectivisme renvoie à une volonté des individus ou des groupes de se définir comme des « êtres ethniques », au-delà des catégories du droit positif. Ce sentiment peut parfois aller à l'encontre de l'idéologie des États d'origine et des pays d'accueil et traduit un désir de transgresser leurs référents officiels (le régionalisme kabyle chez les élites maghrébines de France, par exemple).

Pour ne pas rester enfermé dans ce débat entre approches objectives et approches subjectives, il nous paraît plus pertinent de distinguer avec Jean Leca ce qui relève du « noyau dur de l'identité [2] », des « modes d'identification contextuelle ou situationnelle », donnant lieu à des stratégies de valorisation, de manipulation, voire de dissimulation de ses origines. Le « noyau dur » ne revêt pas exclusivement une connotation ethnique. Il est présent chez tous les individus, quelle que soit leur filiation nationale, régionale ou familiale. Il constitue le produit de leur socialisation, de leur « sexisation » (importance des rites d'initiation) et de leur « humanisation [3] ». Il n'est ni figé ni monolithique, mais en perpétuelle reconstruction. Il fait l'objet d'une réinterprétation permanente de son « porteur » à l'aune de l'évolution des croyances, des représentations sociales et des styles de vie. À dix ans d'intervalle, un même individu peut se définir comme « agnostique », « chrétien » ou « musulman » sans que cela implique une signification identique pour lui et pour les autres. La permanence des « façons de se nommer », de se présenter, de se rendre socialement visible n'induit pas

---

1. Cité par le *Nouvel Observateur*, 1544, 9-15 juin 1994, p. 93.
2. Jean Leca, « Le noyau dur de l'identité », *Esprit*, juin 1985, p. 102-106.
3. « L'on peut penser que l'ethnicité renvoie à l'humanité et inversement qu'être humain c'est être ethnique, et que, par conséquent, l'humanisation et l'ethnicisation ne constituent qu'un seul et même processus. Aussi longtemps que nous serons hommes, nous serons, par le fait même, ethnicisés. » (Danielle Juteau-Lee, art. cité, p. 51.)

forcément une permanence des motivations et des sens. À l'inverse, les modes d'identification contextuelle ne doivent pas être interprétés comme purement instrumentaux. L'individu peut jouer de son ethnicité pour obtenir des avantages immédiats, mais cela n'explique pas pourquoi il choisit un registre d'ethnicité plutôt qu'un autre. L'instrumental, le cynique, l'« ethnicité opportuniste » se fondent toujours sur des croyances, celle du porteur (l'acteur ethnique) mais aussi celles de son environnement. Pour s'affirmer « élites maghrébines de France », il faut non seulement le croire, mais aussi le faire croire aux autres.

Ethnicité prescrite, ethnicité stratégique ?

Le débat sur le caractère « prescrit » ou « stratégique » de l'ethnicité porte moins sur les fondements du phénomène que sur le statut des individus et des groupes minoritaires au sein d'une société donnée.

Dans la France d'aujourd'hui, certaines procédures d'ethnicisation de l'intervention sociale (création d'institutions spécialisées) peuvent être vécues par les personnes en situation minoritaire comme une contrainte sociale, visant à les marginaliser. Au nom de la prétendue supériorité du « modèle français d'intégration », il semble que l'on ait souvent sousestimé le rôle joué par les institutions publiques (École, police, administration) dans la production d'ethnicité, réservant ce phénomène aux sociétés anglo-saxonnes. Certes, ces institutions ont toujours fonctionné selon le droit commun et au nom de l'intérêt général. Ni le Fonds d'action sociale (FAS), ni les « services des étrangers » dans les mairies et les préfectures ne doivent être comparés à des « agences ethniques » ou à des « bureaux des affaires communautaires ». Toutefois, elles ont introduit dans leur fonctionnement et leur traitement des populations des normes particularistes et des procédures différenciées d'allocation de ressources, légitimant à la fois l'idée de « minorités étrangères » sur le territoire français et créant des sous-catégories ethniques. Les analyses de Pierre Birnbaum sur l'évolution du judaïsme en France confirment, en partie, la production officielle d'ethnicité et son influence déterminante sur les stratégies des groupes identitaires : « Cette communautarisation par le haut, énoncée à travers tant de formules ruisselantes d'émotion compatissante, les externalise à nouveau. Comme elle vient renforcer une indéniable tendance à la communautarisation par le bas, suscitée activement cette fois par diverses instances religieuses et institutionnelles soucieuses de faire renaître, ici et maintenant, un monde juif authentique et autonome [...] [1]. »

L'institutionnalisation de la différence culturelle, sous couvert de l'intégration, présente les traits majeurs d'une *ethnicité prescrite*, à partir du moment où elle impose aux individus et aux groupes des modes de classement et d'accès à l'espace public, déconnectés de leurs aspirations. Cette gestion politique et officielle de l'ethnicité part souvent d'une croyance en l'existence de différences ethniques objectives et de la nécessité de les protéger. À certains égards, elle s'affirme en réaction aux excès de la colonisation et de la politique d'assimilation et traduit une volonté de *rééquilibrage symbolique* entre le principe d'unité (la cohésion sociale) et la liberté des citoyens à vivre leurs différences dans l'espace public. Néanmoins, avec l'émergence des nouvelles générations et l'apparition d'élites issues des minorités, ces politiques de gestion de la différence culturelle sont remises en cause au nom de la liberté des acteurs à choisir leur ethnicité, c'est-à-dire leur propre mode d'affirmation communautaire. Les ethnicités officiellement prescrites deviennent synonymes de folklores ou d'affadissement identitaire. Les acteurs prétendent imposer une lecture objective de leur ethnicité, libérée du prisme officiel (« israélites », « Nord-Africains », « beurs », « immigrés »...) et des dénominations passées qu'ils considèrent majoritairement comme subjectives et idéologiques.

Le développement de revendications communautaires dans les dix dernières années, en marge des grandes associations médiatiques (SOS Racisme et France Plus), naît précisément de ce mouvement qui consiste pour les acteurs à s'affirmer comme sujets ethniques tout en souhaitant jeter les bases d'une ethnicité objective dans la société française. Nous passerions probablement à côté du phénomène si nous ne tenions

---

1. Pierre Birnbaum, *Destins juifs. De la Révolution française à Carpentras*, Paris, Calmann-Lévy, 1995.

pas compte de ce double processus de subjectivation de l'ethnicité en référence à la liberté des acteurs à se définir socialement et d'objectivation du lien ethnique, procédant de leur volonté de construire une communauté qui ne soit pas simplement symbolique, mais aussi matérielle. Le thème du *lobby*, très présent chez de nombreuses élites maghrébines de France, traduit bien cette aspiration à doter l'ethnicité (fait subjectif) d'une « assise matérielle », offrant des biens et services sur des critères particularistes. Aussi, faut-il voir dans l'idée de « préférence communautaire » véhiculée par certaines organisations juives, musulmanes et maghrébines, une réponse indirecte au mot d'ordre idéologique de la « préférence nationale ». Face à la « pureté française » de Jean-Marie Le Pen et de Philippe de Villiers, ces mouvements identitaires délaissent de plus en plus les arguments traditionnels de l'antiracisme et de l'universalisme au profit d'une rhétorique différentialiste faisant appel à la fierté ethnique et à la solidarité communautaire.

Ethnicité et identité nationale

Contrairement à certains auteurs, nous refusons de considérer ces « nouvelles ethnicités » comme des réactions au racisme ambiant. Le populisme et les communautarismes ethniques entretiennent davantage des relations de concomitance que de causalité. Ils s'insèrent dans un contexte idéologique global et se nourrissent des mêmes interrogations sur notre identité nationale. Le retour à des conceptions ethniques de la nation française, sous couvert d'idéologie libérale et universaliste – les débats sur la réforme du Code de la nationalité en témoignent –, contribue à stimuler chez les acteurs issus des minorités une tendance à se définir ethniquement dans l'espace public. L'opposition, souvent citée par les juristes, entre partisans du *jus solis* et défenseurs du *jus sanguinis* apparaît bien dérisoire face au courant dominant qui vise à faire revivre un « attachement ethnique » à la nation et à asseoir la croyance en la supériorité du « modèle français ».

Aussi, l'émergence de revendications dites « minoritaires » (juive, arabo-musulmane, kabyle, arménienne...) doit-elle être analysée en étroite corrélation avec les débats actuels sur l'identité française. L'ethnicité, en tant que *fait social*, est inséparable de ce processus d'ethnicisation des individus et des groupes tout autant que la permanence d'une utopie communautaire chez les acteurs de la société française. Elle ne se greffe pas sur l'échec des politiques d'assimilation ou d'intégration, mais apparaît comme une modalité particulière de l'inclusion de populations d'origines diverses à l'ensemble national [1].

On comprend dès lors le rôle fondamental joué aujourd'hui par les producteurs professionnels d'ethnicité (dirigeants associatifs, élus, leaders religieux...) qui vont chercher à se positionner en « opérateurs symboliques d'intégration » auprès des pouvoirs publics et des différentes institutions.

DE NOUVEAUX « FOUS DE LA RÉPUBLIQUE » ?

Aux lendemains de la Révolution française, la diffusion de l'idéologie jacobine et universaliste a contribué à créer un climat propice à la promotion d'« élites juives » au sein des institutions de la Nation. Appelés à rompre tout lien communautaire et particulariste, ces « fous de la République [2] » devaient symboliser à eux seuls « le destin de tous les juifs de France soucieux eux aussi de devenir des "bons citoyens [3]" ». Bien qu'exceptionnelles au regard de l'univers du franco-judaïsme, ces destinées des « juifs d'État » ont participé à ancrer un modèle d'assimilation à la communauté nationale, dont on perçoit encore aujourd'hui les effets sur les imaginaires sociaux. Toutefois, comme l'a très bien montré P. Cohen-Albert, ce mythe de l'« israélite assimilé », aussi mobilisateur fût-il pour les individus à la recherche d'une

---

1. Nous rejoignons ici la perspective défendue par A. Bastenier et F. Dassetto : « Le phénomène de l'ethnicité n'est pas par ailleurs séparable des relations de pouvoir qui se posent dans le cadre de l'unification politique des sociétés contemporaines, et particulièrement dans celui des États-nations qui représentent de manière généralisée aujourd'hui la forme politique englobante des rapports sociaux. » (*Immigration et espace public, op. cit.*, p. 172.)
2. Pierre Birnbaum, *Les fous de la République*, Paris, Le Seuil, coll. « Point », 1994.
3. Pierre Birnbaum, *Destins juifs. De la Révolution française à Carpentras, op. cit.*, p. 9.

promotion sociale et politique, ne parvint jamais à éradiquer toute référence à l'ethnicité juive, tant du côté des intéressés que des institutions françaises [1]. Cette rapide comparaison avec l'histoire récente du judaïsme en France doit nous inciter à la prudence quant à l'interprétation des enjeux actuels autour de l'ethnicité maghrébine et à relativiser la croyance, trop souvent répandue, d'un « retour du communautaire ». Si un tel retour devait s'avérer exact, il plongerait ses racines autant dans l'histoire desdites « minorités » que dans les traditions républicaines de gestion de la différence. C'est en ce sens que nous défendrons l'idée que l'ethnicité à la française reste fondamentalement une ethnicité républicaine.

La promotion d'élites françaises d'origine maghrébine à la confluence de trois modes de légitimation

Le processus actuel d'ethnicisation du politique en France se fonde sur une série de paradoxes née de la confrontation entre trois modes de légitimation : un mode républicain libéral, un mode classiste et un mode différentialiste.

Le *mode républicain libéral* se manifeste par la volonté présente des pouvoirs publics de promouvoir des « élites immigrées » conformes à une conception méritocratique de la citoyenneté française. Il induit une sélection fondée sur les titres scolaires et la notoriété acquise dans le milieu professionnel, plus rarement sur l'exploit sportif ou le talent artistique. À cet égard, les nouvelles élites issues des migrations maghrébines ne se distinguent guère sociologiquement des autres élites politiques. Elles appartiennent majoritairement aux catégories supérieures de la hiérarchie socioprofessionnelle et sont dotées d'un capital scolaire relativement élevé, par rapport à l'ensemble des enfants d'immigrés maghrébins. Leur présence dans le système politique français ressuscite à sa façon le mythe de l'« israélite assimilé » véhiculé sous la Troisième République. Notre intention n'est pas de légitimer cette forme de comparatisme spontané entre « juifs d'hier » et « Maghrébins d'aujourd'hui », mais de

---

1. Phyllis Cohen-Albert, « L'intégration et la persistance de l'ethnicité chez les juifs de France », art. cité, p. 221-243.

souligner sa puissance affective sur les attitudes et les comportements des acteurs politiques français. L'image idyllique du « juif instruit et émancipé » joue sans aucun doute un rôle majeur dans les procédures de cooptation et de sélection des nouvelles élites maghrébines.

Le *mode classiste* se situe, lui, en filiation avec l'ouvriérisme de la fin du XIXe et du début du XXe siècle dont le projet était de promouvoir des élites populaires, censées « conscientiser » les dominés et organiser la lutte des classes. Il reposait cependant sur une ambiguïté qui a traversé l'ensemble du mouvement ouvrier européen : les élites d'origine populaire se trouvaient valorisées non seulement pour leur capacité à construire un espace autonome, en rupture avec le système dominant, mais aussi pour leur fonction d'interface et de représentation auprès des institutions émanant du suffrage universel. La crise de la culture ouvrière va considérablement réduire ces perspectives de promotion « sur le tas ». Les partis politiques de gauche et les organisations syndicales ne jouent plus qu'un rôle mineur dans la sélection et la formation des élites issues des milieux populaires. Bien que le label « fils du peuple » n'ait pas complètement disparu de l'univers politique, il représente aujourd'hui moins un statut qu'une ressource utilisée consciemment par les acteurs pour conforter leur trajectoire promotionnelle. Qu'elles soient enfants d'ouvrier, de technicien, de médecin ou de diplomate, ces nouvelles élites d'origine maghrébine participent à ancrer largement l'image dans le système politique français d'une « élite populaire », dont la vocation serait de jeter des ponts entre les pouvoirs publics et les « nouvelles classes dangereuses ».

Le *mode différentialiste*, enfin, est antérieur à l'antiracisme médiatique. Il procède de la critique de l'universalisme abstrait et vise à concilier les principes d'égalité et de liberté. L'idéologie différentialiste fut notamment au cœur des mouvements féministes, revendiquant à la fois une parité avec le sexe mâle (« avoir les mêmes droits que les hommes ») et un droit absolu à vivre sa féminité dans l'espace public (« se vivre femme »). L'une des originalités du système politique français réside précisément dans sa capacité à intégrer une certaine dose de différentialisme (sexuel, culturel, religieux, régional...) sur un mode sélectif et symbolique. Il ne s'agit pas, comme aux États-Unis, de promouvoir une politique de traitement préférentiel des minorités (l'*affirmative action*) [1], mais d'encourager un différentialisme officiel en réponse aux discours contestataires et minoritaires. La manière dont les acteurs politiques français ont pris en charge l'ethnicité maghrébine est significative de ce mode différentialiste : la promotion de figures emblématiques issues des migrations a généralement été accompagnée de l'adoption de mesures symboliques en faveur de ladite « minorité » (soutien gouvernemental aux associations multiculturelles et aux radios communautaires).

En définitive, l'ethnicité à la française ne se développe pas en faisant table rase des modes de légitimation passés mais trouve, dans leur conflictualité actuelle, un nouveau terrain d'expression.

Élites laïques et spectre de l'islamisme en France

L'idée d'une contamination possible des banlieues françaises par l'islam radical encourage les décideurs politiques hexagonaux à promouvoir des élites « éclairées », censées ramener les nouvelles générations issues de l'immigration maghrébine dans le droit chemin, balisé par les valeurs citoyennes et républicaines. À ce niveau, on observe une certaine continuité entre les gouvernements socialistes et ceux de la coalition RPR-UDF. Si les premiers ont surtout favorisé une voie associative et politique, en incitant les jeunes des cités populaires à s'inscrire sur les listes électorales et à présenter leurs candidatures aux élections municipales, les seconds ont privilégié une voie politico-religieuse, en créant un pôle franco-maghrébin autour de la Mosquée de Paris et de son recteur, Dalil Boubakeur. Mais les deux démarches sont loin d'être contradictoires. Au contraire, elles se greffent sur une analyse identique du phénomène islamiste en France : les jeunes des banlieues se caractériseraient par un état d'immaturité politique et de précarité économique, les rendant particulièrement « captifs » à l'égard des mouvements islamistes. Il s'agit donc de les faire sortir de cet état en

---

1. Pascal Noblet, *L'Amérique des minorités. Les politiques d'intégration*, Paris, CIEMI-L'Harmattan, 1993.

mettant en avant des individus exemplaires, suffisamment proches de leur culture et de leur vie quotidienne. La figure valorisante de l'élite maghrébine ayant fait ses preuves dans la politique, l'économie ou le monde du spectacle participe de la même croyance en un effet d'entraînement collectif : à l'image du leader musulman, missionnaire et prosélyte, on oppose celle d'une élite laïque rassurante et politiquement correcte pour les Français « de souche ».

Le « vote maghrébin » :
un produit politique au service de stratégies élitistes

La mobilisation des nouvelles générations maghrébines de France, symbolisée par les « Grandes Marches » de 1983, 1984 et 1985, a fait prendre conscience aux gouvernements de l'époque et à sa principale composante, le Parti socialiste, de l'absence de relais susceptibles d'être des *go-between* entre les pouvoirs publics et les jeunes des banlieues. Pour pallier ce vide, le PS, *via* ses courants internes, va d'abord susciter la création d'organisations médiatiques, telles que SOS Racisme et France Plus. Le thème du « vote beur [1] » rencontre alors un écho favorable chez les dirigeants socialistes qui, dans la perspective de la défaite des législatives de 1986, apparaît comme un extraordinaire instrument de reconquête du pouvoir. Persuadé que les « beurs » lui sont acquis sur le plan électoral, le PS entreprend une reconnaissance publique de cette forme d'ethnicité symbolique, soutenant le financement de toutes sortes de projets associatifs et culturels, y compris les plus irréalistes. L'apologie de la « beurritude » fonctionne comme un produit politique spécifique, c'est-à-dire comme une ressource de légitimation au profit de quelques leaders socialistes, désireux d'exploiter ce créneau pour « se faire une place » dans le parti. La réélection de François Mitterrand à la présidence de la République en 1988 vient renforcer cette croyance d'une jeunesse « beur » tout entière acquise à la gauche : « Génération beur » semblait alors rimer naturellement avec « Génération Mitterrand ».

---

1. Schérazade Kelfaoui, « Un « vote maghrébin » en France ? », *Hérodote*, 80, 1er trimestre, 1996, p. 130-155.

Cette instrumentalisation du « produit beur » a été encouragée indirectement par l'attitude des partis de droite classique (RPR-UDF) qui, soucieux de reconquérir les voix perdues sur le Front national, semblaient se désintéresser totalement de ces nouveaux électeurs issus de l'immigration, comme le confirment les propos d'Éric Raoult : « Si la droite ne s'est pas préoccupée des " beurs ", c'est parce qu'elle a pensé pendant longtemps que c'était le monopole de la gauche [1]. »

Aujourd'hui, la situation a changé et les partis de droite ont pris progressivement conscience de la nécessité de promouvoir des « élites laïques » face à la « menace intégriste ». Le fantasme d'une contagion islamiste sur le territoire français incite de nombreux leaders de la majorité RPR-UDF à faire appel aux services d'individus issus de l'immigration maghrébine. Dans cette entreprise de récupération des anciennes élites formées par la gauche socialiste, Charles Pasqua s'est montré particulièrement actif, en finançant, dans son propre département des Hauts-de-Seine, plusieurs associations dirigées par des Français d'origine maghrébine.

Par ailleurs, la crise interne, qui frappe le Parti socialiste depuis ses défaites successives, le met dans l'impossibilité de maintenir son système de gratifications à l'égard de ses premiers « clients ». Dans ce contexte, certaines élites d'origine maghrébine vont être tentées de négocier leur survie au sein du champ politique en passant alliance avec les organisations de la nouvelle majorité gouvernementale.

Il serait cependant réducteur de ramener la question des élites maghrébines de France à une demande purement politique et instrumentale. Aussi convient-il d'envisager à moyen terme la constitution d'un milieu spécifique, doté de ses propres codes culturels et politiques.

Des opérateurs symboliques d'intégration

Les dirigeants associatifs et les élus issus de l'immigration maghrébine sont sollicités pour rendre opérationnel un projet

---

1. Cité par Schérazade Kelfaoui, « Géographie du comportement électoral des Français d'origine maghrébine à Saint-Denis », p. 363-380, dans Jean-Paul Brunet (dir.), *Immigration, vie politique et populisme en banlieue parisienne* (fin XIXe-début XXe), Paris, L'Harmattan, 1995.

présentant la particularité de relever autant du débat idéologique que de la politique publique : l'intégration. Nous retrouvons cette ambivalence dans le statut symbolique dévolu à ces nouvelles élites. Par leurs prises de position, elles participent à l'élaboration d'un discours légitime sur l'intégration. Par leurs actions, elles contribuent à son opérationnalisation dans les différents contextes locaux, nationaux, voire transnationaux. Mais en même temps, par les stratégies de différenciation qu'elles mettent en œuvre, ces élites font entrer dans le champ politique des références à l'ethnicité qui, à leur manière, sapent les fondements idéologiques du discours dominant sur l'intégration républicaine et favorisent l'émergence de nouvelles formes d'expression communautaire. Leur pouvoir repose sur leur capacité réelle ou potentielle à manier simultanément dans l'espace public des ressources à la fois universalistes et particularistes, donnant naissance à une compétence politique originale, fondée sur l'ethnicité.

Des élites ethniques
mais pas encore des leaders communautaires

Notre choix de parler d'élites maghrébines et non de leaders maghrébins ne relève pas seulement d'une subtilité sémantique, mais touche à une différence de fond.

La notion d'élite combine les positions d'un individu au sein de la hiérarchie politique et de la structure sociale, induisant une corrélation entre les deux systèmes. L'élite détient un pouvoir en soi susceptible d'être appréhendé à partir de critères « objectifs » : fonctions et mandats politiques, formation, profession, revenus, patrimoine... La notion de *leader* s'insère, elle, dans une dynamique de groupe et suppose le développement de relations d'autorité ou d'influence entre une personnalité et des suiveurs (*followers*).

Pour résumer la situation actuelle, nous pourrions dire qu'il existe des stratégies de *leadership* au sein des collectivités maghrébines de France, mais pas encore de véritables leaders. Les élites maghrébines font figure de leaders refoulés ou plutôt de leaders potentiels, dans la mesure où certaines d'entre elles cherchent à bâtir des relations d'autorité ou d'influence au-delà même des fonctions, des prérogatives et des statuts définis par la loi commune.

Quelques précisions sur la population d'enquête

Notre étude a porté principalement sur les conseillers municipaux d'origine maghrébine au cours du mandat 1989-1995 et sur les dirigeants des grandes associations nationales et locales, dont l'activité entretient un rapport direct avec notre thème de recherche [1]. La tâche était d'autant plus difficile qu'il n'existait pas de recensement officiel des élus d'origine maghrébine conformément à l'article 31 de la loi du 6 janvier 1978 qui « interdit de mettre ou de conserver en mémoire informatisée, sauf accord exprès de l'intéressé, des données nominatives qui, directement ou indirectement, font apparaître les origines raciales ou les opinions politiques, philosophiques ou religieuses ou les appartenances syndicales des personnes ». Au total, nous avons pu interroger 70 élus d'origine maghrébine (49 hommes et 21 femmes), répartis dans 65 municipalités françaises. L'enquête s'est déroulée sous forme de questionnaires fermés pour le recueil des données quantitatives et d'entretiens semi-directifs. Nous avons également entrepris des « études de cas » dans une dizaine de municipalités des régions Rhône-Alpes et Provence-Alpes-Côte d'Azur. Dans le souci d'une certaine homogénéité et pour des raisons liées aux enjeux politiques autour de l'ethnicité maghrébine, nous n'avons pas retenu dans notre population les élites juives sépharades [2] ni celles d'ascendance pied-noir. Aujourd'hui, l'ethnicité maghrébine se manifeste

---

1. Les dirigeants interrogés appartenaient aux organisations suivantes : Fondation « 3 CI », Radio Soleil, Radio Gazelles, beur-FM, Écosmopole, Mouvement des beurs civiques, Cercle des socialistes de culture musulmane, Coup Soleil, Conférence nationale des élus socialistes originaires du Maghreb, Arabisme et Francité, Nejma, France-Euro-Citoyenneté, France Plus, Association des cadres d'origine maghrébine d'Europe, Jeunes Arabes de Lyon et sa banlieue, SOS Racisme, Democracia et Perspectives et solidarités arabo-musulmanes.
2. Adjectif désignant au Moyen Âge les juifs d'Espagne et du Portugal, par extension dans la période moderne et contemporaine l'ensemble des juifs du Bassin méditerranéen, dont les juifs du Maghreb. Cf. André Chouraqui, *Histoire des Juifs en Afrique du Nord*, Paris, Hachette, 1987.

autant dans le cadre d'organisations universalistes (partis, syndicats et associations d'intérêt général) que dans des lieux à vocation particulariste (associations communautaires et réseaux ethniques), à partir desquels il est possible d'opérer un repérage précis des acteurs porteurs et producteurs de différenciation ethnique. Elle fait l'objet d'enjeux de réappropriation, d'inclusion et d'exclusion qui, au-delà des aspects purement instrumentaux, contribuent à lui donner une connotation sociopolitique particulière. Notre parti pris d'exclure de la population d'enquête les élites sépharades et pieds-noirs ne relève donc pas uniquement de l'arbitraire. Elle renvoie précisément à cette connotation, fruit de la combinaison entre trois types d'ethnicité :

– l'*ethnicité en soi*, impliquant l'énumération de critères « objectifs » tels que les origines nationales ou régionales et la religion ;

– l'*ethnicité pour soi*, qui renvoie au premier chef au sentiment d'appartenance à une communauté ou à un groupe particulier au sein de la société globale [1] ;

– l'*ethnicité ressource* qui donne lieu à des stratégies de réappropriation, de manipulation, voire de dissimulation, dans les différents champs sociaux.

Cette réflexion sur les élites politiques issues de l'immigration maghrébine débute par une analyse sociologique, combinant à la fois une approche quantitative et qualitative. La volonté de ne pas séparer ces deux types de données répond à notre conception dynamique de l'*ethnicité à la française* qui doit être traitée autant comme le produit d'un contexte socioculturel que comme l'expression d'enjeux de représentation. La guerre civile en Algérie et le fantasme d'une contagion islamiste sur le territoire français sont autant de facteurs qui participent à légitimer le pouvoir de médiation de ces élites laïques auprès des institutions républicaines.

Le processus d'ethnicisation du politique en France est également inséparable d'une logique de territorialisation. Aussi, mettrons-nous en lumière ces *nouveaux territoires de l'ethnicité* qui

---

1. Par exemple, les élites d'origine sépharade ne se définiront jamais comme des élites maghrébines de France, mais plutôt comme des élites juives. On peut faire la même observation pour les élites issues des communautés européennes d'Algérie française qui se rattachent davantage à l'identité pied-noir.

s'inscrivent généralement à l'intérieur des espaces politiques légitimes. Néanmoins, les élites issues des minorités sont tentées d'exploiter la crise de la représentation politique qui touche l'ensemble des démocraties occidentales pour imposer avec plus ou moins de succès des modes de mobilisation en marge des territoires traditionnels.

Enfin, nous nous interrogerons sur la capacité de ces nouvelles élites maghrébines à construire un espace d'action autonome, libéré du poids des allégeances politiques nationales et locales.

Dans quelle mesure l'élitisme maghrébin en France peut-il devenir une force politique et sociale comparable à l'influence des *leaders* ethniques dans les sociétés nord-américaines ?

Tableau 1. *Sélection des individus de l'échantillon d'enquête*
en fonction des critères d'ethnicité

Catégorie de conseillers municipaux	Ethnicité en soi	Ethnicité pour soi	Ethnicité ressource
	Inclus dans l'échantillon		
1. Élus issus de l'immigration maghrébine de type économique	Naissance au Maghreb, ou parents de nationalité algérienne, marocaine ou tunisienne, aïeux maghrébins	Revendication d'une identité maghrébine, référence à l'épopée migratoire de la famille, référence à la région d'origine (Kabylie, Aurès...)	Participation aux associations issues de l'immigration maghrébine, médiation entre les pouvoirs publics et les populations des quartiers populaires
2. Élus issus de couples mixtes franco-maghrébins	Naissance au Maghreb, ou branche paternelle ou maternelle d'origine maghrébine, aïeux maghrébins	Référence à l'origine maghrébine paternelle ou maternelle	*Idem*
3. Élus issus de familles RONA (harkis, français-musulmans...)	Naissance au Maghreb avant 1962, aïeux maghrébins...	Revendication d'une « identité harkie », d'une identité de « Français-Musulmans » ou algérienne	Activisme au sein des mouvements harkis, médiation entre la RONA et les institutions, participation aux associations maghrébines de la nouvelle génération
4. Élus issus de l'immigration intellectuelle (étudiants, professeurs, écrivains...)	Naissance au Maghreb, parents et aïeux maghrébins, enfance et adolescence passées généralement au Maghreb	Référence à l'origine maghrébine, sentiment d'appartenance à une intelligentsia franco-maghrébine...	Participation aux associations liées aux pays d'origine (souvent d'opposition), engagement dans les mouvements de solidarité...
5. Élus issus de familles de diplomates en poste en France	Naissance au Maghreb, parents et aïeux maghrébins, enfance et adolescence passées généralement en Europe	Référence à l'origine maghrébine, revendication d'une culture cosmopolite	Participation aux associations du pays d'origine, réseaux transnationaux...
	Exclus de l'échantillon		
6. Élus rapatriés européens ou enfants de rapatriés (pieds-noirs)	Naissance au Maghreb (pour les premières générations), aïeux maghrébins (anciens colons)	Référence à l'identité pied-noir et au milieu rapatrié	Engagement dans les organisations de rapatriés
7. Élus issus de familles juives sépharades	Naissance au Maghreb (pour les premières générations), descendants de juifs espagnols, berbères...	Sentiment d'appartenance au judaïsme français, attachement affectif à Israël, jeu autour d'une spécificité sépharade	Engagement dans des organisations juives à caractère religieux ou laïc, participation minoritaire aux mouvements prônant le dialogue judéo-arabe

PREMIÈRE PARTIE

UNE ÉLITE EN FORMATION

CHAPITRE 1

DE L'ART DE RECONSTRUIRE
SES ORIGINES

Parmi les supports d'ethnicité, le territoire d'émigration familiale joue un rôle fondamental, non seulement parce qu'il continue à baliser l'existence des individus et des groupes, mais aussi parce qu'il perpétue dans la société d'immigration (la France) des clivages, des antagonismes et des pôles d'identification. On ne saurait adhérer pour autant à l'hypothèse d'une « ethnicité importée [1] », selon laquelle les enjeux liés à la différenciation ethnique représenteraient la transposition des alliances et des conflits du pays d'origine. Une telle vision conduit à privilégier de façon exclusive des découpages ethniques et territoriaux qui n'ont plus forcément de sens pour les acteurs.

LE PÔLE FRANCO-ALGÉRIEN

De l'étude de la nationalité du père comme variable indicative, il ressort que la distribution de ces élites par origine nationale reflète, *grosso modo*, la structure globale des populations

---

1. Olivier Roy, « Ethnicité, bandes et communautarisme », *Esprit*, 2, février 1991, p. 37-47.

maghrébines résidant sur le territoire français [1]. Les élites issues de l'immigration algérienne sont largement majoritaires, suivies des élites rapatriées d'origine nord-africaine (RONA [2]) et enfin d'une minorité d'individus de père marocain ou tunisien [3]. Cette distribution remet en cause l'idée que ces nouvelles élites politiques seraient massivement issues de la « communauté harkie [4] » (« Tel père, tel fils »), comme si cette filiation « honteuse » venait leur ôter toute autorité pour parler au nom des collectivités maghrébines de France [5].

Elles appartiennent parfois à une immigration anciennement implantée sur le territoire français, à l'instar de ces descendants de mineurs kabyles et de petits fonctionnaires « musulmans » (employés administratifs, instituteurs, militaires, etc.), dont les grands-parents avaient immigré dans l'entre-deux-guerres, voire les militaires démobilisés qui se sont fixés en métropole après la seconde guerre mondiale.

---

1. Selon le recensement de 1990, les Algériens représentaient 44,07 % des Maghrébins installés en France, soit environ 614 000 personnes. Ces chiffres ne prennent pas en compte les individus d'origine algérienne ayant obtenu la nationalité française par attribution, acquisition ou réintégration. Sources : *Données sociales*, Paris, INSEE, 1993.

2. RONA : Rapatriés d'origine nord-africaine. Terminologie officielle désignant les harkis et leurs familles, ainsi que les différentes catégories d'individus ayant opté pour la nationalité française avant l'indépendance de l'Algérie (fonctionnaires, sous-officiers, officiers, etc.). Cette dénomination est souvent rejetée par les acteurs qui la perçoivent comme une marque de discrimination.

3. Pour les conseillers municipaux d'origine maghrébine (mandat 1989-1995), la distribution est la suivante : 52,8 % de père algérien, 20,75 % de père RONA, 13,2 % de père français, 7,5 % de père tunisien et 5,7 % de père marocain.

4. Le terme *harki*, de l'arabe *haraka*, désignait les musulmans d'Algérie qui combattaient comme « supplétifs » dans l'armée française. Il faut noter que dans la terminologie française sont désignés sous cette appellation tous les membres supplétifs des forces de l'ordre, y compris les *moghasni* et les « GMS » (groupes mobiles de sécurité) relevant de l'autorité administrative civile. Dans l'immigration, il continue à avoir une connotation péjorative.

5. On rencontre notamment cette représentation chez les dirigeants des petites associations de quartier qui développent à l'égard de ces élites un discours emprunt à la fois de défiance et de méfiance.

Un rapport différentiel au politique
selon les origines nationales

Au-delà des aspects purement démographiques, la distribution des élites politiques d'origine maghrébine s'explique par plusieurs séries de facteurs. Il convient d'abord d'évoquer les particularismes migratoires. Les migrations marocaine et tunisienne en France ont en commun d'être relativement récentes par rapport aux migrations algériennes. Les débuts de l'immigration marocaine remontent aux années soixante avec une montée en puissance progressive pour culminer de 1970 à 1973 et connaître une chute rapide ensuite. L'immigration tunisienne, moins nombreuse, est très voisine de l'immigration marocaine. Elle a culminé durant les années 1965 à 1973, mais a été précédée par une immigration limitée en volume et étalée sur plusieurs années [1].

Ce caractère récent des migrations marocaine et tunisienne est directement perceptible dans leur structure socioprofessionnelle. Pour cette dernière, par exemple, on notera qu'elle est « orientée très fortement vers les commerces alimentaires, le vêtement et les services [2] ». La division du travail qui s'est imposée au sein des collectivités maghrébines de France expliquerait, en partie, ce rapport différentiel au politique et à l'espace public. L'absence ou la rareté de capital économique de type « familial » chez les nouvelles générations issues de l'immigration algérienne a été probablement un facteur propice au passage à l'action politique, par opposition aux enfants de migrants marocains et tunisiens bénéficiant davantage des ressources privées accumulées par la famille. Nous sommes en présence de deux types radicalement opposés de trajectoire promotionnelle : l'un plus traditionnel, qui consiste à œuvrer à la préservation et à la reproduction du capital familial (reprendre le commerce, le restaurant ou l'atelier du père) ; l'autre plus marginal, relevant d'une stratégie d'investissement de l'espace public, comme moyen d'asseoir et, si possible, de promouvoir sa position sociale.

---

1. Cf. « Étrangers en France : des chiffres et des hommes. Vérités statistiques sur l'immigration », *Hommes et Migrations*, avril 1988, p. 30-31.
2. *Ibid.*

Le rapport différentiel à la « chose publique » doit être également recherché dans les cultures politiques et les stratégies déployées par les États d'origine et leurs relais associatifs en France. On a coutume de présenter une émigration algérienne étroitement encadrée politiquement par une organisation toute-puissante, l'Amicale des Algériens en Europe, dont la fonction était de perpétuer le mythe du retour et l'attachement inconditionnel des émigrés au pays d'origine. Pourtant, et ce n'est pas le moindre des paradoxes, ce sont les jeunes d'origine algérienne qui ont été les éléments les plus actifs du passage au politique et qui ont exprimé le plus nettement leur volonté d'inscription dans la citoyenneté française. Par son aspect totalisant et ses ambitions socialisatrices, l'Amicale des Algériens a véhiculé des valeurs et des modèles d'action qui ont accéléré ce passage au politique, aboutissant à la remise en cause de sa propre légitimité. En 1990, le président en exercice de l'Amicale reconnaissait ainsi que son « souci est de contribuer à former des jeunes afin qu'ils se prennent en charge, s'organisent et soient à même de mieux défendre leurs droits en tant que citoyens français [1] ».

Les débats contradictoires qui, au début des années quatre-vingt, ont traversé les organisations affiliées à l'Amicale et le réseau des associations REPERES [2], favoriseront incontestablement l'entrée progressive des enfants d'Algériens dans l'espace politique français. Ce n'est donc pas un hasard si, lors des élections municipales de 1989, on a recensé plusieurs sympathisants des milieux amicalistes parmi les candidats d'origine maghrébine.

En revanche, les élites politiques formées par les amicales marocaine et tunisienne sont moins actives et visibles sur la scène politique française. Peu connues, les associations financées par les États marocain et tunisien n'en sont pas moins présentes dans l'Hexagone grâce aux réseaux consulaires. Leur discours

---

1. Arezki Aït-Ouazzou, cité dans *Actualité de l'émigration*, du 25 au 9 mai 1990.
2. Recherches, Perspectives, Expressions et Sociétés (REPERES) se définit expressément comme un « mouvement national des jeunes issus de l'émigration ». Au départ, il naît de la volonté des autorités algériennes de maintenir un contrôle sur les jeunes « émigrés » vivant en France. Mais, très rapidement, de nombreuses associations membres du réseau REPERES affirment leur désir d'autonomie et entrent en dissidence avec l'Amicale.

ambigu sur l'intégration des enfants d'émigrés apparaît comme un frein aux projets de mobilisation autonome et de participation aux institutions françaises. On se souvient des déclarations du roi Hassan II au cours de l'émission « L'heure de vérité », en décembre 1989, contre l'intégration au nom de l'« indissoluble marocanité » des enfants d'émigrés : « Je suis contre, pour la simple raison que, pour moi, il n'y a pas de Marocains nés au Maroc, et de Marocains nés en France et élevés en France. Les deux sont électeurs éligibles. Et quand je dis aux Marocains « Marchez ! » (allusion à la Marche verte au Sahara en 1975) et qu'ils ont marché, surtout quand je leur ai dit « Arrêtez-vous ! » et qu'ils se sont arrêtés... je suis contre l'intégration dans un sens ou dans l'autre [1]. »

Seules ont échappé à cette forme d'allégeance directe aux associations étatiques les élites proches des mouvements d'opposition aux régimes maghrébins ; elles ont généralement poursuivi leurs activités militantes dans les organisations politiques et syndicales françaises.

Mixité et engagement politique

La prise en compte de la nationalité de la mère montre que les élites issues de couples « mixtes » ne sont pas rares, puisqu'elles représentent un quart des conseillers municipaux d'origine maghrébine pour le mandat 1989-1995 [2]. Cette mixité se produit presque toujours dans le même sens : homme maghrébin marié à une Française d'origine européenne. De plus, ces mariages exogamiques sont majoritairement des unions franco-algériennes, c'est-à-dire entre un ressortissant algérien et une Française. Le statut de département français de l'Algérie jusqu'en 1962, d'une part, et le caractère massif de l'immigration algérienne en métropole, d'autre part, expliquent cette prépondérance des mariages franco-algériens sur les autres types

---

1. Jean-Marc Kalfleche, « Un roi parle aux Français », *Le Quotidien de Paris*, 20 décembre 1989.
2. La filiation maternelle des conseillers municipaux d'origine maghrébine pour le mandat 1989-1995 est la suivante : mère algérienne (43,4 %), mère française d'origine européenne (24,5 %), mère française-RONA (17 %), mère marocaine (7,55 %) et mère tunisienne (7,55 %).

d'unions franco-maghrébines. Il est vrai que la majorité des élites est issue de couples formés dans les années cinquante et soixante, à une époque où la présence marocaine et tunisienne en France était encore modeste.

La situation de mixité est-elle un facteur propice à l'engagement politique ?

Sans tomber dans les travers de l'analyse psychosociologique, il semblerait que la mixité soit un élément déterminant des modalités de la construction d'une visibilité politique. Elle participe à promouvoir auprès des pouvoirs publics l'image idéale du médiateur intercommunautaire et offre à son bénéficiaire (l'élite issue de couple mixte) la possibilité de manipuler simultanément dans l'espace public une pluralité de codes culturels et politiques. En ce sens, elle apparaît comme un atout décisif dans les procédures de cooptation et de sélection.

Cette question de la mixité tend à prouver l'intérêt à ne pas se limiter aux variables « objectives » et la nécessité d'analyser les enjeux autour de la filiation.

NATIONALISMES MIGRATOIRES

Loin d'atténuer l'identification aux nations d'origine, le fait migratoire paraît l'exacerber et le perpétuer de génération en génération. Chez de nombreuses élites, nous relevons ainsi la présence d'un discours spontané sur leurs propres origines : ils se définissent presque toujours en opposition aux autres nations maghrébines. Cette identification affectuelle peut parfois déboucher sur l'affirmation de micro-nationalismes migratoires, voire même susciter des tendances chauvines et xénophobes à l'égard des autres « originaires » du Maghreb. On peut citer l'exemple de ces élites françaises d'origine algérienne qui cherchent systématiquement à se démarquer des élites de l'immigration marocaine et tunisienne, sous-entendant le sentiment d'une certaine supériorité. Leur discours sur les origines renvoie à l'épopée nationaliste et à la guerre de Libération, dont ils se considèrent comme les héritiers légitimes. « L'Algérien est un lion, le Marocain un mouton et le Tunisien une femme [1] », nous

---

1. Expression employée déjà par les pieds-noirs au moment de la colonisation pour différencier les trois « nationalités » maghrébines.

déclare un conseiller municipal d'origine algérienne, illustrant à sa façon l'engagement des originaires d'Algérie dans la vie politique française et dénonçant la « tiédeur » des autres Maghrébins.

Ce type de clichés et de préjugés est également présent dans le discours des élites d'origine marocaine et tunisienne : les Algériens sont souvent identifiés à des éléments « agressifs » et « incontrôlables », ternissant l'image de l'ensemble des collectivités maghrébines de France. Il semble d'ailleurs que ce soient les élites d'origine algérienne qui polarisent le plus les oppositions. L'influence du discours algérianophobe franco-français, les projets hégémoniques de la Mosquée de Paris et le fantasme d'une contagion islamiste sur le territoire national sont autant d'éléments expliquant ce phénomène de polarisation et de stigmatisation. Les élites d'origine algérienne savent habilement en jouer pour asseoir leur image de médiateurs entre les deux rives de la Méditerranée.

L'affirmation d'une algérianité symbolique

La revendication d'une « nouvelle algérianité » en France ne constitue pas le produit symbolique d'un groupe particulier (les anciens de l'Amicale, par exemple), mais touche l'ensemble des élites d'origine algérienne, y compris celles issues des milieux harkis.

Elle se traduit d'abord par un vif sentiment d'appartenance à la nation algérienne, même chez ceux qui n'ont jamais « mis les pieds » sur la terre d'Algérie. Ce sentiment est indépendant de l'appréciation actuelle du régime algérien. Parmi les défenseurs de cette nouvelle algérianité, on recense aussi des élites fortement critiques à l'égard de la société et de la dictature militaire. Le passage d'une identification de type apologétique à une identification de type « critique » constitue l'un des ferments de l'algérianité.

Elle s'exprime également par la revendication d'un rapport privilégié, voire intime avec la France. Ces défenseurs affirment une connivence avec l'histoire française, réclamant une exclusivité dans la relation et repoussant les autres Maghrébins en dehors des frontières de cet espace d'intimité : « nous sommes d'origine algérienne » équivaut symboliquement à « nous sommes les seuls Maghrébins capables d'être de bons Français ».

Nous touchons là à la troisième caractéristique de cette nouvelle algérianité qui est la volonté de démarcation à l'égard des autres collectivités maghrébines de France. Ses porteurs établissent implicitement une hiérarchie d'intégrabilité à la nation française, dans laquelle ils se placent naturellement au sommet. L'idée que la menace islamiste viendrait d'Algérie est retournée dans le sens d'une dénonciation du jeu ambigu des Marocains et des Tunisiens : « La menace, ce n'est pas nous, c'est eux ! » Les élites issues de la « communauté harkie » n'échappent pas à ce mouvement. Une minorité d'entre elles tente de se réapproprier l'héritage nationaliste de l'Algérie, en se livrant à une relecture de l'histoire familiale et collective. Le choix de leurs parents en faveur de la France n'est plus interprété comme une trahison, mais comme l'une des péripéties de la gestation de la « grande nation algérienne ». L'histoire de l'Algérie est présentée comme une série d'images d'Épinal dans laquelle se déroule l'imaginaire des événements familiaux : l'engagement de leur grand-père aux côtés des « révoltés » de Sétif en mai 1945, la participation d'un oncle à l'insurrection d'octobre 1954, leurs liens tribaux ou lignagers avec tel ou tel martyr de l'Indépendance. L'enrôlement de leur père dans une *harka* se trouve ainsi euphémisé et recontextualisé dans une vaste épopée familiale, traversée par des phases plus ou moins glorieuses. Ces enfants de harkis, défenseurs de la nouvelle algérianité, représentent aujourd'hui les plus fidèles soutiens français au régime de Liamine Zéroual et aux initiatives du recteur de la Grande Mosquée de Paris, Dalil Boubakeur.

En définitive, l'affirmation d'algérianité est l'aboutissement d'un long processus au cours duquel on est passé successivement de l'émigré provisoire au résident algérien en France, puis au citoyen français d'origine algérienne pour en arriver au Français porteur d'algérianité. On doit souligner à ce propos l'effet paradoxal de la guerre civile en Algérie : loin de constituer un frein au développement de l'algérianité dans l'Hexagone, elle lui offre de nouvelles perspectives d'expression grâce notamment aux réseaux de solidarité.

Le nationalisme franco-français
des « élites harkies »

Le déchirement qu'ont connu les communautés harkies au cours de leur histoire permet de saisir la complexité de la position de leurs élites tant à l'égard de la France que de l'Algérie. La quête permanente de leurs origines revêt un caractère dramatique, virant parfois au paroxysme.

Sans recourir nécessairement à une logique idéal-typique, nous pouvons repérer deux types dominants de nationalisme : un nationalisme exacerbé chez les plus anciens et un nationalisme contrarié chez les leaders de la nouvelle génération qui n'ont pas vécu directement les événements d'Algérie.

Le discours nationaliste exacerbé véhicule tous les poncifs, comme l'amour de la patrie, l'évocation nostalgique et commémorative des anciens combattants, le thème de l'anti-France... Mais, contrairement aux organisations de défense des rapatriés d'origine européenne (les pieds-noirs), nous ne relevons pas chez ces élites harkies ou enfants de harkis de tendances antigaullistes. La référence à la personnalité du général de Gaulle est récurrente et renvoie le plus souvent à une connotation positive : « Le Général est le seul à nous avoir réellement compris [1]. »

Ils développent par ailleurs une vision extrêmement péjorative des collectivités maghrébines de France, identifiées à un ensemble d'individus « déracinés » et « en perdition ». Leur discours tombe souvent dans une dénonciation virulente de ce qu'ils appellent le « lobby immigré [2] », accusé de tous les maux de la société française. Ces élites ont très majoritairement approuvé la réforme du Code de la nationalité en 1993, arguant de façon manichéenne que les « Maghrébins ne voulant pas devenir Français n'avaient qu'à rentrer chez eux ! ». Quant à l'Algérie, ils tendent à la considérer comme une « terre de France gâchée », ne souhaitant entretenir avec elle d'autres relations que ponctuelles.

Dans le discours nationaliste contrarié, nous retrouvons des

---

1. Embarek K., conseiller régional RPR d'Île-de-France, entretien 1993.
2. Expression entendue dans la bouche de plusieurs élites issues de la « communauté harkie ».

thèmes similaires au précédent, avec cependant des références plus fréquentes au sang versé par les ancêtres et au « drame harki » en général : « Les musulmans ont combattu pour la liberté de la France [1]. » Le nationalisme de ces élites s'inscrit dans une histoire collective, celle des harkis, et s'accompagne d'une critique virulente de la société française. C'est précisément parmi elles que se recrutent les jeunes militants de la « cause harkie » qui entendent dénoncer la « lâcheté de la France » et combattre pour la mémoire de leurs parents. Elles ne développent pas de ressentiment particulier à l'égard de l'Algérie, même si, majoritairement, elles estiment que les Algériens en France sont mieux traités que les communautés harkies. D'aucuns n'ont pas hésité à renouer des liens avec l'Algérie, réalisant un mariage avec un(e) ressortissant(e) de ce pays. On peut citer le cas de Samir A. qui, conseiller municipal dans une commune du Vaucluse et fils d'un sous-officier « musulman » de l'armée française, a épousé, en 1992, une femme de nationalité algérienne, résidant au pays d'origine. Cette volonté de retour aux sources ne va pas cependant jusqu'à la revendication de la bilatéralité de leurs origines nationales : ces élites harkies s'affirment d'abord comme des nationaux français.

Activisme kabyle en France

L'exil ou l'immigration ont favorisé chez certaines élites une prise de conscience de leur « berbérité » et de leur « kabylité ». Leur discours reprend, en partie, les clichés et les préjugés de l'ancien colonisateur français, et notamment le fameux mythe du « Kabyle blond aux yeux bleus, doté d'une intelligence supérieure à celle des masses arabes ». Leur régionalisme kabyle emprunte aux registres racialisants, voire racistes. Elles établissent une échelle d'intégrabilité à la société française, au sommet de laquelle elles se placent, suivies par les Algériens non kabyles et, au dernier échelon, par les autres nationalités maghrébines (marocaine et tunisienne). On perçoit ici tout le paradoxe de leur positionnement à l'égard de l'Algérie. Elles laisseraient

---

1. Saïd M., adjoint au maire de Vitrolles et président de l'une des fédérations harkies des Bouches-du-Rhône, entretien 1994.

croire qu'en tant que kabyles elles aspirent à une sorte d'« unité berbère de France », distincte des autres minorités maghrébines. Or, il n'en est rien. Leur kabylisme se mêle à un fort sentiment nationaliste algérien et débouche rarement sur une forme de berbérisme. Au contraire, ces élites d'ascendance kabyle auraient plutôt tendance à se réapproprier de manière exclusive l'héritage nationaliste algérien : « Les véritables *moudjahids* étaient kabyles.» De plus, elles paraissent vouloir kabyliser l'identité berbère en la ramenant systématiquement à leurs seuls référents historiques et culturels, ignorant totalement les cultures berbères du Maroc et du Sud tunisien, voire même celle de leurs « cousins » *chaouias* des Aurès.

L'aggravation de la crise sociopolitique en Algérie contribue à renforcer leur croyance en l'« exceptionnalité kabyle », mettant en avant le fait que la Kabylie est la seule région à ne pas avoir été « contaminée » par l'islamisme. C'est parmi elles que se recrutent les militants et sympathisants en France du Front des forces socialistes (FFS) de Hocine Aït Ahmed et du Rassemblement pour la culture et la démocratie (RCD) de Saïd Sadi. Ces deux partis ne cachent pas leur projet de réactiver les réseaux dans l'émigration et d'en faire l'un des éléments majeurs de la lutte pour la reconquête du pouvoir en Algérie. Lors de son congrès de mars 1991, le FFS consacrait ainsi un chapitre entier à la question du rôle politique de l'émigration : « Aussi implique-t-il une *participation véritable de notre émigration* au processus engagé dans notre pays, ce qui est un impératif si l'on veut faire vivre la démocratie et réussir une *société intégrée où chacun peut être reconnu comme citoyen à part entière.* L'émergence d'une nouvelle génération née et ayant grandi à l'étranger (en France notamment) et porteuse de nouveaux projets renforce encore davantage les perspectives démocratiques [1]. »

Le discours de ces élites françaises de culture berbère sur la prétendue « supériorité kabyle », l'« esprit de tolérance », le « sens inné de la démocratie », par opposition à l'« autocratisme des Arabes », leur permet de se démarquer de la « masse » des immigrés maghrébins installés en France et s'inscrit délibérément dans une stratégie de reconnaissance auprès des institu-

---

1. Front des forces socialistes, *Pour une Algérie libre et heureuse*, synthèse des travaux du premier congrès, Alger les 13, 14, 15 et 16 mars 1991, « Émigration », p. 53.

tions françaises. On constate l'émergence, dans l'espace franco-maghrébin, d'une forme de révisionnisme spontané, cherchant à prendre ses distances avec l'histoire officielle produite par les États d'origine : « Je suis kabyle, je suis donc berbère. Le Maghreb n'a jamais été arabe, c'est une fausse vision de l'histoire, et je peux dire que nous ne sommes pas arabes ! » (Saïd M., adjoint au maire de Vitrolles.)

La question brûlante de l'arabisation et la montée des thèses islamistes ont donné un nouveau souffle à ce révisionnisme de sens commun et stimulé les débats sur l'avenir politique et économique de l'Algérie.

LES ÉLITES ET LA GUERRE CIVILE EN ALGÉRIE

Les conditions particulières de l'investiture de ces élites les rendent ethniquement visibles, tant du point de vue des enjeux idéologiques touchant à la société française (banlieues, immigration, islam, etc.) que de ceux concernant les relations franco-maghrébines. Cette visibilité revêt un caractère plus ou moins coercitif : elle s'impose à elles indépendamment de leur volonté individuelle. La demande conjuguée des acteurs politiques et des médias les oblige à prendre position sur des questions d'actualité qui, d'un point de vue strictement personnel, ne les interpellent pas forcément.

Le traitement politico-médiatique de la « crise algérienne » offre un bon exemple de ce type de visibilité ethnique coercitive. À chaque rebondissement de la situation en Algérie, les élites françaises issues de l'immigration maghrébine sont sollicitées par les acteurs politiques locaux, les journalistes et même les allocateurs de ressources publiques, comme le Fonds d'action sociale (FAS), pour donner leur avis et expliciter leur position.

D'aucuns rejettent catégoriquement ce jeu de pseudo-conciliation, choisissant d'adopter une attitude de retrait ou de neutralité temporaire. D'autres, au contraire, utilisent habilement cette forme de stigmatisation ethnique pour asseoir leur position d'expert et de médiateur auprès des journalistes et des pouvoirs publics.

Bien qu'elles soient multiples et contradictoires, les lectures de la crise algérienne se fondent sur un certain nombre de mythes et d'idées reçues, communément partagées par les élites originaires du Maghreb, et doivent être reliées à la position qu'elles occupent actuellement dans le système politique français. À Marseille, par exemple, se sont constitués en 1994 deux comités « rivaux » pour la paix civile en Algérie. Le premier, animé notamment par l'ancien président de la section locale de la Ligue des droits de l'homme, entend dénoncer autant le « terrorisme d'État » que le « terrorisme intégriste ». Le second, créé à l'initiative d'animateurs socioculturels, se refuse à faire l'amalgame entre violence d'État et violence islamiste et appelle à l'« union des démocrates » contre l'obscurantisme religieux. À l'échelle nationale a été également fondé, en janvier 1995, un Comité d'intellectuels maghrébins et Français d'origine maghrébine pour la sauvegarde de la liberté, qui a lancé un appel dans la presse française sous le titre « Halte au massacre ! [1] ».

Regard moralisateur et ambivalent à l'égard des intellectuels algériens

Dans leur tentative de décryptage de la crise algérienne, les élites issues de l'immigration maghrébine avancent les thèmes de l'immaturité, voire de l'infantilisme des acteurs politiques du pays d'origine, renvoyant dirigeants et opposants dos à dos. C'est le thème du « pays gâché » qui prévaut dans leurs représentations. Mais, en même temps, leur vision critique des événements algériens relève de ce que l'on pourrait qualifier de « complexe négro-antillais [2] ». D'un côté, elles exaltent leur algérianité et adhèrent à une forme de nationalisme migratoire. Mais, de l'autre, elles entretiennent une représentation fondamentalement péjorative du pays d'origine à dominante culturaliste : l'autocratie, la dictature et l'islamisme sont considérés

---

1. Cf. Le Nouvel Observateur du 2 au 8 février 1995.
2. Les Antillais, comme les Noirs américains, exaltent leur négritude et peuvent à certaines occasions s'en servir comme vecteur d'action politique, tout en refusant d'être assimilés à des Africains, qu'ils jugent souvent de haut. L'Afrique est pour eux symbole d'autoritarisme tribal et de sous-développement.

comme des traits culturels inhérents à la civilisation arabo-musulmane. On comprend dès lors leur position ambivalente à l'égard des intellectuels algériens exilés en France. Elles ont tendance à les traiter avec suspicion et à refuser de les dissocier du reste de la classe politique algérienne, en les rendant, en partie, responsables du déclin actuel. À ce niveau, les élites françaises d'origine maghrébine reprennent à leur compte tous les clichés orientalistes : la division légendaire du monde arabe, l'esprit permanent de querelle et l'absence de cohésion.

On peut aussi expliquer cette relative défiance par la peur de la concurrence : les intellectuels algériens apparaissent comme des rivaux potentiels sur le marché français des élites communautaires, susceptibles de remettre en cause leurs positions acquises. Cette rivalité n'est pas nouvelle et s'était déjà illustrée au début des années quatre-vingt par des luttes d'influence entre ex-étudiants gauchistes maghrébins et leaders issus des nouvelles générations de l'immigration.

L'instrumentalisation politique de la peur de l'islamisme

Leur position à l'égard de l'islamisme révèle des ambiguïtés similaires. Elle oscille en permanence entre deux représentations contradictoires, l'islamisme comme « accident » du processus de démocratisation et l'islamisme comme « symptôme logique » de la dégénérescence du politique dans le monde arabe. Mais leur discours sur l'islam radical n'a de sens que s'il est replacé dans le cadre de stratégies d'autolégitimation. Il est aussi très largement à usage interne aux espaces politiques français et doit être mis en relation avec la conception qu'elles se font de leur propre fonction dans le système politique français. Au début de leur mandat, certains conseillers municipaux d'origine maghrébine avaient l'ambition de s'ériger en expert sur toutes les questions relatives à l'islam (abattage rituel, lieux de prière, carré musulman des cimetières, etc.). Dans la plupart des cas, ces projets de médiation se sont soldés par des échecs, les élus d'origine maghrébine se trouvant progressivement dessaisis du « dossier islam » par les autorités locales. En fait, ces élites laïques ne sont jamais parvenues à s'imposer en opérateurs islamiques légitimes et à concurrencer sérieusement l'influence des leaders religieux (imams et dirigeants d'associations cultuelles).

Ceci explique peut-être la vision extrêmement négative qu'elles développent à leur égard, les accusant de flirter avec les thèses islamistes et de faire le jeu du Front islamique de salut en France. Seules les associations proches de la Mosquée de Paris échappent finalement aux feux de leur critique.

L'instrumentalisation du thème de l'éminence d'une menace islamiste dans les banlieues françaises leur sert ainsi de caution et de justification à leur statut de médiateur communautaire auprès des pouvoirs locaux.

On a trop souvent analysé la position des collectivités maghrébines de France à l'égard des États d'origine en termes de rupture ou de double allégeance. Plutôt que de nous enfermer dans l'une de ces perspectives sociologiques, nous avons préféré mettre en lumière le jeu des acteurs autour de la « bilatéralité », voire la « multilatéralité » de leurs références nationales. Pourtant, dans leur grande majorité, ces élites politiques ont été socialisées en France, ont fait le choix d'un mariage exogamique et ont développé des stratégies professionnelles et résidentielles dans des espaces internes à la société française. C'est tout le paradoxe du processus de réidentification qui conduit les individus à revendiquer un fort sentiment national à l'égard des pays d'origine (Algérie, Maroc et Tunisie), alors qu'ils paraissent s'en détacher. Citons à ce propos l'engouement suscité par l'élection présidentielle algérienne de novembre 1995 qui a vu des jeunes Français d'origine algérienne se rendre massivement aux urnes dans les consulats, alors qu'ils avaient délibérément déserté ces lieux depuis plusieurs années [1].

Faut-il conclure pour autant que la relation aux pays d'ori-

1. Pour ces élections, 620 000 Algériens de France et binationaux étaient inscrits sur les listes consulaires. Le taux de participation pour l'Hexagone dans 91 bureaux de vote s'est élevé à 67,71 %. Liamine Zéroual est arrivé en tête avec 52,42 % des suffrages exprimés, suivi du candidat du RCD, Saïd Sadi avec 28,59 % et de Mahfoud Nahnah pour le Hamas avec 14,60 %. Le Front des forces socialistes de Aït Ahmed, le Front de libération nationale et le Front islamique de salut avaient, eux, appelé au boycott du scrutin. Cf. « Mobilisation massive des Algériens en France », *Libération*, 18 et 19 novembre 1995.

gine se cantonnerait exclusivement au domaine de l'imaginaire, perpétuant de génération en génération le mythe familial du retour ?

Sans nier la présence d'un tel mythe chez les élites françaises d'origine maghrébine, il convient d'insister sur sa dimension stratégique : il n'est plus seulement subi, mais fait l'objet d'investissements spécifiques dans les différents champs sociaux. Pour cette raison, les discours et les relations avec les pays d'origine doivent être analysés en étroite corrélation avec les stratégies de mobilité sociale, professionnelle, voire matrimoniale. Ils font désormais partie du processus de construction d'une visibilité ethnique positive, marqué par un mouvement de va-et-vient permanent entre le désir de promouvoir une ethnicité « élargie » (en référence au monde arabe, au Maghreb et à la religion musulmane) et une ethnicité plus « restrictive », recentrée sur les références nationales et régionales de la famille proche.

CHAPITRE 2

HÉRITIERS OU PARVENUS ?

Thème à la fois littéraire, politique et sociologique, la mobilité sociale apparaît comme l'élément central de la construction des identités de groupe dans les sociétés modernes. Elle constitue l'un des mécanismes fondamentaux de l'imaginaire social : une collectivité sans rêve possible de mobilité semble condamnée au dépérissement progressif ou à l'implosion.

Les discours tenus actuellement sur le devenir social des populations maghrébines de France présentent, chacun à sa façon, des scénarios de mobilité ou de contre-mobilité, relevant le plus souvent de thèmes fantasmatiques. À travers la multiplicité des débats sur l'intégration, c'est l'avenir des collectivités maghrébines sur le territoire national qui est posé, mais aussi celui de la société française dans son ensemble. Le développement de thématiques, telles que la citoyenneté économique, l'intégration par l'économie ou la création d'entreprises dans les quartiers défavorisés, traduit une préoccupation commune : tracer à grands traits un projet de mobilité sociale, destiné à des individus et à des groupes, dont on craint le délitement progressif. L'intégration apparaît ainsi comme le produit politique et médiatique, avec toutes les distorsions subséquentes, d'une problématique de mobilité sociale. Le passage, en quelques années, d'un discours à dominante civique (« faire voter les beurs ») à un discours de type économiciste (« faire travailler les beurs dans les banlieues ») exprime bien ce recentrage autour de la question de la mobilité. Ce transfert du « civique » à l'« économique » est aisément perceptible dans les collectivités maghrébines de France, où les thèmes de la mobilisation politique (1981-1988) ont cédé la place à ceux de la débrouillardise et de la réussite individuelle. Ce changement consacre l'avènement d'une axiologie individualiste et méritocratique, faisant cependant une large place au communautarisme. La référence au « modèle juif », récurrente chez les élites françaises d'origine maghrébine, révèle ainsi une volonté commune de s'identifier, consciemment ou inconsciemment, à une forme de trajectoire promotionnelle qui est censée avoir fait ses preuves dans le passé.

ORIGINES SOCIALES ET MIGRATOIRES

On a tendance à penser que ces nouvelles élites ont une représentation misérabiliste de leur milieu social d'origine accompagnée d'une version méritocratique de leur itinéraire personnel[1]. Les organisations politiques, et en particulier le Parti socialiste, ont voulu mettre en exergue leur caractère autodidacte et leur prétendue capacité à engendrer des médiations entre les populations des banlieues et les institutions françaises. Il s'agissait de faire d'elles des modèles d'intégration pour l'ensemble des jeunes « en galère[2] ».

L'étude des origines sociales (profession du père et de la mère) vient nuancer l'idée qu'elles seraient issues exclusivement des milieux populaires et accréditer la thèse d'une dualité, voire

---

1. On trouvera des exemples de ce type de représentation dans une certaine littérature vulgaire à vocation sociologique. Cf. les ouvrages de Christian Jelen, *Ils feront de bons Français. Enquête sur l'assimilation des Maghrébins*, Paris, Robert Laffont, 1991, et *La Famille, secret de l'intégration. Enquête sur la France immigrée*, Paris, Robert Laffont, 1993.
2. « L'expérience de la galère procède de la décomposition d'un système d'action, elle ne se réduit ni à une conduite anomique, ni à une réponse à des frustrations, ni aux stigmates dont les jeunes sont victimes. La galère résulte de la crise du système d'action des sociétés industrielles tout en participant, par certaines dimensions, de la formation d'un nouveau système d'action. » François Dubet, *La galère des jeunes en survie*, Paris, Fayard, coll. « Mouvements », 1987, p. 32.

d'une pluralité du recrutement [1]. Si certaines élites maghrébines de France renvoient bien à l'image rassurante d'enfants du prolétariat urbain (« ils ont réussi à s'en sortir »), une forte minorité d'entre elles appartient à des milieux sociaux relativement favorisés par rapport à l'ensemble des enfants d'immigrés. Aussi, avant de livrer une analyse plus approfondie, distinguerons-nous trois sous-groupes du point de vue du recrutement sociologique : les populaires, les héritiers exilés et les héritiers installés.

Le premier, *les populaires*, est constitué par les élites issues de familles nombreuses (six à huit enfants en moyenne), de père manœuvre ou ouvrier et de mère souvent inactive sur le plan professionnel [2]. Elles ont été socialisées majoritairement dans un environnement périurbain. On recense parmi elles aussi bien des enfants de l'immigration économique que des fils et des filles de harkis, élevés dans les camps forestiers du Sud de la France [3] ou dans les cités de transit des grandes agglomérations [4]. Toutefois, cette filiation populaire ne signifie pas forcément qu'elles aient vécu dans la misère. Elles sont parfois issues de l'« aristocratie ouvrière », comme ces élites dont le père exerçait les fonctions de chef d'équipe ou de chef de chantier. Tant du point de vue des origines sociales que des visions

---

1. Le tri à plat de la variable « profession du père » pour les conseillers municipaux d'origine maghrébine (mandat 1989-1995) indique les résultats suivants : 54,7 % sont de père ouvrier, 3,77 % de père employé, 15 % de père appartenant aux professions intermédiaires, 11,3 % de père appartenant aux professions libérales-cadres supérieurs, 1,89 % de père agriculteur, 9,4 % de père commerçant et 3,77 % de père sans profession.

2. 86,79 % des mères des conseillers municipaux d'origine maghrébine (mandat 1989-1995) étaient sans profession, 3,77 % employées, 7,55 % appartenaient à la catégorie « professions intermédiaires » et 1,89 % à la catégorie « professions libérales-cadres supérieurs ».

3. Dahbia D., conseillère municipale à Aix-en-Provence, a passé son enfance au camp du Logis d'Ane à Jouques dans les Bouches-du-Rhône, et Kheira R., conseillère municipale à Mourenx, au camp de Bias dans le Lot-et-Garonne.

4. On citera le cas de la cité « Bassens » dans le 14e arrondissement de Marseille qui a vu naître plusieurs leaders associatifs et politiques d'origine maghrébine tels Tahar R., directeur de *Radio Soleil* et conseiller municipal socialiste à Marseille (mandat 1995-2001), Saïd B., ancien président de la section locale de la Ligue des droits de l'homme et Fatima N., porte-parole du mouvement Perspectives et solidarités arabo-musulmanes de France (PSAMF).

du monde, elles représentent le sous-groupe se rapprochant le plus de la majorité des enfants d'immigrés. Elles partagent avec eux une culture de la révolte et une certaine méfiance à l'égard des logiques partisanes et syndicales.

Le second groupe, *les héritiers exilés*, est formé par les primo-migrants de la petite ou moyenne bourgeoisie du Maghreb. Ils ont immigré en France pour des motifs universitaires (poursuite des études supérieures) ou politiques (opposition aux régimes maghrébins) [1]. Au début de leur séjour, leur rupture forcée ou volontaire avec le milieu familial a entraîné un phénomène de mobilité descendante, les contraignant à accepter un emploi précaire dans le secteur privé (gardiennage, restauration, etc.) ou l'enseignement (les maîtres auxiliaires, par exemple), afin de subvenir à leurs besoins financiers et matériels. Leur savoir-faire politique et syndical a fait qu'ils ont joué un rôle de premier plan, dans les années quatre-vingt, au sein des mouvements des jeunes des banlieues, contribuant à la structuration et à une prise de conscience chez ces derniers.

Le troisième groupe, *les héritiers installés*, est composé des individus ayant grandi en France dans des familles appartenant, soit à l'élite commerçante ou artisanale de l'immigration maghrébine, soit au petit et moyen salariat de la fonction publique (instituteurs, sous-officiers et agents administratifs). À certains égards, ils apparaissent comme les continuateurs d'une position sociale déjà acquise par leur famille et font figure d'héritiers de la première génération d'élites maghrébines implantées en France. Bénéficiant d'une rente de situation, leur promotion dans le système politique français s'inscrit dans le prolongement de leur stratégie d'ascension sociale. Il conviendrait d'inclure dans cette catégorie les quelques fils et filles d'anciens notables de l'Algérie française, contraints d'émigrer après l'indépendance.

Qu'elles soient enfants de manœuvres, d'ouvriers, de commerçants ou de cadres supérieurs, ces élites françaises d'origine maghrébine développent un imaginaire de « grim-

---

1. C'est dans cette catégorie que l'on trouve les anciens gauchistes maghrébins, militants des syndicats basés en France, tels que l'Union nationale des étudiants du Maroc (UNEM) et l'Union générale des étudiants tunisiens (UGET).

peurs sociaux » dans lequel les motivations d'ordre politique sont étroitement mêlées aux projets économiques.

DES GRIMPEURS SOCIAUX

L'examen des variables « profession du père » et « profession de la mère » a mis en évidence deux milieux sociaux de recrutement : d'une part, les catégories d'« en bas » de la hiérarchie socioprofessionnelle (ouvriers et employés) [1] et, d'autre part, celles se situant à un niveau médian (professions intermédiaires) ou dans le haut de cette hiérarchie (professions libérales et cadres supérieurs) [2].

Cette dualité est-elle perceptible aujourd'hui dans leurs statuts socioprofessionnels ? Pouvons-nous distinguer une élite *populaire* qui aurait, certes, connu une ascension sociale, mais resterait néanmoins cantonnée dans le « bas » de la hiérarchie socioprofessionnelle, et une élite d'*héritiers*, pour qui l'exercice d'un mandat politique ne serait que le prolongement « logique » d'un statut social relativement privilégié ?

Apparemment anodine, la question du devenir social des élites maghrébines touche presque à un mythe politique, véhiculé en 1989 pendant la campagne des élections municipales. Les candidatures d'individus issus de l'immigration étaient présentées comme l'entrée de la « France des banlieues » dans le système politique français. Une telle vision idéologique conduisait à découper l'histoire politique de l'immigration maghrébine en France en trois grandes périodes : l'isolement ou la neutralité (1960-1980), la révolte (1981-1988) et la participation citoyenne (1989-1995). Il s'avère ici que les thèmes politiques et ceux relatifs à la mobilité sociale sont totalement imbriqués.

---

1. Environ 60 % des individus de notre population d'enquête.
2. Les catégories « professions intermédiaires » et « professions libérales-cadres supérieurs » représentent 26 % des pères des conseillers municipaux d'origine maghrébine pour le mandat 1989-1995, ce qui n'est pas négligeable si l'on compare ce pourcentage avec les origines sociales de l'ensemble des enfants d'immigrés nés avant 1968 où les pères appartiennent à ces catégories ne constituent que 9 % de l'échantillon. Cf. Jean-Louis Borkowski, *Données sociales*, Paris, INSEE, 1990, p. 310-314.

L'exhibition de l'origine populaire et banlieusarde des nouveaux élus issus de l'immigration maghrébine se voulait signifier l'acceptation par les beurs des règles du jeu politique hexagonal et la fin de la tentation du repli communautaire. L'étude de la mobilité intergénérationnelle prouve cependant que si, pour une partie de ces nouvelles élites politiques, il est permis effectivement de parler d'« origine populaire et banlieusarde », celle-ci ne signifie pas pour autant leur appartenance actuelle à un milieu social que l'on qualifie grossièrement d'« univers des banlieues et des cités ». De plus, si un tel univers existait, ces élites apparaîtraient plutôt comme des « sortants ».

Une élite en rupture avec le monde ouvrier

Contrairement aux précédentes vagues migratoires qui avaient réalisé leur intégration politique au sein même de l'univers ouvrier, par le biais des syndicats, du Parti communiste et des organisations populaires d'obédience chrétienne, cette forme de passage au politique ne paraît plus s'appliquer aux nouvelles générations issues de l'immigration maghrébine [1]. Une certaine sociologie spontanée conduirait à expliquer logiquement cette sous-représentation des ouvriers chez ces nouvelles élites politiques par le phénomène que l'on appelle communément le « déclin de la classe ouvrière française ». Outre le fait que la catégorie « ouvriers » représente encore 30 % de la population active en France, elle continue largement à modeler le devenir socioprofessionnel des collectivités maghrébines, puisqu'un tiers environ des enfants issus de l'immigration sont aujourd'hui ouvriers [2]. Pour toutes ces raisons, la thèse du « déclin » ne saurait expliquer à elle seule la sous-représentation des ouvriers parmi les élites issues de l'immigration maghrébine.
Une forte minorité d'entre elles est issue, sur le plan familial, des catégories intermédiaires et supérieures. Pour ces dernières, la rupture avec l'univers ouvrier n'est pas récente, mais s'est

---

1. À peine 6,8 % des conseillers municipaux d'origine maghrébine (1989-1995) appartiennent à la PCS « ouvriers ».
2. Jean-Louis Borkowski, *Données sociales*, art. cité, p. 310-314.

accomplie sur plusieurs générations. Elles ont bénéficié d'une rente de situation et constituent actuellement le groupe des « héritiers installés ». Elles n'entretiennent plus qu'une relation très lointaine avec le monde ouvrier qui participe néanmoins, sur un mode imaginaire, à la construction de leur épopée familiale et migratoire. La figure de l'« élu rouge », issu des classes populaires, tend à disparaître sous l'effet de l'épuisement du mouvement ouvrier et à céder la place à celle de l'élu aux origines modestes, mais en voie d'ascension sociale. Cette caractéristique n'est d'ailleurs pas propre aux élites politiques d'origine maghrébine, mais concerne l'ensemble des cadres et des responsables locaux des partis de la gauche française, notamment ceux du Parti socialiste, marqués par une forte mobilité sociale intergénérationnelle [1].

Mentionnons, enfin, des facteurs liés aux mécanismes de construction d'une visibilité politique. Jusqu'au milieu des années soixante-dix (chute de pans entiers de l'industrie sidérurgique, des charbonnages et des chantiers navals), la promotion d'une élite ouvrière apparaît comme une soupape nécessaire à la cohésion sociale. C'est l'un des thèmes centraux à partir duquel s'est développé le courant « révisionniste » au sein de la social-démocratie européenne. Aujourd'hui, l'« origine populaire » comme ressource et forme de légitimation politique n'a pas complètement disparu, mais relève désormais d'un jeu complexe, faisant appel à des registres multiples et notamment à l'ethnicité des candidats. Être « fils du peuple » reste un critère fondamental d'estime sociale et politique, même si l'exigence de vérification de l'« origine populaire » s'est atténuée, laissant une plus grande liberté aux acteurs pour se livrer à toutes sortes de manipulations de leur filiation. La construction d'une figure médiatique, comme celle de Bernard Tapie, illustre bien ce phénomène. La mise en avant, aux élections municipales de 1989 et de 1995, d'une élite dite « beur » participe précisément de ce processus de construction d'une visibilité populaire, le « jeune des quartiers chauds » remplaçant l'« ouvrier des cités rouges ». Cependant, sous l'effet de la demande poli-

---

1. Cf. Henri Rey, Françoise Subileau, *Les militants socialistes à l'épreuve du pouvoir*, Paris, Presses de Sciences Po, 1991.

tique, l'origine sociale d'un individu, transposée en représentations, n'entretient plus qu'un lointain rapport avec sa filiation réelle.

La forte représentation des professions intermédiaires

Un des traits marquants de la distribution socioprofessionnelle des élites politiques d'origine maghrébine est la forte représentation des professions intermédiaires [1]. Ce constat s'applique d'ailleurs à l'ensemble des enfants d'immigrés [2]. Certes, on peut voir ici un effet d'ordre structurel. Cependant, force est de constater qu'il se manifeste de façon encore plus marquée dans les collectivités maghrébines de France et en particulier dans notre population d'élites où la proportion d'individus appartenant aux « professions intermédiaires » est très largement supérieure à celle de la population active globale [3]. Comment interpréter cette sur-représentation des professions intermédiaires chez les élites françaises d'origine maghrébine ?

Sans retenir nécessairement l'hypothèse d'un modèle maghrébin de mobilité sociale, nous parlerons plutôt d'une tendance venant amplifier celle de la société globale. Parce qu'elles renvoient à une position médiane, tant dans l'univers professionnel que dans la hiérarchie sociale, les « professions intermédiaires » constituent le passage obligé des populations en voie de sédentarisation sur le territoire national. Pour certains, elles représentent une sorte d'aboutissement marquant une rupture avec l'aliénation socio-économique subie par le père. Pour d'autres, elles ne sont qu'une étape dans la trajectoire promotionnelle. Rien n'interdit de se demander dans quelle mesure ces « professions intermédiaires » ne renvoient pas non plus à une sorte de position médiane dans l'imaginaire professionnel des individus, laissant entrevoir l'espoir d'échapper à la condition prolétaire du père, sans pour autant tomber dans des rêves déme-

---

1. 34 % des conseillers municipaux d'origine maghrébine (1989-1995) appartiennent à la PCS « professions intermédiaires ».
2. 25 % de l'ensemble des enfants d'immigrés nés avant 1968 selon l'étude de Jean-Louis Borkowski, art. cité.
3. En 1990, les « professions intermédiaires » représentaient environ 19 % de la population active en France. Cf. *Données sociales*, Paris, INSEE, 1990.

surés d'ascension sociale. Elles traduiraient ainsi un choix pragmatique (la « voie moyenne ») et constitueraient une forme d'escapisme positif, propre aux nouvelles générations issues de l'immigration maghrébine.

Ces tendances communes aux enfants d'immigrés et à « leurs » élites ne doivent pas faire oublier pour autant leurs profondes disparités sociologiques.

Cadres et professions libérales : l'émergence d'une « beurgeoisie » ?

La composition de la catégorie « professions libérales-cadres supérieurs » tend à confirmer l'hypothèse d'un véritable fossé sociologique entre ces nouvelles élites et l'ensemble des enfants issus de l'immigration maghrébine [1]. À ce niveau, tout paraît les séparer et les rapprocher des autres élites politiques locales, milieu dans lequel prédominent les professions libérales (avocats, médecins,...) et les cadres du secteur public (enseignants, administrateurs,...). En définitive, la population des élites maghrébines ne se distingue guère des élites politiques françaises en milieu urbain et péri-urbain caractérisées par une surreprésentation des catégories intermédiaires et supérieures de la nomenclature socioprofessionnelle et par une sous-représentation — pour ne pas dire absence — des individus appartenant à la catégorie « ouvriers [2] ».

Une telle distribution a incité certains auteurs à conclure à la formation d'une bourgeoisie ethnique qualifiée, en référence aux mouvements beurs des années quatre-vingt, de « beurgeoisie [3] ». Ce terme est aujourd'hui couramment utilisé par les jeunes d'origine maghrébine pour désigner ceux des leurs qui sont passés de l'autre côté de la barrière. Au-delà de l'aspect

1. 36,4 % des conseillers municipaux d'origine maghrébine (1989-1995) appartiennent à la catégorie « professions libérales-cadres supérieurs » contre seulement 5 % de l'ensemble des enfants d'immigrés.
2. Cf. les articles de Philippe Garraud, « La sélection du personnel politique local », *Revue française de science politique*, 38 (3), juin 1988, p. 402-434, et M.-F. Souchon-Zahn, « Les nouveaux maires des petites communes », *Revue française de science politique*, 41 (2), avril 1991, p. 197-234.
3. Cf. Catherine Wihtol de Wenden, « Les élites d'origine maghrébine : l'Arlésienne », *Horizons maghrébins*, 20-21, 1993, p. 52-57.

affectif et polémique qu'il revêt, il est chargé d'une ambiguïté
de sens que nous retrouvons parfois dans les écrits sociologiques.
À l'instar du terme « beur », il est significatif de ces prénotions,
reprises de façon allusive et ironique par les auteurs, mais qui
contribuent à brouiller les lectures de la réalité sociale.

S'agit-il simplement de rendre compte de la trajectoire ascendante de personnes « isolées », c'est-à-dire d'un phénomène
principalement d'ordre individuel, ou bien d'un processus collectif qui, à moyen terme, pourrait déboucher sur la constitution d'une élite socio-économique au sein même des collectivités maghrébines de France ?

Admettons qu'à partir de critères précis, nous puissions sélec-
tionner une série de variables « objectives » (niveau de fortune,
patrimoine, CPS, etc.) pour déterminer les individus « inclus »
ou « exclus » de cette « beurgeoisie », il resterait malgré tout
de nombreuses questions en suspens.

Quel rôle précis jouerait l'ethnicité dans le processus de formation du groupe ou de la classe ? Les individus « inclus »
seraient-ils d'abord des « bourgeois nationaux » avant d'être des
« bourgeois ethniques », ou devraient-ils exclusivement leur
appartenance à la bourgeoisie, par comparaison de leur statut
social avec celui des autres membres de leur dite « communauté » ? Par exemple, un chef d'entreprise d'origine maghrébine n'entretenant aucun lien de type communautaire pourrait-
il être inclus dans ce groupe ou dans cette classe ? Le constat
est patent que l'interpénétration de critères particularistes (difficilement identifiables) et d'une catégorie sociale (la bourgeoisie), longtemps considérée comme universelle mais aujourd'hui
remise en question (y compris par les sociologues marxisants),
rend difficile, sinon impossible, le travail de classification.

Pour toutes ces raisons, nous laisserons de côté l'hypothèse
de formation d'une bourgeoisie franco-maghrébine ou d'une
« beurgeoisie », non pas que cette catégorisation soit totalement
irréaliste, mais parce qu'elle exige que soit posée au préalable
la question de l'ethnicité dans les stratifications sociales européennes : peut-on être une élite ethnique avant d'être une élite
tout court ?

Le socioculturel :
échappatoire ou ghetto professionnel ?

L'analyse de la répartition des conseillers municipaux d'origine maghrébine par secteur d'activité indique une forte concentration dans les professions à vocation socioculturelle, en tant qu'éducateur, animateur ou directeur de centre social [1]. Cet attrait des jeunes issus de l'immigration pour les activités socioculturelles a donné lieu à de nombreux commentaires chez les sociologues et les politistes s'ordonnant autour de deux hypothèses dominantes [2].

Selon la plus répandue, les activités socioculturelles constitueraient une sorte de voie idéale, permettant aux individus d'origine modeste de se faire une place dans la société française. Cette hypothèse rejoint, en partie, l'image de la beurgeoisie associative décrite par Catherine Wihtol de Wenden : « Beaucoup d'entre eux doivent leur nouveau statut à la médiatisation de leur rôle et au localisme de l'enracinement associatif de la décennie quatre-vingt [...]. Il en est résulté l'image d'une professionnalisation de leur rôle, faite d'une "formation sur le tas", une socialisation locale, voire régionale, consommée d'un assez grand savoir-faire médiatique et clientéliste en politique [3]. »

La seconde hypothèse, plus marginale, voit dans cette orientation socioculturelle non seulement une voie de relégation pour des individus à faible capital scolaire et condamnés à moyen terme au chômage, mais aussi pour des diplômés, transformés malgré eux en « animateurs de rue » en attente d'un emploi stable.

Loin d'être contradictoires, ces hypothèses se complètent pour la compréhension de la diversité des trajectoires. Parmi les élites d'origine maghrébine exerçant aujourd'hui une profession à vocation socioculturelle, nous recensons aussi bien des diplômés de l'enseignement supérieur que des autodidactes.

---

1. Ces professions représentent 19,5 % des conseillers municipaux d'origine maghrébine pour le mandat 1989-1995.
2. Cf. *Migrations et société*, « Les intermédiaires culturels », 4 (22-23), juillet-octobre 1992.
3. Catherine Wihtol de Wenden, « Les élites d'origine maghrébine : l'Arlésienne ? », art. cité.

Les « sortants » de l'université se sont casés provisoirement dans le milieu associatif paramunicipal, occupant les postes de superviseur ou de directeur. Mais, le plus souvent, cet état provisoire s'est transformé en situation définitive. C'est le cas notamment des étudiants d'origine marocaine et tunisienne qui, dotés d'un doctorat en sciences de la vie ou en sciences humaines, ne sont jamais parvenus à trouver un emploi correspondant à leur formation initiale. Pour eux, le socioculturel représente bien un pis-aller professionnel.

En revanche, pour les élites formées « sur le tas », le domaine socioculturel a constitué un atout décisif, leur permettant d'accéder à une certaine notoriété publique, négociable au moment de leur investiture politique :

« J'ai fait mon école primaire à Teisseire. J'ai passé mon certificat d'études et ensuite j'ai fait trois ans à « Jean Bach » (collège grenoblois). J'ai eu mon CAP de dessinateur industriel. Je suis parti faire mon service militaire à Metz. Je suis revenu, j'ai travaillé quelques mois comme dessinateur. Ça ne me plaisait pas ! Donc, j'ai laissé tomber, je me suis arrêté, puis je me suis engagé comme éducateur pour partir à un camp de jeunes [...]. Ça m'a plu et depuis 1973, j'y suis toujours ! » (Aziz S., adjoint au maire de Grenoble.)

En définitive, la question de savoir si le domaine socioculturel représente pour les enfants de l'immigration maghrébine un « ghetto » ou une « échappatoire » ne relève pas exclusivement de l'étude des trajectoires et des aspirations individuelles. Plus fondamentalement, elle pose le problème de la légitimité économique et sociale d'un tel secteur dans la société actuelle. Doit-on continuer à considérer le « socioculturel » comme une activité économique à part entière ou, simplement, comme une activité supplétive et temporaire, appelée à disparaître avec l'amélioration de la situation globale ?

Et les femmes ?

Rappelons la forte proportion de femmes (plus de 30 %) parmi les élus d'origine maghrébine, soit le double de la repré-

sentation féminine dans les conseils municipaux de France [1].
Cette sur-représentation est-elle liée à un statut socioprofessionnel élevé, confirmant ainsi l'idée reçue selon laquelle l'intégration des Maghrébins à la société française se ferait d'abord par les femmes [2] ?

Le croisement des variables « profession » et « sexe » montre que, globalement, les femmes de notre population sont surtout représentées chez les « employés » et les « professions intermédiaires » et se révèlent quasiment absentes dans la catégorie « professions libérales-cadres supérieurs ». Ce n'est donc pas le statut socioprofessionnel en soi qui explique la forte représentation des femmes d'origine maghrébine dans les conseils municipaux. Il semble qu'il faille chercher les raisons dans une combinatoire de statuts dits « objectifs » (formation, profession, secteur d'activité, etc.) et de statuts symboliques (image valorisée de la femme maghrébine en France par rapport aux hommes). La féminité combinée à l'ethnicité, que l'on pourrait appeler la prime à la féminité ethnique, agirait ainsi comme une forme de compensation symbolique à un statut social relativement modeste par rapport à celui de leurs collègues masculins. Cette hypothèse peut paraître exagérée, voire fantaisiste. Pourtant, une étude qualitative des représentations met en lumière le fait que les élites féminines d'origine maghrébine jouissent au sein des institutions politiques françaises d'une certaine aura auprès des autres élus qui se manifeste par des relations empreintes d'exotisme et de paternalisme bienveillant.

LES PROJETS DE MOBILITÉ

Jusqu'à présent, nous avons raisonné en termes de mobilité objective, en privilégiant une analyse des variables dites « indé-

---

1. Pour le mandat 1989-1995, les femmes (toutes origines confondues) représentaient seulement 17,1 % des conseillers municipaux et 5,4 % des maires. Source : ministère de l'Intérieur, 1994.
2. Représentation rencontrée fréquemment dans les médias. Cf. notamment les portraits des députés européens d'origine maghrébine Djida Tazdaït et Nora Zaïdi, dans Le Monde du 14 juin 1989 et Politis du 16 au 22 juin 1989.

Tableau 2. *Distribution socioprofessionnelle des conseillers municipaux d'origine maghrébine pour le mandat 1989-1995 en fonction du sexe*

(% par case)

	Ouvriers	Employés	Professions intermédiaires	Professions libérales/ cadres supérieurs	Étudiants	Autres	Total
Hommes	4	6	14	22	3	4	53
Femmes	–	7	7	1	5	3	23
Total	4	13	21	23	8	7	76

pendantes » (profession des parents, statut socioprofessionnel de l'élu et secteur d'activité). Nous avons essayé de mettre au jour la distance sociale objective parcourue entre le milieu familial et le statut socioprofessionnel actuel. Une telle approche, si elle s'avère pertinente pour l'étude des trajectoires, tend à négliger l'histoire des sujets et le sens qu'ils donnent à leur propre itinéraire.

Notre intention est de dégager les visions du monde qui contribuent à modeler, à modifier et à infléchir l'expérience et les choix professionnels de notre population, étant entendu que ces visions du monde participent aussi à un milieu social et à une génération donnés.

Un discours d'autodidacte altruiste

Le regard porté par nos élites sur leur propre trajectoire socioprofessionnelle met en avant les « obstacles » rencontrés au cours de la carrière et surtout leur capacité personnelle à les surmonter. Elles valorisent une conception autodidacte de la réussite, mêlée à une vision misérabiliste de la société française, décrite comme productrice d'exclusion sociale et de discrimination raciale. Elles se rapprochent non seulement des représentations capacitaires véhiculées par des associations élitistes comme France Plus, mais aussi des thèmes présents dans le « nouveau roman beur [1] » :

---

1. Michel Laronde, *Autour du roman beur. Immigration et identité*, Paris, L'Harmattan, 1993.

« J'ai commencé à bosser après mon bac. Alors, j'ai tout fait : serveur, j'ai vendu sur les marchés, j'ai monté des échafaudages sur les chantiers, j'ai fait de la manutention, j'ai fait docker complémentaire. Et après, puisque j'ai continué la restauration tout au long, je suis devenu maître d'hôtel. Et puis, ces quatre dernières années, j'ai travaillé dans la banque. » (Adrien-Brahim A., conseiller municipal à Marseille.)

Cette récurrence du thème de la débrouillardise individuelle est liée généralement à un besoin de légitimation par les diplômes et les concours : « j'ai passé mon bac » ; « j'ai présenté un concours au département que j'ai réussi » ; « j'ai fait les formations normales pour être diplômé... ».

La reconstruction subjective d'un profil d'autodidacte n'est donc pas incompatible avec un désir de reconnaissance par les titres scolaires et universitaires. Il s'agit de se donner une image de « méritant », en évitant cependant d'apparaître comme un « parvenu ».

Ces élites interprètent leur ascension sociale à l'aune du projet migratoire des parents ou des grands-parents. Certes, la représentation de l'histoire familiale est généralement associée à une interprétation misérabiliste, parfois péjorative de la condition du père (l'aliéné). Mais elle s'accompagne aussi d'un désir de réhabilitation de son choix d'immigrer en France (le pionnier).

Ainsi, l'ascension sociale de ces élites ne dépend pas exclusivement de la capacité de leurs parents à bâtir un projet migratoire cohérent, mais aussi de leur faculté personnelle à relier ce projet familial à leur propre trajectoire socioprofessionnelle :

« Le fait d'être ici (à la mairie), c'est une reconnaissance de lui (mon père) quelque part, de ce qu'il a voulu que ses enfants soient, de ce qu'il aurait voulu peut-être pour lui-même. Ça ne se pose pas en termes de revanche. C'est en termes de justice sociale, de juste évolution des choses. » (Aziz S., adjoint au maire de Grenoble.)

L'immigration de leur famille n'est plus seulement perçue comme un acte négatif, rendu nécessaire par la situation de misère vécue au pays d'origine, mais aussi comme un acte positif, relevant d'un véritable projet de mobilité sociale : « Nous sommes des enfants d'immigrés, mais aussi des enfants de pionniers. »

Rompre avec « la galère »
et identification au « modèle juif »

L'imaginaire professionnel revêt une dimension collective qui n'est pas sans présenter une analogie avec la théorie des groupes de référence énoncée par R. K. Merton [1] : ces groupes ne constituent pas seulement des constructions abstraites à usage sociologique, mais sont aussi le produit de l'imaginaire des individus qui se livrent ainsi à une forme de comparatisme spontané et permanent. Ce processus peut s'opérer dans le sens d'un rapprochement, d'une distanciation ou d'une réappropriation. L'étude des imaginaires professionnels de ces nouvelles élites révèle l'ambiguïté symbolique du groupe de référence « nouvelles générations issues de l'immigration maghrébine ».

Elles développent à son égard un sentiment de coappartenance qui s'exprime par la revendication d'une « communauté de destin » en référence aux origines nationales, à la religion musulmane, à la socialisation dans les quartiers populaires et à la condition prolétaire du père.

Mais elles énoncent également un fort désir de distanciation qui se traduit par leur volonté radicale de rompre avec le cycle infernal de « la galère » qu'elles considèrent comme le lot de la majorité des enfants d'immigrés. Leur fatalisme est aussi une façon de mettre en valeur leur parcours exemplaire qui fait d'elles des « exceptions communautaires ».

Elles tentent, enfin, de se réapproprier une histoire collective, en récupérant l'aura symbolique des « grandes marches beurs » des années quatre-vingt et en se présentant comme leurs continuateurs raisonnés, sinon raisonnables.

Ce comparatisme spontané ne se développe pas exclusivement à l'égard des collectivités maghrébines de France. À travers des représentations fantasmatiques, il touche aussi des groupes de référence mythiques. Les juifs, considérés comme modèle de réussite individuelle et collective, représentent le groupe mythique illustrant le mieux ce type d'identification symbolique. À partir d'une connaissance fragmentaire, fondée sur des clichés et des préjugés, les élites d'origine maghrébine véhicu-

---

1. R. K. Merton, *Social Theory and Social Structure*, Glencoe, The Free Press, 1958, p. 262-280.

lent une vision naïve de l'intégration des juifs à la nation française. Sans forcément tomber dans l'antijudaïsme, le « juif mythique » devient pour elles l'objet de toutes les fascinations et de tous les rêves d'ascension sociale : « Ils ont réussi, pourquoi pas nous ? »

La référence récurrente et quasi obsessionnelle au « modèle juif » apparaît ainsi comme un « instrument mythologique efficace de cohésion sociale rapide et d'auto-identification [1] ». Mais, dans le même temps, cette identification à une entité symbolique et subjective (« les juifs ») contribue à évacuer les logiques socio-économiques qui, elles, sont productrices de l'exclusion sociale dont est victime l'immense majorité des enfants d'immigrés maghrébins.

Les trois types d'évasionnisme

Dans notre acception, la notion d'« évasionnisme » ne désigne pas une volonté de se créer « un cadre social hors du travail [2] », mais plutôt un désir de reconversion professionnelle totale ou partielle, un ensemble de stratégies individuelles visant à quitter le secteur professionnel d'origine pour un secteur nouveau, un déplacement lié à l'idée de valorisation de son statut social. Trois types d'évasionnisme peuvent alors être identifiés.

Le premier, l'*évasionnisme libéral*, valorise l'idée d'autonomie. Il se fonde principalement sur le désir de concilier l'esprit d'indépendance au savoir-faire, c'est-à-dire la liberté d'action professionnelle à la reconnaissance d'une compétence spécifique. Le projet de mobilité vers le secteur « libéral » est interprété, par les acteurs eux-mêmes, comme l'antithèse de la condition d'immigré et de l'aliénation professionnelle du père :

---

1. Lucien Sfez, *La politique symbolique*, Paris, PUF, coll. « Que sais-je ? », 1985, p. 8.
2. C'est notamment l'acception avancée par François Dubet mais que nous ne retiendrons pas ici. Cf. « Pour une définition du mode d'adaptation des jeunes à travers la notion de projet », *Revue française de sociologie*, 14, 1973, p. 222.

« Quand on est issu de ces milieux, le « libéral », c'est quelque chose, je crois ! Je suis influencé par ça aussi. Le prestige de la profession libérale, il est toujours resté. C'est quand même le choix de beaucoup de personnes issues des milieux défavorisés. » (Adrien-Brahim A., conseiller municipal à Marseille.)

Le deuxième type, l'*évasionnisme entrepreneurial*, est moins fondé sur une éthique d'autonomie qu'une éthique de responsabilité. On peut le situer à mi-chemin entre le pôle libéral et le pôle individuo-social : le désir d'asseoir son indépendance (« créer sa propre entreprise ») est combiné à un projet altruiste (« faire profiter les jeunes de la communauté de son expérience »). Les tenants de ce type d'évasionnisme n'hésitent pas à revendiquer un droit de « préférence communautaire » à l'embauche :

« Depuis que je suis au chômage, je fais des stages de comptabilité et de gestion. Mon objectif est de créer ma propre entreprise d'import-export entre la France et le Maghreb. » (Saïd M., adjoint au maire de Vitrolles.)

Enfin, le dernier type, l'*évasionnisme individuo-social*, repose sur une éthique de conviction. Établissant un bilan extrêmement négatif de l'associationnisme des années quatre-vingt, les « individualistes sociaux » ont pour objectif de créer et de superviser de nouvelles structures d'insertion. Les associations doivent devenir, selon eux, de véritables « agences conseils » au service des plus démunis. Ce type d'évasionnisme apparaît surtout chez les élites qui attachent une valeur affective à leur mandat politique et souhaiteraient lui donner un prolongement dans leur activité professionnelle. C'est peut-être chez elles que la volonté de concilier leur activité publique et activité professionnelle est la plus forte. En l'absence d'un statut professionnel qui les satisfasse pleinement (elles sont souvent animatrices ou éducatrices), elles cherchent à promouvoir une forme associative, combinant la rigueur de la gestion libérale aux activités d'insertion dans les banlieues françaises.

ÉCOLE ET PROMOTION SOCIALE :
DES « EXCEPTIONS SCOLAIRES » ?

La difficulté à tenir un discours objectif sur l'institution scolaire en général et sur les attitudes qu'adopte à son égard un groupe d'individus en particulier tient à ce qu'elle continue à jouer fondamentalement le rôle de mythe mobilisateur : « reconstruction imaginaire du réel, perception d'un âge d'or perdu et d'un événement à engendrer, rapport ambivalent à l'objet du mythe [1] ». En ce sens, le mythe de l'« école laïque et républicaine » est une construction éminemment idéologique, fonctionnant comme une sorte de « boîte noire » : les individus ont tendance à se réfugier spontanément derrière les jugements d'autorité émis par les nouveaux « clercs de la laïcité ». Le fait que l'école constitue aujourd'hui un lieu d'affrontement symbolique sur les questions liées à l'immigration maghrébine et à l'implantation de l'islam en France ne relève pas d'un concours de circonstances. Elle focalise les passions et les affects qui traversent l'ensemble des champs sociaux et agit comme une sorte de médiateur idéologique. Le champ de la recherche n'est pas exempt de telles manifestations. Lorsqu'on consulte, par exemple, les travaux traitant de la scolarisation des jeunes issus de l'immigration maghrébine, on est frappé par le constat suivant : les écrits sont prétexte à développer des thèmes qui n'entretiennent qu'un rapport lointain avec l'institution scolaire elle-même (la question de l'islam, l'intégration, la prétendue « supériorité intellectuelle » des filles musulmanes sur les garçons, la coercition exercée par les pères arabes...). Tout se passe comme si le déterminisme culturaliste, tant critiqué actuellement par les sociologues, redevenait subitement légitime dès lors qu'il est question des enfants issus de l'immigration maghrébine [2]. Pour notre part, nous préférons retracer les trajectoires scolaires des élites politiques d'origine maghrébine, en bâtissant un système d'interprétation en fonction des contextes familiaux et migratoires.

---

1. Robert Ballion, *Les consommateurs d'école*, Paris, Stock/Laurence Pernoud, 1982, p. 26.
2. À titre d'illustration, on consultera la revue *Migrants Formation*, publiée par le Centre de documentation migrants, lui-même rattaché au Centre national de documentation pédagogique (CNDP).

Le recours à la notion d'«exception» n'a pas pour objectif de légitimer une quelconque forme d'idéologie capacitaire et méritocratique, mais procède d'abord d'un choix méthodologique, visant à «isoler les comportements typiques qui conduisent à la réussite ou à l'échec [1]».

L'analyse du niveau d'études de ces élites atteste de l'existence d'un fossé sociologique, non seulement avec l'ensemble des individus issus de l'immigration maghrébine, mais aussi avec le reste de la population française. Le groupe est bien doté en capital scolaire et se rapproche des nouvelles générations d'élus locaux pour qui la détention de titres universitaires tend à devenir une ressource indispensable pour l'obtention d'un mandat électif, même aux plus «bas» échelons du système politique français.

La majorité des conseillers municipaux d'origine maghrébine (1989-1995) a poursuivi des études après l'obtention du baccalauréat, dont 18,9 % jusqu'au DEUG ou équivalent (DUT et BTS) et 47,2 % au-delà du DEUG (licence, maîtrise et troisième cycle). Ils ne sont finalement qu'une minorité (25 %) à posséder un niveau d'études inférieur au bac [2].

L'examen de ces données laisse à penser que nous sommes bien en présence d'une *population d'exception*, au sens que Zaïhia Zéroulou donne à cette notion. Faut-il conclure pour autant que ces nouvelles élites font figure d'élèves plus «doués» que la masse des enfants d'immigrés maghrébins, ce qui reviendrait à justifier *a posteriori* leur promotion dans le système politique français ?

Une telle explication ne peut qu'être partiale, dans la mesure où elle fait «table rase» des antécédents familiaux. Au-delà de cette représentation méritocratique, chère à l'idéologie républicaine et laïque, il convient de replacer leurs parcours scolaires relativement exceptionnels dans une combinatoire de facteurs sociaux globalement favorables, liés notamment aux projets migratoires des parents [3].

1. Zaïhia Zéroulou, «La réussite scolaire des enfants d'immigrés. L'apport d'une approche en termes de mobilisation», *Revue française de sociologie*, 29, 1988, p. 447-470.
2. Parmi les «non-bacheliers», 22,64 % sont titulaires d'un CAP ou d'un BEP et 3,77 % ont un niveau équivalent au certificat d'études.
3. Nous reprenons, en partie, l'approche en termes de «mobilisation» défendue par Zaïhia Zéroulou dans ses travaux sur les étudiants d'origine maghrébine. Cf. «La réussite scolaire des enfants d'immigrés. L'apport d'une approche en termes de mobilisation», art. cité ; «Mobilisation familiale et

L'influence des contextes familiaux et migratoires

Le fort pourcentage d'élus diplômés de l'enseignement supérieur (plus de 60 %) ne saurait s'expliquer simplement par des facteurs d'ordre individuel, liés au « mérite » et aux « capacités personnelles ». Dans notre perspective, l'usage de la notion d'*exception* ne signifie nullement une adhésion aveugle à l'individualisme méthodologique, mais répond à notre volonté de mettre en exergue les facteurs sociaux qui ont permis à nos enquêtés d'atteindre un niveau d'études élevé au regard de l'immense majorité des enfants d'immigrés. Il n'est pas non plus dans notre intention d'enfermer notre analyse dans un déterminisme sociologique « radical ». L'explication de leur parcours scolaire « exceptionnel » doit donc être recherchée ailleurs, au-delà des interprétations capacitaires et des schémas déterministes. La prise en compte des origines sociales reliées au projet migratoire des familles nous incite à dépasser cette double tentation.

Si l'on prend comme premier élément d'évaluation la position sociale des familles au pays d'origine, la majorité de ces élites ne se distingue guère, en apparence, des autres individus issus de l'immigration maghrébine. Souvent, le désir d'échapper à une situation économique précaire a poussé leurs parents ou grands-parents à émigrer.

Les familles de ces élites sont majoritairement d'origine urbaine (Alger, Sétif, Oran, Marrakech, Tunis...) ou d'origine rurale aisée (propriétaires terriens de Kabylie ou du Rif marocain). Elles n'appartenaient donc pas aux catégories les plus démunies de l'émigration maghrébine et bénéficiaient généralement d'un capital propre à conforter leur projet migratoire.

Bien que nous ne disposions pas de données très précises sur la scolarisation des parents, il semble que le français soit la principale langue de communication au sein de la cellule familiale, ce qui laisse penser que le père et la mère avaient acquis,

---

réussite scolaire », *Revue européenne des migrations internationales*, 1 (2), décembre 1985, p. 107-117 ; « La seconde génération entre en faculté », *Hommes et Migrations*, 1108, novembre-décembre 1987, p. 25-35.

avant leur émigration en France, une maîtrise minimale de la langue du pays d'accueil [1]. Dans la plupart des cas, le regroupement familial s'est accompli rapidement [2]. Même si l'on enregistre plusieurs années d'écart entre la date d'émigration du père et celle de la mère, la majorité de nos enquêtés n'a pas connu de rupture familiale préjudiciable à leur scolarité. Signalons, cependant, la présence parmi les élites « harkies » de pupilles de la nation, dont le père est mort au combat, victime parfois des représailles du FLN, après le cessez-le-feu du 19 juin 1962.

Les élus sont aujourd'hui unanimes à affirmer que leurs parents les ont toujours encouragés dans la poursuite de leurs études. Il s'agit, certes, de récits idéalisés, mais plusieurs éléments tendent à corroborer leur propos. Ces élites appartiennent à des familles dans lesquelles il n'est pas rare de rencontrer plusieurs enfants titulaires de diplômes universitaires. Aussi, ne font-elles presque jamais figure d'« exception » au sein de leur propre famille : leurs frères et sœurs possèdent des niveaux d'études tout à fait comparables. Leurs parents ont souvent adopté des stratégies de placement à l'égard de l'institution scolaire, celle-ci devenant un enjeu majeur de leur projet migratoire. Cet attachement à la réussite scolaire des enfants s'est traduit par leur volonté d'éviter à tout prix les établissements dits « ghettos » :

« J'ai fait l'école primaire du camp des harkis de Jouques. On n'était pas intégrable, on était des Arabes de deuxième zone, il fallait donc apprendre à parler correctement le français, alors que je suis française quand même depuis 1830. Chose curieuse, on m'a appris que j'étais française de deuxième zone et que je ne pouvais pas fréquenter l'école communale. Donc, il y avait une école pour nous, des enseignants qui connaissaient les mentalités arabes. Ça a duré un an et ma mère a décidé de me mettre à l'école communale de Jouques. Là, ça m'a permis d'acquérir plus de connaissances que mes petits camarades qui sont restés entre eux, parce qu'il n'y avait que des enfants de harkis dans ces écoles ! Moi, j'ai pu bénéficier d'un « plus », parce que j'étais avec des enfants portugais, espagnols et français de

---

1. Il n'est pas rare que les parents parlent entre eux en arabe dialectal ou en berbère mais s'adressent à leurs enfants en français.
2. Autre facteur de réussite scolaire mis en évidence par Zaïhia Zéroulou.

tout poil. Ma mère a eu cette intelligence-là aussi ! » (Dahbia D., conseillère municipale à Aix-en-Provence.)

Cette stratégie d'évitement des écoles dites « ghettos » s'est manifestée parfois par l'inscription des enfants dans des écoles privées à caractère confessionnel :

« J'ai été viré du lycée public. J'ai été viré, quel bonheur ! Parce que j'ai connu l'enseignement des jésuites. Je suis allé à " Provence " (lycée marseillais) et j'ai fait ma première. L'enseignement jésuite, j'ai trouvé ça très bien, pourtant je suis pour l'école publique. Mais il ne faudrait pas que l'enseignement jésuite disparaisse. Moi, il m'a beaucoup rendu service, on responsabilise les jeunes, etc. J'étais l'un des rares qui venaient des quartiers populaires, à côté des jeunes qui n'avaient jamais connu de problème : ça m'a beaucoup apporté. J'ai connu une autre classe sociale. » (Adrien-Brahim A., conseiller municipal à Marseille.)

Mais, dans la majorité des situations, les stratégies d'évitement ont entraîné un changement pur et simple d'habitation. L'achat d'une maison individuelle ou d'un pavillon dans un quartier résidentiel ne constitue pas un fait rare dans les familles de ces élites.

L'étude des projets migratoires accrédite l'hypothèse que nous sommes bien en présence de familles « mobilogènes » : la réussite de leur migration passe par la bonne scolarisation de leur descendance. Les parents « favorisent les ambitions individuelles, suscitent des aspirations et, par conséquent, créent un climat favorable pour la scolarité des enfants [1] ».

La cellule familiale reste le lieu privilégié où se forment des représentations positives du système scolaire, susceptibles d'encourager les trajectoires ascendantes.

École républicaine et ethnicité maghrébine

Jusqu'à une période récente, la méritocratie constituait une valeur centrale des sociétés occidentales et l'institution scolaire en paraissait comme son principal vecteur de légitimation et de

---

1. Lévy-Leboyer cité par Z. Zéroulou, « Mobilisation familiale et réussite scolaire », art. cité, p. 113.

propagation au sein des différentes classes sociales. La valorisation de la place de l'individu dans la société en fonction du
mérite s'est développée en réaction à la domination de l'aristocratie sous l'Ancien Régime et a consacré l'avènement du
pouvoir de la bourgeoisie. Elle est devenue dès lors un concept
actif quotidien idéologiquement nécessaire au maintien de la
cohésion sociale.

Bien qu'aujourd'hui la méritocratie continue à dominer les
discours et les représentations du système scolaire, on relève
cependant des évolutions substantielles. La méritocratie de type
« républicain jacobin » subit un mouvement de reflux au profit
d'une conception différentialiste de la réussite : « On préfère
parler de " différences ", et on affirme que les différences ne sont
pas des inégalités, mais des modes d'être spécifiques qui tra-
duisent l'aptitude de l'individu à s'épanouir en devenant ce
qu'il est [1]. » Aussi, emploierons-nous la notion de « méritocratie différentialiste » ou plus simplement de « méritocratie valorisant la différence », par opposition au concept actif des
sociétés industrielles qui donnaient, elles, la priorité aux apti-
tudes et aux capacités personnelles.

Appelées par les institutions françaises à jouer le rôle de
modèles d'intégration, les élites d'origine maghrébine participent largement à ancrer cette méritocratie différentialiste,
contribuant à la production de nouvelles images mythiques. À
travers les reconstructions idéales de leur passé scolaire, c'est
finalement leur conception de la société française, leurs ambitions professionnelles et politiques, leurs inquiétudes face à
l'avenir, qu'elles laissent transparaître. L'école joue à plein son
rôle de médiateur idéologique.

Elle est d'abord perçue comme un véritable « isolat social »,
un lieu de protection et de sécurité dans une société française
en voie de « balkanisation » :

Enquêteur : Pensez-vous que l'école a joué un rôle essentiel dans
votre vie ?
« Essentiel, primordial, important..., sécurisant dans tous les
domaines. C'était le lieu, où il n'y avait pas de risque ! Pas de risque
de pouvoir voler, pas de risque d'être agressé par les autres non plus !
Et puis, c'est là où on mangeait bien, et on mangeait bien ! » (Zaïr K.,

---

1. Robert Ballion, *op. cit.*, p. 79-80.

conseiller municipal à Aubervilliers et conseiller régional d'Ile-de-France.)

L'école est moins vécue comme un endroit coupé du reste de la société que comme ce lieu quasi religieux « à l'intérieur duquel s'opèrent les unions consensuelles [1] ». Une telle évocation de l'institution scolaire repose sur une vision fantasmatique de la structure sociale (au bord de l'implosion) et sur une conception manichéenne de la situation des jeunes dans les banlieues. Face aux risques d'agression, face à la tentation de passer de l'« autre côté de la barrière » et de sombrer dans la délinquance, l'école fait figure d'ultime refuge, protégeant l'individu des menaces extérieures et de ses pulsions autodestructrices. Leur représentation de l'islam en France n'est d'ailleurs pas très éloignée de cette vision manichéenne, au sein de laquelle elles opposent un « islam modéré » à l'« intégrisme islamiste », comme si la réalité sociale se réduisait à cette alternative.

« Univers sécurisant », l'école est perçue également comme un lieu d'épanouissement personnel où elles font l'apprentissage de leur autonomie à l'égard de la cellule familiale et du milieu d'origine :

« Fondamental, fondamental ! Parce que l'école m'a permis d'acquérir des réflexes d'autonomie, m'a appris à gérer ma petite vie..., à savoir maîtriser une langue, c'est ça l'intégration ! Et ça m'a permis aussi d'aider ma mère : tous les soirs, je la faisais travailler, je lui apprenais à compter, à déchiffrer un panneau quand elle se déplaçait dans une ville..., ça, j'ai réussi ! » (Dahbia D., conseillère municipale à Aix-en-Provence.)

Derrière ce discours à dominante individualiste, se profile une conception de l'institution scolaire comme principal agent de légitimation de la promotion sociale et politique. L'école consacre leur pouvoir de médiation entre la famille et l'environnement extérieur, d'une part, et entre les collectivités maghrébines et les pouvoirs publics, d'autre part. Elle est par excellence le lieu où se révèlent leurs capacités personnelles à exercer un rôle d'élite et une fonction de médiateur intercommunautaire.

---

1. *Ibid.*, p. 26-27.

Cette analyse des représentations serait incomplète si nous ne faisions pas référence au mythe de l'« école laïque et républicaine », récurrente dans leur propos. Son évocation ne renvoie pas à une temporalité précise mais à un passé à la fois proche (« notre école, notre instituteur ») et lointain (« l'école de Jules Ferry ») :

« Nos ancêtres les Gaulois (*rires*) ! Oui, je plaisante, elle a joué un rôle essentiel, heureusement qu'elle était là. Si j'y suis encore, ce n'est pas par hasard. L'école, je n'ai jamais fait la gueule pour y aller. Quand c'étaient les congés, il me fallait absolument un truc pour compenser. En fait moi, j'ai connu deux écoles : l'école du village et, ensuite, j'ai été balancée dans un grand lycée à Grenoble, une espèce d'usine. L'école, ça était salvateur ! » (Malika C., conseillère municipale à Gières, banlieue grenobloise.)

Dans la reconstruction idéale du passé scolaire, on retrouve finalement l'ensemble des mythes présents dans la société française : croyance en la neutralité de l'institution, conception capacitaire de la réussite, nostalgie de l'école républicaine, opposée à la froideur et à l'impersonnalité des établissements modernes.

En apparence, cette revendication d'une compétence spécifique fondée sur les titres scolaires et universitaires est contradictoire avec la mise en scène d'une compétence faisant appel à leur ethnicité. Dans le discours de ces élites, ces deux types de compétences se combinent, mêlant à la fois un misérabilisme à forte connotation ethnique (« nous sommes les enfants des ghettos urbains ») avec une certaine dose d'élitisme républicain (« nous sommes les enfants de l'école laïque »). On perçoit bien ici les évolutions qui touchent au mythe de *l'autodidacte en politique* : la banlieue a pris le dessus sur le quartier ouvrier, l'idéologie capacitaire a désormais intégré un argumentaire de type différentialiste (s'épanouir dans la différence), l'affirmation de son ethnicité tend à se substituer à celle de son origine régionale. L'image du provincial monté à la capitale pour réussir disparaît au profit de celle du beur créant une entreprise dans son propre quartier.

L'étude des trajectoires socioprofessionnelles des élites politiques d'origine maghrébine, comme l'analyse de leurs parcours

scolaires, ne permet pas de conclure en l'existence d'un
« modèle maghrébin de mobilité sociale ». En l'état actuel, une
telle hypothèse paraît prématurée. Leur profil sociologique n'est
finalement pas très éloigné de celui des autres élites politiques
françaises à l'échelon local. Ce constat n'exclut pas certaines
particularités qui se manifestent notamment dans leur positionnement à l'égard de leur milieu d'origine et du système politique hexagonal.

Porteuses d'une idéologie capacitaire, procédant à une reconstruction de leur itinéraire sur un mode autodidacte, les élites
d'origine maghrébine cherchent pourtant à se doter d'une
« visibilité de compétence » tant dans leurs activités publiques
que dans les autres champs sociaux.

De même, leur désir de rupture avec la condition d'immigré
n'est pas incompatible avec une volonté de réhabiliter le projet
migratoire de leur famille qui n'est plus simplement présenté
comme la conséquence d'un déterminisme sociologique, mais
comme un choix positif dans le sens d'une mobilité ascendante.

Enfin, l'affirmation d'un certain conformisme professionnel
et scolaire (« être une élite française comme les autres ») est liée
chez elles à la revendication d'une solidarité communautaire
(« servir d'exemple aux jeunes Maghrébins en galère »).

CHAPITRE 3

MARIAGES

Dans la société actuelle, le mariage reste un élément fondamental du marquage social, à tel point qu'il n'est pas exagéré d'affirmer, avec Michel Bozon, que le « destin social d'un groupe se lit aussi dans son destin matrimonial [1] ». La question du mariage se présente avec encore plus d'acuité pour les populations issues de l'immigration, dans la mesure où elle tend à être considérée comme le signe de leur plus ou moins grande intégration à la société d'accueil. Au travers de leurs choix matrimoniaux, ce n'est pas seulement leur destin social que l'observateur cherche à éclairer, mais aussi leur adhésion aux modèles et aux valeurs de la société française. Sur le plan idéologique, le mariage joue un rôle capital dans la lutte symbolique pour l'appropriation des femmes : le groupe minoritaire qui garde « ses » femmes (endogamie) risque ainsi d'être traité comme « non intégrable », voire dangereux pour la cohésion sociale : « Dans la tradition assimilationniste [...], l'échange matrimonial a toujours été considéré comme l'aboutissement souhaitable et prévisible du processus de dissolution progressive des particularités ethniques et culturelles dans le fonds commun français [2]. »

---

1. Michel Bozon, « Le choix du conjoint », dans François de Singly (dir.), *La famille. L'état des savoirs*, Paris, La Découverte, 1991, p. 28.
2. Jocelyne Streiff-Fenart, *Les couples franco-maghrébins en France*, Paris, L'Harmattan, coll. « Logiques sociales », 1989, p. 8.

Dans l'immigration maghrébine, la question matrimoniale est surdéterminée par l'appartenance religieuse (l'islam) et surtout par les représentations fantasmatiques qu'on développe à son égard. Mais cette surdétermination n'agit pas de la même façon à l'égard de l'homme et de la femme. Si le mariage d'un « musulman » avec une Française de culture chrétienne a une connotation plutôt péjorative (« ils prennent nos femmes » équivaut symboliquement à « ils mangent le pain des Français »), celui d'une « musulmane » avec un Français non musulman revêt un statut symbolique plus ambigu : il représente, d'une part, le signe d'une intégration patente à la société française (le fameux mythe de l'intégration par les femmes) et, d'autre part, un risque permanent de discorde dont témoignent les différentes « affaires de foulards » (« ils voilent leurs filles » équivaut à « ils refusent l'échange des femmes, donc leur intégration à la communauté nationale »). Les choix matrimoniaux des individus issus de l'immigration continuent à être perçus, y compris par les sociologues, soit comme l'expression d'une contrainte traditionnelle dans le cas d'endogamie, soit comme une transgression à la règle pour les situations d'exogamie.

Nous refusons de souscrire à l'alternative réductrice tradition/modernité. Au-delà des réalités statistiques, les stratégies matrimoniales des Français d'origine maghrébine, qu'elles soient endogamiques ou exogamiques, confirment l'intériorisation des modèles et des valeurs individualistes. Ainsi, le mariage dit « communautaire » ne saurait être considéré exclusivement comme un résidu de comportement « archaïque » ou « traditionnel », pas plus que le mariage exogamique ne doit être interprété comme un comportement « moderne » ou « rationnel ».

On comprend, dès lors, l'importance que peut revêtir la question des choix matrimoniaux dans le processus de sélection des élites maghrébines. Placées au devant de la scène politico-médiatique, on attend d'elles qu'elles adoptent un comportement matrimonial conforme à certaines exigences. Le système politique induit cependant des normes matrimoniales légèrement différentes des représentations courantes. Si la « mixité » apparaît pour les élites de sexe masculin comme le statut matrimonial le plus valorisant (et le plus valorisé), cela ne se vérifie pas toujours chez leurs collègues féminines. Pour ces dernières,

— 89 —

il semble que le célibat soit un facteur d'estime sociale plus déterminant.

STRATÉGIES MATRIMONIALES

L'étude des situations matrimoniales des élites politiques originaires du Maghreb ne fait ressortir aucun trait particulier au regard des tendances observées dans la population française « en âge de se marier ». Précisons, toutefois, que les femmes de notre échantillon (environ un tiers) paraissent adopter des comportements matrimoniaux plus atypiques.

Une structure matrimoniale conforme
aux évolutions de la société française

La majorité des conseillers municipaux d'origine maghrébine est mariée [1]. On enregistre cependant de fortes disparités selon les classes d'âge.

Si la quasi-totalité des élus de plus de 35 ans a contracté un mariage (81,8 % chez les 35-49 ans et 100 % chez les plus de 50 ans), ils ne sont qu'une minorité chez les 25-34 ans (28,6 %). Cette dernière classe d'âge dénote une forte proportion de célibataires (38 %) et d'individus ayant choisi de vivre en « union libre » ou en « concubinage déclaré » (23,8 %). Ces comportements matrimoniaux se rapprochent de ceux que l'on peut observer dans le reste de la population française : le mariage légal tend à décliner au profit du célibat ou des types d'union matrimoniale moins formels et plus souples sur le plan juridique.

Pour les élus appartenant à la classe d'âge des 18-25 ans, il paraît plus difficile de tirer des enseignements définitifs. La majorité d'entre eux est encore « aux études », c'est-à-dire dans une situation transitoire. Malgré tout, une forte minorité parmi

---

1. 52 % des élus municipaux issus de l'immigration maghrébine (mandat 1989-1995) déclarent vivre sous le statut du mariage légal.

eux (33,3 %) déclare vivre en couple sous une forme légale ou non.

En revanche, nous recensons chez les élites maghrébines de sexe féminin des comportements qui tendraient à confirmer la thèse d'une spécificité matrimoniale.

Une tendance au célibat et à l'union libre plus prononcée chez les élites féminines

Sur le plan matrimonial, les conseillères municipales d'origine maghrébine se distinguent de leurs collègues masculins à trois niveaux : elles se marient moins souvent, vivent plus fréquemment en « union libre » ou en concubinage et sont davantage marquées par le célibat que les hommes.

Doit-on recourir pour autant à une explication de type culturaliste, selon laquelle les femmes maghrébines en ascension sociale seraient, soit « condamnées » au célibat, soit tentées par un mariage hors de la communauté d'origine ?

Le célibat répondrait ainsi à une stratégie de neutralisation matrimoniale (ne pas choisir pour éviter un conflit avec la famille) et le mariage exogamique à une stratégie de rupture (primauté de la réussite sociale sur la cohésion familiale).

En réalité, les données statistiques, aussi affinées soient-elles, ne parviennent pas à rendre compte de la complexité des situations vécues et doivent nous inciter à la prudence quant à l'interprétation des comportements et des imaginaires matrimoniaux. Le fort taux de célibat chez les femmes maghrébines en ascension sociale ne tient pas à une raison unique, mais à plusieurs facteurs à la fois culturels, sociaux et religieux.

La relation observée entre « trajectoire promotionnelle » et « propension au célibat » ne constitue pas une spécificité des femmes d'origine maghrébine, mais concerne l'ensemble de la population féminine française. Le célibat, d'une façon générale, est particulièrement élevé chez les femmes appartenant aux catégories socioprofessionnelles supérieures (cadres et professions libérales). La forte proportion de femmes célibataires dans notre population d'élites relève donc, en partie, d'une logique sociale globale : la réussite des femmes dans la société française passe encore par une émancipation à l'égard des comportements matrimoniaux traditionnels.

Tableau 3. *La situation matrimoniale des conseillers municipaux d'origine maghrébine pour le mandat 1989-1995 selon le sexe*

(% par case)

	Mariés	Unions libres	Célibataires	Divorcés	Total
Hommes	31	9	10	3	53
Femmes	9	4	8	2	23
Total	40	13	18	5	76

Le célibat de certaines élites issues de l'immigration repose également sur des facteurs culturels, propres au milieu familial. Rares sont les familles à s'être opposées à ce que leur fille exerce un mandat politique à l'échelon local. Au contraire, elles vivent majoritairement l'élection de leur enfant comme la consécration de leur projet migratoire. La participation de leur fille à la vie publique locale n'a jamais été une cause de rupture. Malgré tout, les parents ne renoncent pas à maintenir une forme de contrôle social sur ses choix amoureux et matrimoniaux. La plupart des conseillères municipales jeunes (18-25 ans) qui ont quitté leur famille ne l'ont pas fait pour des raisons liées à leur engagement politique, mais pour des motifs d'ordre privé : choix d'un conjoint non maghrébin, mariage communautaire raté, vie commune avec un homme divorcé... Bien qu'il ne faille pas surestimer les facteurs culturels et religieux, rappelons que, pour de nombreuses femmes d'origine maghrébine en ascension sociale, le choix du célibat apparaît comme un « moindre mal », exprimant une volonté de désamorcer les conflits familiaux susceptibles de survenir à propos de leurs comportements amoureux et matrimoniaux. Certaines élues qui, au début de notre enquête, se déclaraient « célibataires », ont fini par avouer qu'elles vivaient, en réalité, avec un conjoint non souhaité par les parents.

Par ailleurs, le célibat peut être considéré comme un indicateur de la valeur d'un individu sur le marché matrimonial. C'est notamment une des hypothèses avancées par Hadjila Sad Saoud, pour qui les filles maghrébines dotées de diplômes jouiraient d'une assez mauvaise « cote matrimoniale » auprès des hommes maghrébins. Le célibat des femmes maghrébines en ascension sociale serait dû, en partie, à la réaction de méfiance des mâles de la communauté : « L'éducation des garçons est

également un processus d'intériorisation des valeurs traditionnelles. Elle est jalonnée d'histoires, de contes, de recomman-
dations symboliquement très chargées de signification où la
femme instruite, « celle qui a les yeux ouverts », est considérée
comme potentiellement dangereuse et risque de menacer leurs
prérogatives masculines, voire modifier la hiérarchie des pouvoirs au sein de la famille [1]. »

Le dernier facteur de cette forte représentation des célibataires chez les élues d'origine maghrébine relève de la construction différentielle de la visibilité politique. À certains égards,
la femme maghrébine célibataire, « exotique » et instruite
répond à une demande sociopolitique : elle incarne la liberté,
le combat personnel contre la tradition familiale (l'emprise du
père) et le désir de s'affirmer socialement. Si l'homme maghrébin, du point de vue des acteurs politiques hexagonaux [2], est
valorisé pour la mixité de son choix (« il a choisi une Française
de souche » signifie « il veut s'intégrer »), la femme maghrébine l'est pour son autonomie et sa capacité à se détacher des
valeurs familiales, le célibat étant synonyme d'émancipation.
Pour ces femmes en ascension sociale, il constitue même une
ressource négociable sur le marché français des élites communautaires.

LA MIXITÉ COMME SPÉCIFICITÉ ?

Bien que la mixité soit le fait de tout couple unissant un
homme à une femme, nous appliquerons cette notion aux
mariages contractés entre deux individus aux origines nationales, ethniques et/ou religieuses différentes. Dans le cas précis
de notre population, il s'agit principalement d'unions matrimoniales entre des Français d'origine maghrébine (les élites) et
des Français d'origine européenne (leurs conjoints).

---

1. Hadjila Sad Saoud, « Le choix du conjoint : tradition et changement », *Revue européenne des migrations internationales*, 1 (2), décembre 1985,
p. 126.
2. Ce qui n'est pas le cas dans les milieux populaires où les mariages
mixtes unissant un homme musulman à une femme chrétienne sont moins
bien perçus.

Chez les conseillers municipaux originaires du Maghreb, la mixité est un fait majoritaire (64,5 %). Ce pourcentage est très proche de celui que l'on peut relever dans les collectivités maghrébines de France, où les unions mixtes, y compris chez les femmes, ne sont plus exceptionnelles et auraient même tendance à supplanter les mariages de type endogamique [1].

La simple observation statistique ne permet donc pas de conclure à une relation entre la mixité matrimoniale et la position sociale de nos enquêtés. L'exogamie ne concerne pas exclusivement l'élite de l'immigration maghrébine, mais l'ensemble des individus, en particulier ceux des seconde et troisième générations implantées en France.

La mixité touche-t-elle cependant toutes les catégories d'élites de la même manière ? C'est d'abord un phénomène masculin. Moins conformistes à l'égard du mariage (elles sont plus souvent célibataires), les élites féminines sont aussi plus endogames. Elles se marient plus rarement mais, lorsqu'elles le font, elles choisissent plus fréquemment un conjoint au sein de la « communauté ». Cette remarque nous conduit à nuancer, voire même à réfuter, la notion de « conformisme matrimonial » et à poser à nouveau la question : conformisme par rapport à qui, par rapport à quoi ?

La mixité est un phénomène touchant l'ensemble des générations d'élites, bien que l'on relève quelques disparités. Les deux classes d'âge extrêmes (les moins de 25 ans et les plus de 50 ans) paraissent plus exogames que les classes d'âge intermédiaires (25-34 ans et 35-49 ans). Il convient toutefois de rester prudent dans l'interprétation de ces données, compte tenu de la taille modeste de notre échantillon. Nous pouvons avancer néanmoins quelques hypothèses.

L'exogamie des élites maghrébines âgées (plus de 50 ans) renvoie à une stratégie de sortie par le haut d'une condition sociale de dominé. Le mariage mixte est synonyme de prestige social

---

1. En 1989, les mariages euro-maghrébins représentaient 35 % de la totalité des mariages mixtes en France, soit 9 918 unions, ce qui correspond à une progression de 21 points par rapport à 1974. Cette progression touche également les femmes d'origine maghrébine, pour qui le mariage avec un Français « non maghrébin » a triplé en l'espace de quatorze ans (400 en 1974 et 1 766 en 1989). Cf. Augustin Barbara, « Unions sans frontières », *Hommes et Migrations*, 1167, juillet 1993, p. 14.

et fait figure de ticket d'entrée dans la « bonne société » française. Chez les élites les plus jeunes (moins de 25 ans), l'exogamie est moins liée à la notoriété ou au prestige qu'à l'influence du milieu social. La rencontre du futur conjoint s'est accomplie, la plupart du temps, au sein des groupes de pairs (centre social, maison de quartier, club sportif, etc.). La mixité matrimoniale est l'aboutissement du processus de « citoyennisation » et de socialisation. Enfin, pour les élites maghrébines appartenant aux classes d'âge intermédiaires (25-34 ans et 35-49 ans), la mixité est moins fréquente dans la mesure où elle faisait encore figure de tabou à l'époque où elles se sont mariées (1970-1980). L'immigration était considérée comme un phénomène provisoire, les immigrés et leurs enfants comme des « étrangers en France ». Du côté des familles maghrébines, le mariage d'un fils avec une Française de religion chrétienne (une *roumia*, une *gaouria*) était vécu comme une forme de reniement de sa religion, de sa culture et de sa nation d'origine. Quant au mariage de leur fille musulmane avec un chrétien, ils n'osaient même pas l'envisager.

Les élites harkies plus endogames que les autres

On pouvait penser que les particularités liées aux parcours migratoires induiraient des comportements matrimoniaux différents à l'égard de la mixité. Les données d'enquête infirment, en partie, cette hypothèse : il n'existe pas de fortes disparités entre les élites en fonction de leurs origines nationales et migratoires. Seules, les élites harkies ou enfants de harkis inversent la tendance générale. Chez ces dernières, le phénomène de mixité matrimoniale est minoritaire (40 % d'unions exogamiques). Cette différence dans les choix matrimoniaux tient, en grande partie, aux particularités de leur socialisation et au traitement politique dont elles ont fait l'objet. L'isolement dans les camps forestiers du sud de la France, la scolarisation dans des « écoles pour Arabes » et l'encadrement quasi militaire de leur vie quotidienne sont autant de facteurs qui ont retardé leur insertion professionnelle et favorisé une forme de repli communautaire. On aboutit ainsi à une situation paradoxale : Fran-

Tableau 4. *Origine ethnique du conjoint des conseillers municipaux*
d'origine maghrébine pour le mandat 1989-1995 selon le sexe

(% par case)

	Conjoints d'origine maghrébine	Conjoints d'origine européenne	Total
Hommes	16	37	53
Femmes	9	14	23
Total	25	51	76

çaises de naissance, les élites politiques d'ascendance harkie ont
un comportement matrimonial endogame plus marqué.

Une mixité matrimoniale aux significations multiples

L'analyse de la structure de la mixité de notre population
d'élites rejoint les conclusions de Jocelyne Streiff-Fenart dans
ses travaux sur les couples franco-maghrébins. L'expérience personnelle de la mixité revêt une signification radicalement différente selon que les couples appartiennent aux milieux populaires ou aux catégories intellectuelles supérieures.

Dans les couches populaires, les unions mixtes sont socialement homogènes « si l'on considère la catégorie socioprofessionnelle du père des conjoints [1] ».

En revanche, pour les individus appartenant aux catégories
supérieures, « deux types de structures semblent jouer un rôle
déterminant dans la formation du lien matrimonial : l'université
qui constitue un lieu de rencontre privilégié entre les jeunes
hommes maghrébins venus poursuivre leurs études en France
et des étudiantes françaises, et les structures associatives et militantes à vocation antiraciste... [2] ».

Chez les élites politiques, cette dualité se manifeste moins à
travers le milieu social d'appartenance (la plupart de nos
enquêtés appartiennent aux catégories intermédiaires et supérieures) qu'à travers les origines sociales. À la différence de Joce-

---

1. Jocelyne Streiff-Fenart, *Les couples franco-maghrébins en France*, op. cit.,
p. 22.
2. *Ibid.*, p. 23.

lyne Streiff-Fenart, nous ne sommes pas en présence de couples mixtes « populaires » et de couples mixtes « intellectuels » mais de couples mixtes socialement homogènes aux origines sociales diverses. Nous retrouvons la dichotomie entre élites populaires et élites d'héritiers qui s'exprime directement dans la procédure de formation des couples.

Pour les *populaires*, c'est surtout l'influence de la socialisation en France qui a pesé sur le choix d'une union de type exogamique. La mixité procède de la fréquentation des groupes de jeunes. Dans cette forme d'union, les références binationales sont rarement mises en avant.

Pour les *héritiers*, le milieu a moins joué que l'idéologie familiale, véhiculant une forme de cosmopolitisme, propice aux échanges interculturels. La mixité se trouve intégrée à la fois au « contrat d'union » et au projet d'éducation des enfants. Ils ont le sentiment de former un couple exceptionnel, enrichi par les différences culturelles et n'ont pas l'intention de le cacher à leur entourage.

En définitive, l'étude des choix matrimoniaux des élites politiques d'origine maghrébine met en lumière la complexité des mécanismes qui président à la constitution des unions mixtes. Ceux-ci répondent autant à des facteurs d'ordre culturel et religieux que social. Le mariage avec un Maghrébin ou avec un *gaouri* doit être ainsi replacé dans des logiques plus vastes. La mixité matrimoniale ne revêt pas la même signification pour les élites issues de familles populaires (immigration de main-d'œuvre) que pour celles issues de familles relativement aisées (immigration intellectuelle et universitaire).

Les élites politiques issues de l'immigration maghrébine sont majoritairement exogames et homogames : elles contractent une union avec une personne non maghrébine, mais appartenant généralement à un milieu social proche ou identique.

La forte proportion de couples mixtes nous interroge sur la relation entre exogamie et engagement politique : la mixité matrimoniale est-elle une ressource politique à part entière ?

À ce jour, elle ne donne pas lieu à des stratégies politiques spécifiques, mais participe à la construction d'une image publique à l'identique du statut professionnel et du capital scolaire. L'élu d'origine maghrébine marié à une Française d'origine auvergnate, bretonne ou provençale, renvoie davantage à la figure idéale du médiateur que son collègue ayant opté pour une union endogamique. La mixité de leur couple est une garantie supplémentaire de leur conformité aux valeurs dudit « modèle républicain ». Mais, comme nous l'avons vu, cette visibilité matrimoniale ne fonctionne pas de la même façon pour les deux sexes. Il semble que, pour les élites féminines, ce soit davantage le statut de célibataire et de « femme libre » qui constitue l'élément valorisant et donc négociable sur le marché politique : l'image de la femme maghrébine libre et émancipée apparaît plus efficace d'un point de vue symbolique que celle de la femme mariée à un Français de culture chrétienne.

Dans le domaine des représentations sociales, la neutralité matrimoniale des élites féminines joue un rôle tout à fait comparable au choix de la mixité des élites masculines.

CHAPITRE 4

DE L'ASSOCIATIF AU POLITIQUE ?

Les observateurs de la vie politique française s'accordent à souligner la crise des institutions héritées du mouvement ouvrier. Ils opposent fréquemment un modèle italo-polonais, caractérisé par l'influence totalisatrice des syndicats et du Parti communiste à un modèle maghrébin qui consacrerait le rôle intégrateur du mouvement associatif [1]. Hormis le fait qu'une telle vision surestime l'influence passée du PCF et des syndicats dans le processus d'intégration des anciens migrants (Espagnols, Italiens, Polonais...), elle tend à accréditer l'idée d'une spécificité radicale de la situation actuelle en mettant l'accent sur le phénomène associatif comme modèle de substitution [2]. Ces analyses se fondent sur un postulat identique : la crise du « politique » et la montée irréversible de la société civile. Nous serions ainsi passés en vingt ans du tout politique au tout asso-

---

1. « Les générations d'Italiens et de Polonais du Nord et de l'Est de la France se seraient faites à travers les conflits internes à la société française, grâce au pouvoir intégrateur exercé à l'époque par le mouvement ouvrier et grâce à la montée du Parti communiste français. » Cf. Adil Jazouli, *L'action collective des jeunes Maghrébins de France*, Paris, CIEMI-L'Harmattan, 1986, préface.
2. « Mouvement associatif et transition ambiguë vers le politique dans l'immigration maghrébine. » Cf. Rémy Leveau, Catherine Wihtol de Wenden (dir.), *Modes d'insertion des populations de culture islamique dans le système politique français*, Convention MIRE 247/87, 1991, p. 25.

ciatif au sens large. La fétichisation rétrospective du « politique » débouche sur une fétichisation de la société civile et de l'action autonome comme substitut.

Nous prendrons le contre-pied de cette représentation en montrant que l'associationnisme franco-maghrébin apparaît, au mieux, comme un palliatif, un modèle de substitution imparfait, avec de nombreuses zones de vide. L'élection en mars 1989 et en juin 1995 de candidats issus de l'immigration maghrébine dans les conseils municipaux reposait d'ailleurs sur un paradoxe : elle a été présentée par les pouvoirs publics comme un « remerciement » adressé au mouvement beur, alors que les candidats n'avaient en réalité aucune expérience associative ou politique, à de rares exceptions près.

LA VIRGINITÉ ASSOCIATIVE
COMME RESSOURCE

La subtilité du contrat implicite passé entre les pouvoirs locaux et certaines associations médiatiques (France Plus et SOS Racisme) a consisté à présenter des candidats issus de l'immigration comme figures emblématiques [1] des mouvements collectifs (1983-1985), tout en évitant de coopter des acteurs trop « impliqués » qui auraient pu constituer autant de contre-pouvoirs au sein des municipalités.

Ce choix ne s'est pas toujours fait de façon aussi cynique, mais représente l'aboutissement d'un processus de négociations complexes sur lequel nous aurons l'occasion de revenir.

La majorité des conseillers municipaux d'origine maghrébine n'a pas pris part directement aux mouvements beurs, tout en manifestant cependant à leur égard un soutien symbolique :

« Non, je n'ai pas participé à la marche, mais je l'ai suivie de très près. Donc, j'ai été très attentive. J'étais étudiante et je militais

---

1. La notion de « figures emblématiques » ou de « leaders emblématiques » a été développée par le sociologue Gunnar Myrdal dans *An American Dilemma : The Negro Problem and Modern Democracy*, New York, Harper and Row, 1944.

"beur" en milieu étudiant.» (Katya H., conseillère municipale à Vaulx-en-Velin, proche de J.-P. Chevènement)

Ces élites ne développent pas une vision fondamentalement différente du reste de la population française qui, à l'époque, avait accueilli l'événement avec une certaine bienveillance. Néanmoins, elles s'en détachent dans la mesure où elles cherchent à se réapproprier le symbole (l'action collective des beurs), le traitant comme partie intégrante de leur propre cheminement vers le politique. Cette relation affective les conduit parfois à un jugement critique, concernant, notamment, les tentatives de récupération :

« Oui, j'ai suivi toutes les marches, mais en fait je les ai quittées. Jusqu'en 1985, je trouvais ça bien, puis ça a pris une autre tournure. Au début, c'était bien, c'étaient plusieurs associations et, à la fin, il y a eu le monopole d'une [1] ! » (Nadia H-D., conseillère municipale à Dijon, membre du Parti socialiste.)

L'absence de participation directe et la réappropriation symbolique de l'événement sont les deux éléments fondamentaux autour desquels se structure leur rapport à la mobilisation beur des années quatre-vingt. Acteurs passifs, ils nourrissent à l'égard de ces mouvements une vision quasi idyllique, au moment même où les « acteurs participants » s'interrogent sur le bien-fondé de l'autonomie et sur l'efficacité de la stratégie collective. Il est vrai que les leaders des « grandes marches » se sont souvent retirés de toute vie publique, refusant de servir de go-between aux partis politiques français. Quelques-uns ont même abandonné le terrain politique pour se tourner vers l'activisme religieux dans les cités populaires [2].

---

1. Cette conseillère municipale fait référence à l'association SOS Racisme qui, selon elle, a récupéré le mouvement au mépris de la pluralité de ses composantes.
2. L'exemple le plus médiatique de ce type d'évolution est celui de Toumi Djida, ancien leader des « marches », devenu aujourd'hui imam dans la cité des Minguettes à Vénissieux.

LES « ENGAGÉS »

Bien que la grande majorité des élus originaires du Maghreb fasse figure de « nouveaux venus » sur la scène politique française, certains d'entre eux avaient acquis un capital d'expériences en ce domaine. Pour ces derniers, la détention d'un mandat politique local s'inscrit dans la continuité de l'activité militante et répond à une volonté de lui donner une assise institutionnelle et officielle.

Les anciens gauchistes de l'UGET et de l'UNEM

Arrivés en France pour poursuivre des études supérieures, nombreux sont les étudiants du Maghreb à y avoir également accompli leur apprentissage politique au sein des syndicats maghrébins basés en Europe. À ce titre, l'Union nationale des étudiants du Maroc (UNEM) et l'Union générale des étudiants tunisiens (UGET) ont été des organisations particulièrement actives sur les campus français, disposant même de représentants dans les différentes instances universitaires [1] (conseil d'université, CROUS, etc.). Elles constituaient, à l'époque, non seulement des laboratoires d'idées dans lesquels se côtoyaient les principaux courants de la gauche maghrébine, des marxistes-léninistes « purs et durs » aux trotskistes en passant par les maoïstes, les situationnistes et les perspectivistes [2], mais aussi un lieu de sociabilité militante, contrastant avec l'individualisme et le pragmatisme des étudiants maghrébins d'aujourd'hui. Leur projet migratoire en France ne se limitait pas exclusivement à l'obtention de diplômes. Il répondait également au désir de changer la société ici et là-bas.

Au milieu des années quatre-vingt, ces syndicats ont vu leur influence décliner tant chez les étudiants maghrébins de France

---

1. Dans les années soixante-dix, un syndicat comme l'UNEM comptait autant d'adhérents et de représentants que son homologue français, l'Union nationale des étudiants de France (UNEF).
2. Le courant « perspectiviste », issu de l'extrême gauche, était bien implanté dans les milieux estudiantins tunisiens en France, comme dans le pays d'origine. Certains de ses leaders furent emprisonnés sous le régime de Bourguiba.

que chez ceux restés au pays d'origine. Dès lors, nombreux sont ceux qui vont choisir de « se ranger » sur le plan politique et s'orienter vers de nouvelles formes d'actions, recentrées sur le culturel (théâtre populaire, soutien scolaire, sensibilisation à la « culture maghrébine »...). L'absence de perspectives économiques et politiques au Maghreb, d'une part, les appels réitérés de la gauche française en direction de cette catégorie d'acteurs politiquement et culturellement hybrides, d'autre part, vont favoriser ce processus de reconversion de l'action politique vers le social. Entre-temps, l'associationnisme des nouvelles générations maghrébines en France connaissait, certes, un développement rapide, mais insuffisamment structuré et coupé des institutions publiques. Dans ce vide de médiation et ce règne de l'informel, les anciens gauchistes maghrébins apparaissent comme des intermédiaires de plus en plus crédibles. Bien que massives, ces reconversions dans le management socioculturel sont principalement le fruit de tractations individuelles avec les pouvoirs publics français, notamment avec les municipalités d'union de la gauche, à la recherche du médiateur idéal. L'itinéraire d'un personnage comme le fondateur de « Banlieuescopie », Adil Jazouli, illustre bien ce type d'évolution idéologique [1].

Pour les anciens activistes de l'UNEM ou de l'UGET, la « jeunesse immigrée » – qu'ils ont longtemps ignorée – est devenue un domaine de prédilection et d'expiation des « erreurs du passé ». Les rêves de changement et de révolution politique au Maghreb se sont envolés et cèdent désormais la place à un certain pragmatisme dans l'action, se mariant malgré tout à une vision exotique et romantique de la jeunesse des banlieues. Leur maîtrise presque parfaite des catégories du discours critique, propre à la gauche municipale, ont fait d'eux les interlocuteurs « naturels » des pouvoirs locaux, comme si les jeunes immigrés étaient incapables de se prendre en charge eux-mêmes. Les municipalités voient d'ailleurs, dans ces « Maghrébins cultivés », moins des porte-parole que des catalyseurs d'éventuelles tensions qui pourraient surgir entre les jeunes et les

---

1. Sociologue d'origine marocaine, formé à l'« école tourainienne », Adil Jazouli est connu pour ses prises de position médiatiques sur la question des banlieues. C'est notamment lui qui a contribué à vulgariser l'idée d'un « plan Marshall pour les quartiers en difficulté ».

autorités. Ce rôle d'individu modérateur, s'il plaît aux pouvoirs publics français, est moins bien accepté par les jeunes des cités populaires qui finissent par traiter ces anciens gauchistes en donneurs de leçons et en usurpateurs. Ils perçoivent mal leur présence dans les instances du pouvoir municipal et l'interprètent souvent comme une trahison.

Les enfants du Parti

Politistes et sociologues épiloguent sur ledit « modèle italo-polonais » dans lequel le Parti communiste et la CGT auraient assumé une fonction tribunitienne, participant à l'assimilation des nouveaux arrivants à la communauté nationale. On retrouve ici un discours nostalgique à l'image de celui qui est tenu aujourd'hui sur les vertus intégratrices de l'école laïque et républicaine. Certes, le PCF et la CGT, ainsi que les organisations de la IIe Internationale socialiste, ont joué un rôle majeur dans la socialisation des couches les plus défavorisées. Ce tableau idyllique occulte cependant un certain nombre de faits historiques.

Ces organisations n'ont pas toujours eu de ligne très claire quant à l'intégration des ouvriers étrangers à la classe ouvrière française. Leur histoire est également traversée par des phases de replis xénophobes.

Les travailleurs étrangers promus par les mouvements d'obédience communiste n'ont constitué qu'une infime minorité, au regard de l'immense majorité des migrants, exclus de toute forme de participation politique ou syndicale.

Enfin, l'implantation des organisations communistes « orthodoxes » était, certes, non négligeable, mais se heurtait à la concurrence d'autres mouvements, notamment ceux de l'extrême gauche (anarcho-syndicalistes et trotskistes) et de l'Église catholique.

Ces observations nous permettent de relativiser la croyance en la toute-puissance du modèle d'intégration PCF-CGT et nous obligent, *a contrario,* à rester prudents quant à l'appréciation actuelle du rôle du phénomène associatif dans l'intégration des populations immigrées.

Les élus communistes d'origine maghrébine représentent à peine un dixième de notre population d'enquête et se répartissent dans quatre grandes zones : les cités industrielles du Nord, la banlieue parisienne et les villes périphériques à Lyon et à Marseille [1]. Ils ont accompli le parcours initiatique traditionnel des militants du parti. Au cours de leur adolescence, ils ont adhéré au Mouvement des jeunesses communistes (MJCF) puis, au moment de leurs études universitaires, à l'Union des étudiants communistes (UEC) et, au terme de cet itinéraire, au PCF.

« Enfants du parti », ils gardent néanmoins une certaine distance avec l'appareil communiste et occupent rarement des fonctions de responsabilité, y compris après leur élection en mars 1989. Leur militantisme politique se réduit généralement à sa plus simple expression : présence aux réunions du groupe dans le cadre du conseil municipal et animation des permanences électorales du parti. À la limite, ils font davantage figure d'adhérents que de militants. Bien que fidèles à la ligne définie par le parti, ils répugnent à tenir un discours trop marqué idéologiquement, de peur d'effrayer les jeunes des cités, peu enclins à recevoir des propos dogmatiques :

« J'ai adhéré à la JC à 16 ans et au Parti, plus tard à 20 ans. Je suis en tant qu'adhérent sans plus. J'aurais pu avoir un poste de responsabilité pour la JC, je crois quelques responsabilités... Bon, j'étais en tant qu'adhérent ! » (Nassim B., conseiller municipal communiste à Port-de-Bouc, Bouches-du-Rhône.)

D'autres élus d'origine maghrébine n'ont été que d'éphémères compagnons de route des Jeunesses communistes, se contentant de participer à quelques initiatives ponctuelles et festives. Leur contact avec l'« univers communiste » s'est fait au hasard de l'implantation des organisations de jeunes et de la fréquentation des groupes de pairs. Dans leur cas, on ne peut pas véritablement parler d'engagement partisan. Le PCF n'a joué qu'un rôle mineur dans leur socialisation politique :

« Oui, j'étais montée avec les Jeunes communistes à la " marche pour la paix ". À l'époque, j'étais avec une bande de copains, dont un était à la JC. On s'est dit : " On va faire une virée à Paris ! " Tu vois

---

1. En raison de leur faible participation aux associations d'élus originaires du Maghreb, les conseillers municipaux d'obédience communiste sont difficiles à recenser.

l'état d'esprit.» (Malika C., conseillère municipale apparentée socialiste à Gières, banlieue grenobloise.)

À côté de ces élus issus des organisations communistes franco-françaises, il faut mentionner les élites formées par les mouvements communistes maghrébins basés en France. Leur militantisme empruntait souvent une forme clandestine, comme ces fils et filles d'immigrés qui, inscrits officiellement à l'Union nationale de la jeunesse algérienne (UNJA pro FLN), militaient clandestinement au Parti de l'avant-garde socialiste (ex-Parti communiste algérien, III⁰ Internationale). C'est dans ce cadre que des enfants d'émigrés algériens ont participé au programme du volontariat qui consistait à travailler bénévolement pour le pays d'origine sous la forme de séjours d'été. On peut citer le cas de Taïeb K., conseiller municipal communiste dans une petite commune des Bouches-du-Rhône, qui a milité pendant plusieurs années dans une cellule française du PAGS.

Toutefois, ce type d'engagement dans les organisations communistes maghrébines ne concernait qu'une infime minorité d'individus et a très rapidement décliné après les événements d'octobre 1988, révélant une fracture profonde entre l'État algérien et sa « jeunesse émigrée [1] ».

---

1. Le rapport du premier congrès national du PAGS en décembre 1990 traite directement de la question de l'émigration en France en ces termes : « Le PAGS, en liaison avec les diverses associations algériennes et les forces démocratiques, en France engagera ses efforts pour que le gouvernement algérien prenne toutes ses responsabilités en vue de :
– assurer la sécurité de notre émigration contre les crimes racistes ;
– réviser et renforcer le contenu positif de toutes les conventions algéro-françaises ;
[...] Que les Algériens émigrés soient considérés comme des citoyens à part entière : combattre l'idée que tous les émigrés sont des trafiquants ; lutter contre les mesures discriminatoires dont ils sont l'objet de la part des institutions algériennes ; avoir leurs propres représentants au sein de l'APN ; jouir de tous les droits et libertés démocratiques sur le sol national. » *Travail, justice sociale, démocratie*, premier congrès national du PAGS, Résolutions, Alger, 1990, p. 121.

Les enfants de l'Amicale

Au milieu des années quatre-vingt, l'Amicale des Algériens en Europe a opéré un virage à 180 degrés, finissant par admettre l'inscription inéluctable des enfants d'émigrés dans la citoyenneté française. Il est pourtant très difficile, voire même impossible, d'obtenir aujourd'hui des renseignements précis sur les anciens amicalistes, dans la mesure où ces élites refusent de reconnaître, *a posteriori*, cette filiation honteuse. Pour elles, ce sujet est encore tabou, notamment depuis l'effondrement du « Parti-État FLN » et de son discrédit général dans l'immigration algérienne de France. On peut penser également que cette stratégie de dissimulation de leur passé amicaliste répond à l'accusation de « double allégeance » qui pèse sur elles, menace qui viendrait moins d'ailleurs des autorités françaises que des autres élites maghrébines, hostiles à tout contrôle policier et politique exercé par les États d'origine. Certains avouent cependant cette filiation du bout des lèvres et sur un ton anecdotique :

« Non pas vraiment, on allait un peu à l'Amicale des Algériens. On allait à la mosquée de Paris pour apprendre l'arabe avec des enfants beaucoup plus jeunes que moi. Ma mère y est allée pendant deux ans. » (Karima D., conseillère municipale apparentée socialiste à Fresnes, Val-de-Marne.)

Ces élus ont entretenu des relations plus ou moins étroites avec les instances dirigeantes de l'Amicale, participant aux différentes activités culturelles et linguistiques. En l'état actuel, il paraît difficile de nous prononcer sur leur implication politique et sur le rôle des milieux amicalistes dans leur élection au conseil municipal : en quels termes l'Amicale est-elle intervenue dans le processus de négociations avec les partis politiques français et les têtes de liste ?

Nous pouvons simplement émettre l'hypothèse qu'il y a eu, à la fin des années quatre-vingt, des tractations politiques entre l'Amicale des Algériens et certains représentants des pouvoirs locaux.

Moins d'une dizaine dans toute la France, les élus amicalistes ou ex-amicalistes partagent des traits communs. Ils sont souvent plus jeunes que les autres conseillers municipaux d'origine maghrébine (moins de 25 ans), ce qui s'explique par le fait que la plupart d'entre eux ont été recrutés en 1989 par l'intermédiaire du mouvement REPERES [1], réseau associatif contrôlé par l'Amicale.

Ils se distinguent aussi par leur conception républicaine et jacobine de la citoyenneté, transposant plus ou moins consciemment l'héritage centralisateur du FLN à leur situation en France. Certains ont rejoint les rangs de la gauche républicaine, choisissant d'adhérer et de militer au Mouvement des citoyens de Jean-Pierre Chevènement [2]. Leur conception « Troisième République » de la citoyenneté française, proche de celle des juifs du début du siècle, peut être justement interprétée comme une réponse à la suspicion de double allégeance que font peser sur eux les autres élites maghrébines, pour qui la dénomination « amicaliste » reste péjorative.

Les combattants de la mémoire harkie

Les élus harkis ou enfants de harkis représentent environ un quart de notre population d'élites. Ceux, parmi eux, ayant un passé de militant actif sont, en revanche, nettement minoritaires [3].

Il convient de rappeler brièvement les événements au cours desquels vont émerger les premiers leaders issus des nouvelles générations de RONA [4]. À l'instigation de fils et de filles de harkis, éclate en 1975 une série de mini-révoltes dans les camps forestiers de Bias (Lot-et-Garonne) et de Saint-Maurice-l'Ardoise (Gard), mouvements qui traduiraient un « désir de prendre une revanche par rapport aux mouvements sociaux de l'immigration qui s'étaient mobilisés et avaient ainsi acquis une

---

1. Recherches, Perspectives, Expressions et Sociétés.
2. Formée par l'Amicale, Katya H., conseillère municipale à Vaulx-en-Velin (1989-1995), était candidate en quatrième position sur la liste conduite par J.-P. Chevènement aux élections européennes de 1994.
3. Parmi les conseillers municipaux d'origine maghrébine du mandat 1989-1995, nous n'avons recensé que deux individus marqués par un militantisme particulièrement actif en faveur de la « cause harkie ».
4. Terminologie officielle signifiant Rapatriés d'origine nord-africaine.

visibilité à propos de la circulaire Marcellin-Fontanet [1] ». Deux ans plus tard, le camp du « Logis-d'Âne » à Jouques (Bouches-du-Rhône) devient, à son tour, un lieu d'affrontements entre les nouvelles générations et les pouvoirs publics. C'est dans ce contexte que Dahbia D., élue à Aix-en-Provence (1989-1995), est conduite à jouer un rôle de leader emblématique auprès des autorités préfectorales. Elle décrit sa révolte comme le refus de subir la condition de « Français de deuxième zone [2] » symbolisée par les fils de fer barbelés des camps forestiers :

« Nous étions parqués dans des ghettos à l'extérieur des villages, de préférence dans des lieux boisés, pour ne pas culpabiliser le regard du Français moyen. Cela devait durer deux ou trois ans, juste une phase d'adaptation. » (Dahbia D., conseillère municipale à Aix-en-Provence.)

Peu d'élus issus de familles harkies ont connu un parcours militant de ce type : activisme dans les camps (1975-1977), cooptation à un poste dans les services préfectoraux (début des années quatre-vingt), adhésion à un parti politique et candidature aux élections municipales de 1989. Cet itinéraire, presque idéal, masque en fait de profondes disparités. Les catégories « harkis » et « RONA », plus ou moins fictives, regroupent des individus aux parcours politiques et aux origines sociales hétérogènes.

Les premières de ces élites ont été socialisées dans les cités populaires, mélangées avec les autres composantes de l'immigration maghrébine en France. Sans nier leur filiation harkie, elles préfèrent généralement se fondre dans une ethnicité plus large, revendiquant leur origine algérienne et leur appartenance à la religion musulmane. Elles militent rarement dans le milieu harki et se sentent plus proches culturellement et idéologiquement des nouvelles générations issues de l'immigration maghrébine.

D'aucunes s'affirment « harkies » mais appartiennent en réalité à des familles de notables musulmans de l'Algérie française.

1. Catherine Wihtol de Wenden, « La vie associative des harkis », *Migrations Société*, 1 (5-6), octobre-décembre 1989, p. 9-26.
2. Entretien accordé par Dahbia D. à *La Lettre des élus du MRG* dont elle est membre depuis 1989.

Leurs pères n'ont jamais servi dans les *harka*. Chez elles, l'ethnicité harkie a surtout une valeur instrumentale, confortant leurs stratégies associatives et électoralistes. La mise en avant de leur filiation harkie sert leurs desseins clientélistes.

Les dernières, enfin, ont réellement vécu dans les camps forestiers et ont développé un profond ressentiment à la fois à l'égard des pouvoirs publics français et des autres collectivités maghrébines, auxquelles elles reprochent l'absence de solidarité. C'est chez ces dernières que l'on rencontre précisément les « combattants de la mémoire » qui entendent réhabiliter le choix de leurs parents en faveur de la France et lutter contre l'image négative de « collabos ». Pour elles, la filiation harkie n'est pas purement instrumentale, elle renvoie aussi à une condition sociale (la vie des camps) et à une trajectoire politique (leur participation aux différentes révoltes).

En définitive, les destinées politiques et sociologiques se recoupent très largement. Les « enfants des camps » ont une plus forte propension à jouer publiquement sur leur identité harkie. Les élus socialisés dans les cités populaires ont plutôt tendance à noyer leur filiation dans une ethnicité maghrébine et musulmane. Les élites issues de familles de notables, de fonctionnaires de l'administration ou de cadres militaires cherchent davantage à se créer une filiation imaginaire à travers un discours misérabiliste à l'intention des pouvoirs publics.

Jeunes gaullistes d'origine maghrébine

Même si elles ne furent pas très nombreuses à figurer sur les listes pour les élections municipales de 1989, les élites maghrébines d'obédience gaulliste se caractérisent par un parcours militant relativement typique. Leur engagement politique plonge ses racines dans l'histoire familiale ou dans sa reconstruction idéalisée. Aussi établissent-elles presque toujours une continuité entre le combat de leur père et le leur. Qu'elles soient enfants d'immigrés ou de rapatriés nord-africains, elles se considèrent comme les héritiers d'une tradition au centre de laquelle elles placent la « figure héroïque » du général de Gaulle : « Il est le seul à avoir réellement compris les

Arabes [1]. » L'époque gaullienne est vécue comme un âge d'or perdu et est systématiquement opposée aux « temps actuels », synonymes pour elles de décadence culturelle et politique. Bien qu'appartenant aux nouvelles générations, ces élites maghrébines adhèrent davantage à un gaullisme mythique plus proche de celui défendu par les anciens compagnons du Général que du néo-gaullisme chiraquien, imprégné par les valeurs libérales.

L'arrivée de la gauche au pouvoir est interprétée comme une régression, pas seulement pour l'ensemble des Français, mais en particulier pour les enfants d'immigrés et de rapatriés, réduits à la condition d'assistés sociaux. Leur critique porte principalement sur les effets pervers de la politique multiculturelle des gouvernements socialistes et sur les « largesses » financières accordées aux associations antiracistes. Même si elles se revendiquent majoritairement « musulmanes » (elles se disent proches de la Mosquée de Paris), elles rejettent catégoriquement les notions de « binationalité » ou de « biculture » contraires, selon elles, aux traditions françaises. Elles ont massivement approuvé les « lois Pasqua » et la réforme du Code de la nationalité en 1993, au nom de la défense de la cohésion nationale :

« Pendant longtemps, la gauche a été perçue par les jeunes issus de l'immigration comme étant le seul recours leur permettant d'exister, de s'exprimer ; mais on s'est rapidement aperçu qu'entre les discours et la pratique politique, il y avait tout un monde. S'il y a des militants généreux avec lesquels on a envie de faire un bout de chemin, il y en a d'autres, et notamment certains maires, qui pensent qu'avoir un jeune issu de l'immigration sur une liste est préjudiciable électoralement, qu'avec un Arabe on risque de perdre les élections. Ils nous conseillent d'avoir plutôt des responsabilités associatives et culturelles.

Issu d'une famille nombreuse d'un quartier populaire, j'ai été déçu par la gauche socialiste et le choix de me présenter sur une liste RPR vient un peu de cette déception [2]. » (Aziz Sahiri, adjoint au maire de Grenoble.)

---

1. Idée que l'on retrouve aussi chez les élites maghrébines proches de la gauche, comme si le gaullisme avait représenté l'apogée des relations entre la France et le monde arabe.

2. Témoignage dans Bernard Delemotte et Jacques Chevallier (dir.), *Étranger et citoyen. Les immigrés et la démocratie locale*, Amiens/Paris, Licorne/L'Harmattan, 1996, p. 53.

Leur critique radicale du multiculturalisme des gouvernements socialistes ne les empêche pas de faire valoir leur ethnicité
maghrébine au moment des échéances électorales. À la demande
des appareils locaux du RPR, elles n'ont pas hésité à se transformer en entremetteurs ethniques pour drainer des suffrages
communautaires et se bâtir une légitimité de médiateur dans
le mouvement gaulliste. Mieux placés en juin 1995 qu'en
mars 1989 sur les listes des municipales, un nombre croissant
de jeunes originaires du Maghreb occupent aujourd'hui des
fonctions de responsabilité au sein des instances locales du RPR,
ce qui fait dire à certains que la « gauche n'a plus le monopole
des beurs ».

L'étude des itinéraires associatifs et politiques des élites françaises d'origine maghrébine a mis en lumière plusieurs profils
de militants : les anciens gauchistes, les enfants du parti, les
amicalistes, les combattants de la mémoire harkie et les jeunes
gaullistes. Ce tableau ne doit pas nous faire oublier que ces
formes d'engagement demeurent exceptionnelles et qu'elles
représentent un phénomène minoritaire parmi ces nouvelles
élites. Leur entrée sur la scène politique et associative s'est faite
récemment (entre 1985 et 1990) et généralement après leur
élection dans les conseils municipaux. En tant que parti au
pouvoir et force communale, le PS a joué ici un rôle capital,
fournissant à ces élites leurs premières armes politiques. Une
telle situation nous conduit à nous demander si cette virginité
associative et politique n'a pas constitué finalement un atout
décisif pour leur cooptation dans les instances du pouvoir local.
Par leur visibilité ethnique, elles offraient aux institutions une
caution communautaire (logique de l'« Arabe de service »)
mais, en même temps, leur faible expérience dans le domaine
politique apparaissait comme une garantie de « bonne
conduite » et d'allégeance au système en place. Un tel dosage
s'est avéré d'ailleurs efficace ; pratiquement aucune de ces nouvelles élites n'a été en mesure d'initier une dynamique de mobilisation autonome dans les collectivités maghrébines de France,
cédant plus facilement aux sirènes du clientélisme.

DEUXIÈME PARTIE

L'ETHNICITÉ DANS LA NATION

CHAPITRE 5

LES TERRITOIRES

La répartition des élites politiques d'origine maghrébine sur le territoire français ne relève pas exclusivement de ce que l'on pourrait appeler les opportunités liées au climat politique du moment. Elle se fonde sur une logique complexe qui se traduit, sur le plan géopolitique, par une inscription particulière dans l'espace national. À ce propos, la carte des « candidats maghrébins » élus en mars 1989 est riche d'enseignements : plus qu'une simple photographie, elle souligne le danger à s'enfermer dans une sociologie de l'évidence (les élus seraient représentés là où il y a des Maghrébins !).

En nous inspirant de la démarche initiée par les anthropologues du politique, nous tenterons de répondre à la question suivante : quelles sont les conditions requises pour qu'un individu obtienne, sinon un statut d'élu, du moins une position éligible dans sa commune ? En d'autres termes, comment acquiert-on une représentativité au sein du corps social [1] ?

Transposée à la réflexion sur les enjeux de la différenciation ethnique dans la société française, la problématique s'énoncerait de la manière suivante : l'ethnicité maghrébine, telle qu'elle est véhiculée par des figures emblématiques, constitue-t-elle un critère d'éligibilité locale ?

---

1. Marc Abélès, « Anthropologie des espaces politiques français », *Revue française de science politique*, 38 (5), octobre 1988, p. 810.

UNE DISTRIBUTION GÉOPOLITIQUE

La carte des conseillers municipaux d'origine maghrébine pour le mandat 1989-1995 (cf. carte 1) met en lumière une étroite corrélation entre leur implantation et celle des populations maghrébines de France. De prime abord, ces nouvelles élites émergent dans les foyers traditionnels d'immigration : l'Île-de-France (19 élus), le Nord-Pas-de-Calais (7 élus), la région Provence-Alpes-Côte d'Azur (12 élus) et Rhône-Alpes (10 élus). À ce niveau, la logique politico-électorale paraît induite, sinon influencée, par des facteurs sociodémographiques : ces élites sont présentes là où les collectivités maghrébines sont numériquement fortes. Toutefois, cette corrélation ne se vérifie pas toujours. On ne dénombre que deux élus d'origine maghrébine en Lorraine et en Alsace, régions accueillant pourtant d'importantes communautés maghrébines. À l'opposé, certaines régions de faible immigration comptent parfois plusieurs élus, comme la Bourgogne (3 élus) et l'Auvergne (2 élus).

De telles observations nous mettent en garde quant à l'interprétation des contextes sociodémographiques : il n'existe pas d'effet mécanique entre la présence de communautés immigrées et l'élection de candidats originaires du Maghreb. Les variables sociodémographiques ne produisent de sens que si elles sont combinées à d'autres facteurs à la fois historiques, politiques et symboliques. La visibilité des migrations maghrébines dans l'espace national n'entretient qu'un rapport indirect avec leur poids démographique réel, d'où la nécessité d'affiner notre niveau d'observation. Une étude plus localisée montre que ces nouvelles élites sont implantées dans les départements français où les questions migratoires ont toujours constitué un enjeu sociopolitique de premier plan : la Seine-Saint-Denis, bastion du communisme français (9 élus d'origine maghrébine), le Rhône, centre névralgique de la mobilisation beur des années quatre-vingt (6 élus) et les Bouches-du-Rhône, carrefour des migrations méditerranéennes (12 élus). Cette répartition reflète parfois les vicissitudes de l'histoire récente, notamment les retombées de la guerre d'Algérie. On recense ainsi plusieurs conseillers municipaux harkis ou enfants de harkis dans les départements de la Seine-Maritime (4 élus), des Alpes-Maritimes (3 élus) et de l'Hérault (2 élus).

En définitive, la carte des conseillers municipaux originaires du Maghreb est moins la traduction brute d'une logique démographique (pourcentage d'élus proportionnel au poids des collectivités maghrébines) que celle d'une histoire sociopolitique dans laquelle les facteurs d'ordre symbolique sont tout aussi fondamentaux que ceux d'ordre numérique.

Centralité et périphérie de l'ethnicité maghrébine

L'élite maghrébine est totalement étrangère à l'univers des campagnes françaises. On ne recense que deux ou trois élus dans les zones rurales. Certes, l'immigration maghrébine dans l'Hexagone est principalement un fait urbain et périurbain. Encore ne faudrait-il pas oublier les nombreuses communautés immigrées qui résident aujourd'hui dans les zones agricoles et viticoles (Sud-Ouest, Sud-Est et Corse) [1]. Cette sous-représentation des élites maghrébines dans les communes rurales ne saurait s'expliquer simplement par des facteurs sociodémographiques. D'autres phénomènes méritent d'être pris en compte, comme, par exemple, l'inexistence d'un mouvement associatif maghrébin à caractère rural (contrairement aux Italiens et aux Turcs d'Alsace), l'invisibilité de ces communautés dans les petites municipalités et l'absence d'enjeu politique autour du thème de l'immigration [2].

Les élus d'origine maghrébine se retrouvent principalement dans les métropolitaines : parisienne (21 élus), lyonnaise (6 élus), lilloise (5 élus) et marseillaise (8 élus). Ce caractère fondamentalement urbain tend à masquer une autre réalité : ces élites siègent rarement dans les communes situées au centre du territoire urbain, mais presque toujours dans les communes

---

1. C'est notamment le cas de l'immigration marocaine qui, par l'intermédiaire de l'Office national de l'immigration, à Casablanca, s'est installée, en partie, dans les centres agricoles de la France méridionale. Cf. « Étrangers en France : des chiffres et des hommes », *Hommes et Migrations*, numéro spécial, 1990, p. 30.

2. Cela ne se vérifie pas toujours. Par exemple, la commune viticole de Saint-Gilles dans le Gard (11 304 habitants en 1990) fut l'une des premières municipalités de France conquises par le Front national en 1989. Dans cette zone essentiellement agricole (vignes et agrumes), le thème de l'immigration était au centre de la campagne des municipales.

Tableau 5. *Distribution des conseillers municipaux d'origine maghrébine pour le mandat 1989-1995 par agglomération*

Agglomérations	En nombre	En %
Parisienne	21	27,6
Lyonnaise	6	7,9
Grenobloise	3	4
Lilloise	5	6,6
Rouennaise	4	5,3
Marseillaise	8	10,5
Autres	29	38,1
Total	76	100

périphériques. Plus que d'élite urbaine, il conviendrait en fait de parler d'élite périurbaine. Les cas des agglomérations parisienne et lyonnaise ont valeur d'exemple. On n'enregistre que deux élus siégeant au conseil de Paris (1989-1995) pour une agglomération comptant vingt et un conseillers d'origine maghrébine. Au sein de la communauté urbaine de Lyon (COURLY), ce décalage entre le centre et la périphérie est encore plus flagrant, puisqu'on ne dénombrait aucun élu d'origine maghrébine sous la municipalité de Michel Noir, alors que la COURLY en comprenait six, répartis entre Bron, Grigny, Rillieux, Vaulx-en-Velin, Vénissieux et Villeurbanne.

L'agglomération marseillaise est l'exception qui confirme la règle. On y recense quatre élus originaires du Maghreb dont deux siègent au conseil municipal central [1] (Adrien-Brahim Akroune et Nadir Zerdab, majorité vigouriste). On perçoit ici la complexité des mécanismes qui conduisent à l'investiture d'un « candidat ethnique ».

À Marseille, le fait migratoire a toujours participé à la vie politique de la cité et à la construction de son identité communale. Les différents maires (Gaston Defferre, Robert Vigouroux et Jean-Claude Gaudin) ont su d'ailleurs en jouer pour asseoir leur légitimité et développer des réseaux clientélistes à caractère ethnique. Le communautarisme politique ne constitue pas une pure invention de Gaston Defferre. Dans l'entre-deux-guerres,

---

1. À Marseille, on distingue les conseillers siégeant à la mairie centrale (une centaine environ) des conseillers de secteur (un secteur englobant deux arrondissements).

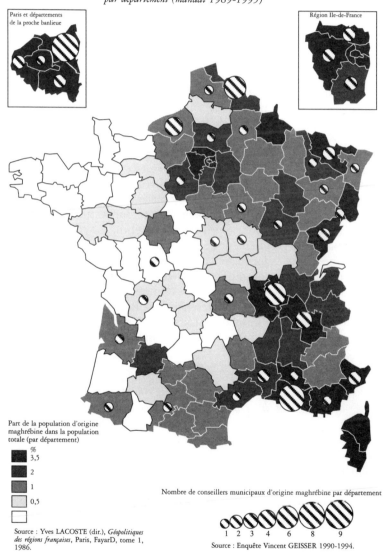

Carte 1. *Les conseillers municipaux d'origine maghrébine
selon la part de la population d'origine maghrébine
par département (mandat 1989-1995)*

Paris et départements
de la proche banlieue

Région Ile-de-France

Part de la population d'origine
maghrébine dans la population
totale (par département)

%
3,5

2

1

0,5

Nombre de conseillers municipaux d'origine maghrébine par département

1 2 3 4 6 8 9

Source : Yves LACOSTE (dir.), *Géopolitiques
des régions françaises*, Paris, FayarD, tome 1,
1986.

Source : Enquête Vincent GEISSER 1990-1994.

il s'affichait déjà comme une ressource politique et un instrument efficace de contrôle social. L'adjoint au maire populiste, Simon Sabiani, passé en quelques années du Parti communiste au Parti populaire français de Jacques Doriot, en fut l'un des principaux artisans, s'appuyant largement sur les réseaux corses et italiens [1].

À l'opposé, Paris et Lyon ne se sont jamais véritablement considérées comme des villes d'immigration, malgré la présence dans leurs murs de fortes communautés d'origine étrangère. Ces deux municipalités ont en commun de repousser le fait migratoire vers les périphéries de l'agglomération, ce qui n'est pas sans influence sur le plan de la symbolique politique et urbaine. La présence des élites issues de l'immigration maghrébine dans les communes périphériques aux grandes métropoles françaises est en ce sens révélatrice des enjeux traversant les territoires urbains. Certaines municipalités, le plus souvent de gauche, ont intériorisé l'image péjorative de « commune d'immigrés » et, dès lors, cherchaient à la retourner positivement : l'élection d'un candidat d'origine maghrébine au conseil municipal participe précisément de ce retournement du stigmate sous la forme d'une valorisation de son identité multiculturelle. À l'opposé, d'autres communes à population immigrée importante tendaient à euphémiser les réalités démographiques ou à les utiliser comme repoussoir : la présence de collectivités maghrébines sur le territoire communal est tout simplement occultée ou instrumentalisée à des fins politico-électorales.

Une élite présente
dans les bastions traditionnels de la gauche

La majorité des conseillers municipaux d'origine maghrébine (1989-1995) siège dans des municipalités dirigées par la gauche. Le plus souvent, ils figuraient sur des listes d'union composées de communistes, de socialistes et de personnalités extérieures (67,1 %). Parfois, comme à Marseille, ils se sont présentés sur des listes dissidentes, se réclamant néanmoins de

---

1. Bernard Morel et Philippe Sanmarco, *Marseille : l'endroit du décor*, Aix-en-Provence, Édisud, 1985.

Tableau 6. *Distribution des conseillers municipaux d'origine maghrébine pour le mandat 1989-1995*

Nombre d'habitants	En nombre	En %
Plus de 100 000	18	23,7
De 50 001 à 100 000	11	14,5
De 10 001 à 50 000	32	42,1
De 3 000 à 10 000	12	15,8
Moins de 3 000	3	3,9
Total	76	100

la majorité présidentielle (7,9 %). En revanche, aucun d'entre eux n'a été candidat sur une liste contrôlée par un seul parti.

En apparence, les candidatures de Français originaires du Maghreb s'inscrivent dans une dynamique d'union de la gauche. En réalité, la désignation de ces candidats « ethniques » n'a reposé que rarement sur un consentement entre communistes et socialistes. Au contraire, elles ont suscité des controverses entre les différentes composantes des listes d'union. Le Parti communiste, surtout, s'est opposé avec virulence à de telles investitures, accusant le partenaire socialiste de se livrer à une surenchère sur le thème de l'immigration. Lorsque le PCF a choisi de présenter des individus issus de l'immigration, il a évité d'afficher leurs origines ethniques et nationales. De ce fait, les candidatures maghrébines aux élections municipales ont davantage révélé des divisions plutôt que l'unité des coalitions de gauche. La carte politique des nouveaux élus issus de l'immigration maghrébine (cf. carte 2) montre bien leur ancrage dans les fiefs traditionnels de la gauche française mais reste malheureusement muette sur les enjeux internes aux différentes majorités municipales.

La plupart de ces élites se concentrent dans la « ceinture rouge » de Paris (Aubervilliers, Saint-Denis, Saint-Ouen, Gennevilliers, Orly, etc.), l'Est lyonnais (Bron, Vaulx-en-Velin, Vénissieux, Villeurbanne, Givores et Grigny), les environs de Marseille (Septèmes-les-Vallons, Vitrolles et Port-de-Bouc) et la région lilloise (Roubaix, Condé-sur-l'Escaut et Villeneuve-d'Ascq). Toutes ces municipalités ont en commun de se situer dans les anciens fiefs électoraux de la gauche française, et même, pour certaines d'entre elles, dans les bastions historiques du Parti communiste. Toutefois, pour ce qui est du mandat 1989-

1995, il convient de préciser que la présence d'élus originaires du Maghreb doit moins à l'union des forces de gauche qu'aux initiatives du Parti socialiste. Les élus beurs en terre communiste ont été le plus souvent cooptés par des responsables locaux du PS en terme de démarquage à l'égard du PCF. Ce choix revêt une dimension hautement symbolique : à l'élu ouvrier, soutenu par le Parti communiste et la CGT, le PS oppose l'élu beur censé représenter les nouvelles « classes dangereuses ».

En 1989, les leaders de la droite française semblent avoir été plus hésitants à accueillir sur leur liste des candidats originaires du Maghreb ; ces derniers étaient plutôt perçus comme des handicaps que porteurs de suffrages supplémentaires [1]. Il faut se remémorer le contexte politique de l'époque, dominé par l'« obsession frontiste ». Pour les partis de droite, l'enjeu était ailleurs : reconquérir les voix perdues sur le Front national. Une candidature trop marquée ethniquement aurait représenté dans leur esprit un obstacle dans l'entreprise de séduction de l'électorat lepéniste. Quelques têtes de liste d'union de la gauche ont adopté une attitude comparable, redoutant que la présence trop visible d'un candidat issu de l'immigration ne fasse le jeu de l'extrême droite. Certains cadres locaux du PS avaient le sentiment qu'on était allé trop loin dans la promotion du « droit à la différence » et qu'il convenait de faire machine arrière en recentrant la campagne sur des thèmes plus sécuritaires (la lutte contre la délinquance urbaine et le renforcement des forces de police dans les « quartiers chauds »). À ce stade, un véritable décalage se révèle entre les instances nationales du PS, imprégnées par la nouvelle idéologie différentialiste, et les sections locales du parti, soucieuses de coller aux angoisses et aux préoccupations de leurs militants ou sympathisants, comme en témoigne ce cadre :

« Nous constituons une section de banlieue et la plupart de nos militants viennent des quartiers difficiles. Leur discours n'est pas toujours très différent de celui du Front national. Dans notre section socialiste, on entend aussi parler de " bougnoules " et de " bicots ". » (Vincent M., militant socialiste et responsable du Développement social de quartier dans une banlieue lyonnaise.)

---

1. Seulement 17,1 % des candidats d'origine maghrébine élus en mars 1989 ont été présentés sur des listes de la droite UDF-RPR.

Carte 2. *Les conseillers municipaux d'origine maghrébine*
selon les tendances politiques des communes d'élection
(mandat 1989-1995)

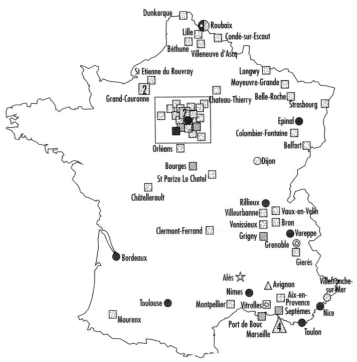

Tendance politique des communes

☐   Union de la gauche

△   Majorité présidentielle

○   U.D.F./R.P.R.

☆   Autres

Tendance politique des élus

    Élus socialistes et apparentés

    Élus communistes

    Élus de droite

    Élus écologistes

Élus adjoints au maire :

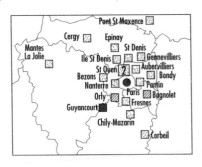

Nbre d'élus d'origine maghrébine
par commune :

○ ☐ ☆ = 1   ◐ ☑ = 2   △ = 4

Source : enquêtes de Vincent GEISSER, 1990-1995

À droite, les rares candidats d'origine maghrébine ont été élus dans des communes où les maires ont clairement adopté une stratégie d'« ouverture républicaine ». En appelant à constituer un « front républicain » face à la montée du Front national, ces leaders de droite [1] (Alain Carignon, André Diligent, Jacques Chaban-Delmas...) jouaient à l'époque un jeu relativement marginal dans leur propre parti. Il s'agissait moins de développer une stratégie locale à l'égard des populations maghrébines ou africaines que de s'inscrire dans les enjeux extra-partisans à l'échelon national : se forger une image de « républicain libéral » face à l'hégémonie des thèses populistes à l'UDF et au RPR.

DEUX LOGIQUES D'ETHNICISATION DU POLITIQUE EN FRANCE

Le jeu d'interactions entre la représentation nationale et les collectivités locales fait apparaître deux logiques dominantes d'ethnicisation du politique dans la France d'aujourd'hui : la logique symbolique et la logique communautaro-fonctionnelle.

La logique symbolique : une compensation au principe d'unité de la représentation

La logique symbolique s'inscrit en continuité avec ce que nous qualifierons de nécessaire compensation au principe d'unité de la représentation politique. Comme le rappelle John Crowley, les États-nations européens (la France, le Royaume-Uni et l'Allemagne) se sont construits selon une perspective universaliste : « L'organisation nationale n'est propre à aucun groupe d'hommes, et rien ne s'oppose en principe à la redéfinition de ses frontières jusqu'à englober éventuellement, l'en-

---

1. Ce sont d'ailleurs des maires de droite qui ont généralement accordé le plus de responsabilités aux élus d'origine maghrébine ; ainsi André Diligent (CDS) à Roubaix et Alain Carignon (RPR) à Grenoble leur ont confié des postes d'adjoint au maire.

Tableau 7. *Distribution des conseillers municipaux d'origine maghrébine pour le mandat 1989-1995 en fonction de la tendance politique de la commune d'élection*

Tendance politique	En nombre	En %
Union de la gauche	51	67,1
Majorité présidentielle	6	7,9
UDF-RPR et divers droite	13	17,1
Autres	6	7,9
Total	76	100

semble du genre humain [1]. » En apparence, cette conception est incompatible avec l'introduction de référents ethniques, qu'ils émanent de la majorité ou des minorités nationales. Dans sa « version française », il découle de ce principe universaliste l'idée selon laquelle le « citoyen-élu » n'est le représentant d'aucune faction ou partie du peuple, mais de tout le peuple. Cette abstraction conduit les institutions politiques à parer le risque de coupure avec la société civile par l'investiture d'acteurs symboliques, censés être l'émanation des intérêts et des expressions de cette même société. L'ethnicité se trouve refoulée dans le domaine du méta-symbolique, avec interdiction de rivaliser avec les référents officiels de la Nation. Dans ce cas, le symbolique se suffit à lui-même : l'élu symbolique ne se voit assigner aucune fonction politique liée à son caractère particulariste ou à son stigmate ethnique. La candidature « maghrébine », « musulmane » ou « immigrée » remplit une fonction purement symbolique au même titre que la candidature « féminine », « associative » (les joueurs de boules) ou « handicapée ».

Dans cette logique idéal-typique, le processus d'ethnicisation du choix des représentants n'entraîne pas une ethnicisation politique des fonctions et des territoires et ne remet donc pas en cause le principe d'unité de la représentation nationale. L'identité ethnique du citoyen-élu (son ethnicité) acquiert une visibilité sans implication réelle sur la gestion et la territorialisation du politique.

---

1. John Crowley, « Ethnicité, nation et contrat social », p. 187, dans Pierre-André Taguieff (dir.), *Théories du nationalisme*, Paris, Kimé, 1993.

La logique communautaro-fonctionnelle : un symptôme d'évolution et de rupture ?

À l'inverse, la logique communautaro-fonctionnelle semble entrer en contradiction avec les principes universalistes de l'État-nation.

Pour certains, elle représenterait un élément de rupture radicale avec les théories classiques du contrat social : « La volonté exprimée par les groupes ethniques minoritaires de disposer de mécanismes spécifiques, délibérément antimajoritaires, de participation aux processus politiques exprime donc très clairement une faillite du contrat social. Les États-Unis et le Royaume-Uni ont depuis très longtemps franchi ce seuil ; la France est peut-être en train de l'atteindre [1]. »

Comment cette logique se traduit-elle concrètement dans le fonctionnement du système politique ?

Au-delà de la dimension symbolique, l'ethnicité des représentants répond à un découpage des espaces et des fonctions politiques, établi sur des critères particularistes. Dans ce second idéal type, la « maghrébinité », l'« islamité » ou la « condition d'immigré » ne sont plus seulement des ressources à usage individuel, elles produisent également des effets de retour sur la gestion et la territorialisation du politique. Le représentant « ethnique » se voit attribuer des responsabilités et une zone d'action, déterminées en fonction de critères particularistes.

Au sein des contextes politiques locaux, ces deux logiques ne se rencontrent jamais à l'état brut. En France, elles sont plus ou moins présentes, influençant les attitudes et les comportements des acteurs politiques à l'égard des phénomènes d'ethnicité. Leur évocation soulève la question de la gestion de la différence culturelle dans les démocraties pluralistes. Il convient dès lors de nous interroger sur la manière dont lesdites « minorités » perçoivent leur propre représentation dans le système politique.

L'étude de l'implantation des conseillers municipaux d'origine maghrébine ne présente un intérêt sociologique que si elle

---

1. John Crowley, art. cité, p. 210.

prend en compte les dimensions symboliques et idéologiques de la relation au territoire. Les facteurs sociodémographiques ne produisent de sens que dans la mesure où ils sont replacés dans le cadre des enjeux politiques locaux, tels l'utilisation du thème de l'immigration, le degré de professionnalisation du mouvement associatif ou les traditions politiques locales qui valorisent plus ou moins le caractère cosmopolite de leur histoire. Ce recadrage nous oblige à explorer les différentes formes de médiation communautaire dans les municipalités françaises.

CHAPITRE 6

GESTION MUNICIPALE
ET MÉDIATION COMMUNAUTAIRE

Le projet visant à encourager la participation des nouvelles générations issues de l'immigration maghrébine aux instances du pouvoir local repose sur une ambiguïté qui place « leurs » élus dans une position particulièrement délicate tant à l'égard des autorités que de la « communauté » d'origine. Si leur entrée dans les conseils municipaux signifie une sortie « par le haut » de la condition d'immigré et donc de l'état d'ostracisme politique, elle n'est pas dépourvue pour autant de sous-entendus communautaristes et ethniques qui rappellent implicitement le statut du « second collège » dans l'Algérie française.

Élus français à part entière, les élites d'origine maghrébine incarneraient ce modèle républicain dont les hommes politiques hexagonaux, de gauche comme de droite, ne cessent de chanter les louanges, persuadés de sa supériorité intégrative sur le « modèle anglo-américain » et de sa valeur universaliste.

Parallèlement, la problématique de l'intégration politique des enfants issus de l'immigration sous-entend une problématique du retard historique [1] qui contraint (ethnicité coercitive) ces élites à se positionner en éducateurs du « peuple immigré » et en médiateurs communautaires.

---

1. Nous partageons sur ce point les analyses de Saïd Bouamama, *Vers une nouvelle citoyenneté, crise de la pensée laïque*, Lille, La Boîte de Pandore, 1991.

Toutefois, cette logique d'ethnicisation républicaine ne saurait être appréhendée de manière uniforme dans l'espace politique français. Elle suppose que l'on tienne compte des interactions complexes entre les acteurs nationaux (le gouvernement, le Parlement et les états-majors des partis) et les acteurs politiques locaux qui jouent, eux aussi, un rôle décisif dans les modalités d'ethnicisation de la représentation.

L'EXPÉRIENCE
DES CONSEILLERS ÉTRANGERS ASSOCIÉS

Le thème de la participation politique des populations immigrées à l'échelon local n'est pas récent. Sous l'influence des courants de la gauche humaniste et tiers-mondiste (PSU, CFDT, Ligue des droits de l'homme...), il est devenu l'une des *110 propositions* [1] du candidat François Mitterrand à l'élection présidentielle de 1981. Mais, parvenue au pouvoir, la gauche socialiste abandonne progressivement la proposition mitterrandienne, arguant du prétexte que l'opinion française n'est pas encore prête.

La création d'une association comme France Plus, en 1985, illustre bien ce virage pragmatique : il ne s'agit plus de revendiquer la participation des immigrés à la vie politique française (thème peu porteur politiquement), mais d'appeler les nouvelles générations à se fondre dans le creuset français par le biais de leur inscription sur les listes électorales et de candidatures aux élections locales sur des listes de gauche et de droite, à l'exception du Front national et du Centre national des indépendants (CNI).

Malgré ce retournement, une poignée de convaincus et d'irréductibles, militants de SOS Racisme et de la Nouvelle école socialiste (NES), à l'initiative de Julien Dray), ou des associations de solidarité avec les travailleurs immigrés, va continuer à revendiquer la participation des étrangers à la vie politique

---

1. Cf. proposition n° 80 : « L'égalité des droits des travailleurs immigrés avec les nationaux sera assurée (travail, protection sociale, aide sociale, formation continue). Droit de vote aux élections municipales après cinq ans de présence sur le territoire national. Le droit d'association leur sera reconnu. »

locale, voire nationale. C'est parmi ces derniers que l'on trouve les promoteurs de la formule des « conseillers étrangers associés », véhiculant la vision utopique d'une France humaniste et plurielle dans laquelle les communautés étrangères jouiraient des mêmes droits que les autres citoyens :

> « Nous continuons à vivre cette participation avec la sensation d'un enrichissement de la vie collective par le fait d'avoir à nos côtés, dans tous les moments forts de la vie de la commune, des représentants élus exprimant une sensibilité particulière, un point de vue, dans le respect de l'ensemble de la population. Nous avons le sentiment que nous vivons tout à fait naturellement sans faire de tapage et avec un plus dans la vie collective depuis que cette association des élus étrangers s'est mise en place [1]. » (Françoise Julien, maire de Mons-en-Barœul, 1989-1995.)

De manière plus ou moins consciente, les défenseurs du projet ont contribué à pérenniser l'image d'une nation composée de communautés étrangères, représentation ne faisant plus forcément sens pour les acteurs eux-mêmes. D'aucuns ne manquent pas aujourd'hui de se revendiquer « Arabes de France », « Français d'origine maghrébine » ou encore « citoyens français de confession musulmane », tout en refusant d'être considérés éternellement comme des immigrés.

Deux communes ont été à l'origine des premiers élus étrangers associés au conseil municipal. Il s'agit de Mons-en-Barœul (Nord) en 1985 et d'Amiens (Somme) en 1987. Elles ont été suivies par plusieurs autres municipalités de gauche entre 1989 et 1992 [2]. L'inscription des électeurs étrangers et l'organisation des scrutins se sont déroulées selon des modalités différentes suivant les cas. En général, les municipalités ont mis en place plusieurs « collèges nationaux » en fonction de la composition de la population étrangère résidant dans la ville, chaque communauté étant appelée à désigner ses représentants [3]. Cette

---

1. Témoignage recueilli par Bernard Delemotte et Jacques Chevallier (dir.), *Étranger et citoyen...*, *op. cit.*, p. 52.
2. Il s'agit de Cerizay (Deux-Sèvres) en 1989, Longjumeau et Les Ulis (Essonne) en 1990, Vandœuvre-lès-Nancy (Meurthe-et-Moselle) en 1990 et de Portes-lès-Valence (Drôme) en 1992.
3. Pour plus de détails sur les aspects techniques et juridiques des scrutins, cf. Bernard Delemotte et Augustin Bayala, « Les élus étrangers associés aux

volonté des initiateurs du projet de respecter les différentes sensibilités culturelles explique que « la campagne et le vote se firent souvent sur des critères plus communautaires que politiques, les candidats étant parfois choisis dans le cadre des associations représentatives d'un pays ou d'un groupe de pays [1] ». Par exemple, à Amiens, sur les quatre conseillers associés élus à l'issue du scrutin de 1987, deux étaient des dirigeants d'associations communautaires [2]. On aboutit ainsi au résultat inverse : loin de contribuer au désenclavement des communautés, leur visibilité se révèle artificielle, fondée sur des logiques ethniques et nationales qui ne recoupent que partiellement les aspirations politiques et sociales des populations. Les faibles taux d'inscription des électeurs étrangers enregistrés dans les différentes communes confirment, en partie, cette relative indifférence à l'égard d'enjeux qui ne semblent pas (ou plus) les interpeller [3]. Quels enseignements politiques et idéologiques tirer de ce projet ?

Comme nous l'avons rappelé, la formule des conseillers étrangers associés représente d'abord l'héritage d'une gauche associative et autogestionnaire qui y voit le prolongement des actions de solidarité menées dans les années soixante-dix. Après avoir soutenu les « immigrés » pour l'obtention de droits économiques et sociaux, il s'agissait de leur donner la parole en leur permettant de devenir des acteurs à part entière de la vie politique française. Le projet repose fondamentalement sur une vision communautaire de la structure sociale. Toutefois, ce communautarisme s'inscrit moins dans le processus actuel d'ethnicisation du politique que dans la tradition antijacobine

---

conseils municipaux en France », dans Bernard Delemotte et Jacques Chevallier (dir.), *Étranger et citoyen..., op. cit.*
1. *Ibid.*, p. 94.
2. L'un était président de l'Amicale des Algériens du département de la Somme et l'autre, dirigeant d'une association culturelle portugaise.
3. À l'exception de Cerizay (61 % d'inscrits) et de Mons-en-Barœul (66 % d'inscrits en 1993), les taux d'inscription étaient particulièrement faibles : 20 % à Amiens, soit 1 008 inscrits sur 5 000 électeurs potentiels ; 20 % à Longjumeau, soit 260 inscrits sur 1 300 électeurs potentiels ; 17 % aux Ulis, soit 345 inscrits sur 2 000 électeurs potentiels ; 19 % à Vandœuvre-Lès-Nancy, soit 385 inscrits sur 2 000 électeurs potentiels, et 35 % à Portes-Lès-Valence, soit 98 inscrits sur 280 électeurs potentiels. Source : Bernard Delemotte et Augustin Bayala, art. cité, p. 121-136.

propre à la « troisième gauche ». La revendication de la participation des immigrés au système politique français vise à créer une congruence utopique entre la société politique et la société civile, entre le pluralisme politique et la pluralité culturelle. Ses porteurs rejettent autant les thèses assimilationnistes de la gauche jacobine que l'élitisme ethnique véhiculé par des associations comme France Plus. Pour eux, la participation des immigrés à la vie politique française est un moyen parmi d'autres pour poser la question plus globale de la construction d'une citoyenneté locale.

Mais les immigrés sont-ils invités à entrer dans la vie politique locale en tant que tels, c'est-à-dire reconnus dans leur particularisme de migrants, ou simplement assimilés à des citoyens à part entière, priés de manifester leur sensibilité ethno-culturelle en dehors de l'arène politique ?

À cette interrogation, les partisans de la formule des conseillers étrangers associés n'apportent pas de réponse franche. L'immigré semble être considéré à la fois comme un acteur spécifique, doté de sa propre histoire personnelle et collective, et traité comme un citoyen français en apprentissage, qu'il convient donc d'éduquer politiquement : « Tout repose sur l'éducation. Lorsqu'on accompagne les gens avec une pédagogie appropriée, le résultat est positif [1]. »

Leurs analyses ne sont pas exemptes d'un certain idéal d'éducation morale et politique : la citoyenneté n'est pas seulement un droit ; elle renvoie également à une fonction politique qui exige un apprentissage de longue haleine : « À terme, la participation des immigrés à la vie d'un conseil municipal est une étape pour que l'étranger devienne un citoyen à part entière [2]. »

Notre intention n'est pas de porter un jugement de valeur sur de telles initiatives qui, de toute façon, n'ont concerné qu'un nombre infime de municipalités françaises. L'idée selon laquelle elles auraient contribué à la montée du Front national nous paraît exagérée. Ni à Amiens, ni à Mons-en-Barœul, ni même aux Ulis, l'élection de conseillers étrangers associés n'a provoqué

---

1. Bernard Delemotte, Augustin Bayala, « Les élus étrangers associés aux conseils municipaux en France », art. cité, p. 117.
2. Bernard Delemotte, *Éléments pour une histoire, op. cit.*, p. 17.

de cataclysme politique, contrairement à ce qu'affirmaient ses détracteurs.

Il s'agit, en revanche, de souligner les limites d'une conception caractéristique d'une partie de la gauche française : le désir de sortir l'étranger de sa condition d'immigré par un traitement de type différentialiste ne suscite pas de véritable mobilisation de la part des acteurs qui ne se reconnaissent pas dans les catégories qu'on voudrait leur imposer, en dépit d'objectifs généreux.

En réaction à ce type d'ambiguïté, certains mouvements civiques ont pris leurs distances, en 1989, avec la formule des conseillers associés pour promouvoir des élus à part entière dans les conseils municipaux de France, symbolisant ainsi la fin de l'« immigritude [1] ».

LES ENJEUX MUNICIPAUX DE L'ETHNICITÉ MAGHRÉBINE

À travers quatre exemples, tirés de notre enquête, nous allons appréhender les enjeux locaux autour des « candidatures maghrébines » aux élections municipales, sachant qu'elles constituent le produit de négociations et de tractations entre les acteurs politiques et les représentants du mouvement associatif.

Le cas grenoblois : Alain Carignon et sa stratégie d'ouverture républicaine

La décision d'Alain Carignon de promouvoir, aux municipales de 1989, un candidat d'origine maghrébine en position d'adjoint n'est compréhensible que si l'on s'efforce de restituer l'histoire de l'ascension politique du jeune maire.

En mars 1983, à la surprise générale, Hubert Dubedout, grande figure du socialisme municipal – il est à l'origine du concept de Développement social de quartier (DSQ) – est battu

---

1. Néologisme employé par certaines élites d'origine maghrébine pour exprimer la volonté de rompre avec l'image péjorative de l'immigré.

dès le premier tour par un jeune inconnu, Alain Carignon, responsable local du RPR. Une fois élu, le nouveau maire va chercher à se constituer une clientèle politique et à développer des réseaux susceptibles de favoriser son enracinement dans la commune et dans l'ensemble du département de l'Isère. Il y parvient, en partie, en récupérant l'aura de son prédécesseur et en se forgeant dans les médias régionaux et nationaux une image de maire « libéral » et « éclairé », digne héritier d'Hubert Dubedout [1]. Le Parti socialiste adopte d'ailleurs à son égard une attitude ambiguë. Sur le plan national, il participe largement à la construction du « mythe Carignon », freinant ainsi les projets de la gauche locale pour reconquérir la mairie. En 1988, lors de la mise en place du gouvernement de Michel Rocard, Alain Carignon est même pressenti pour devenir « ministre d'ouverture ».

Pour toutes ces raisons, le maire sortant aborde les élections municipales de 1989 en toute confiance. La gauche locale est divisée et ne reçoit qu'un timide soutien des états-majors parisiens. Michel Destot (rocardien), universitaire grenoblois, est investi officiellement par la Parti socialiste. Jouissant d'une certaine notoriété dans les milieux intellectuels de la ville, le candidat socialiste n'en est pas moins un inconnu pour les électeurs. Profitant de cette situation de faiblesse de la gauche, A. Carignon multiplie les initiatives pour constituer une liste d'ouverture, débauchant d'anciennes personnalités de l'équipe Dubedout, telles que Guy Névache. Dans ce contexte est négociée avec le mouvement des droits civiques, France Plus, la présence d'un candidat d'origine maghrébine au titre de l'« ouverture républicaine » et de la « société civile ». Éducateur dans une cité populaire, Aziz Sahiri se voit placé en sixième position sur la liste RPR-UDF, ce qui lui assure un poste de maire adjoint. Alain Carignon médiatise avec beaucoup d'habileté ce « soutien maghrébin », faisant valoir son image de tolérance et son opposition résolue à l'extrême droite face à une gauche locale qu'il considère comme « archaïque » et vieillie

---

1. Connu pourtant pour ses idées de gauche, le journaliste du journal *Le Monde*, Alain Francillon, sera l'un des artisans de cette médiatisation. Ses articles jusqu'en 1990, année où débute l'« affaire Carignon », font l'apologie du « carignonisme municipal », présentant son protagoniste comme l'héritier de l'ancien maire socialiste, H. Dubedout.

par les années de pouvoir. Le refus du socialiste, M. Destot, de prendre sur sa liste un candidat « ethniquement marqué » est présenté à la presse comme une manifestation d'intolérance, voire de racisme.

Dans la conjoncture politique grenobloise, l'investiture d'un candidat d'origine maghrébine en position éligible s'inscrit donc directement dans la stratégie de communication politique du maire qui cherche à apparaître comme l'une des figures emblématiques d'une droite tolérante et libérale, au moment même (1986-1989) où les thèses populistes gagnent du terrain dans les états-majors de l'UDF et du RPR.

Les candidatures maghrébines dans la banlieue lyonnaise

Au milieu des années quatre-vingt, le Parti socialiste du Rhône se trouve dans une situation politique assez inconfortable. Bien qu'il obtienne des scores élevés aux scrutins nationaux (législatives et présidentielle), il ne parvient que difficilement à s'implanter dans les municipalités de la communauté urbaine de Lyon. Cette difficulté s'explique, d'une part, par le poids médiatique de Michel Noir et, d'autre part, par l'enracinement électoral du Parti communiste et par la percée du Front national. Le PS dispose pourtant, dans l'agglomération, de leaders d'envergure nationale, comme Charles Hernu (ancien ministre de la Défense), Jean-Jacques Queyranne (porte-parole du parti à l'échelon national) et Jean Poperen (ministre des Relations avec le Parlement).

En mars 1989, il est impératif pour les socialistes locaux de confirmer leur implantation en conquérant de nouvelles municipalités. Mais, dans cette entreprise délicate, le PS doit tenir compte des contraintes imposées par les listes d'union de la gauche – le Parti communiste n'est pas prêt à lâcher « ses » mairies – et par la stigmatisation nationale dont sont l'objet les quartiers de l'Est lyonnais (Les Minguettes à Vénissieux, Parilly et Terraillon à Bron, Le Mas du Taureau à Vaulx-en-Velin...). Dans ces conditions, la marge de manœuvre des socialistes locaux reste extrêmement réduite.

Le cas de Bron, particulièrement significatif, illustre cette recherche d'une nouvelle stratégie socialiste. En raison de la rivalité personnelle qui l'oppose à Charles Hernu, dont il a été l'adjoint à Villeurbanne de 1983 à 1989, J.-J. Queyranne choisit de présenter sa propre liste dans la ville voisine de Bron, une commune d'environ 40 000 habitants qui, à la fin des années cinquante, vit construire les premiers grands ensembles de la région lyonnaise. Le contexte politique est alors particulièrement pesant. Le Front national entend exploiter les incidents dans les banlieues lyonnaises pour dénoncer l'« invasion immigrée » et le « laxisme des socialistes ». En tant que porte-parole national du PS, J.-J. Queyranne devient la cible privilégiée d'une campagne de stigmatisation aux accents populistes. Ainsi, pour les municipales de 1989, sa stratégie politique va consister à retourner le stigmate insécuritaire en mettant en avant sa capacité à engendrer des médiations avec les populations dites « à problèmes ». Dans cette perspective, il organise plusieurs rencontres avec les associations de quartier, leur proposant de prendre sur sa liste un de leurs représentants. Les négociations débouchent sur un échec et suscitent à contre-courant la création d'une liste autonome, Jeunes objectif Bron (JOB), animée principalement par des acteurs issus de l'immigration maghrébine. Craignant de perdre des voix dans les quartiers populaires en raison de cette liste concurrente et de la pression exercée par le Front national, J.-J. Queyranne parvient *in extremis* à « débaucher » une candidate associative d'origine maghrébine, Leïla Boulaouinat [1]. Cette dernière est présentée aux électeurs comme la future médiatrice entre le pouvoir municipal et les populations « immigrées ».

Avec du recul, une telle vision des enjeux locaux peut paraître naïve : comment J.-J. Queyranne a-t-il pu croire un seul instant qu'il pouvait gagner ou perdre la mairie par la seule présence d'un candidat « ethnique » sur sa liste ?

Un tel imaginaire n'a cependant rien d'exceptionnel. Il fut celui de nombreux leaders socialistes nationaux ou locaux qui ont misé politiquement sur l'existence d'un vote beur dans l'espoir de gains substantiels sur le plan électoral. À ce niveau, la cooptation d'un candidat issu de l'immigration ne relève pas exclusivement d'une logique instrumentale, mais d'une croyance en l'imminence du vote des Français d'origine maghrébine en faveur des socialistes.

---

1. Âgée de 21 ans au moment de son élection en 1989, Leïla Boulaouinat résidait dans le quartier populaire de Bron-Parilly.

Jean-Pierre Chevènement et son élu « beur »

Niché entre l'Alsace de culture alémanique et la Franche-Comté, le Territoire de Belfort a toujours été considéré comme une contrée atypique. « Ville frontière », Belfort constitue par excellence une cité d'accueil pour les exilés, victimes des guerres (Alsaciens, Lorrains et aujourd'hui Kurdes de Turquie) et pour les immigrants à la recherche d'un nouveau statut social (Polonais, Italiens et Marocains). Ce particularisme à la fois culturel et territorial lui vaut de connaître une histoire politique mouvementée, à tel point qu'il n'est pas exagéré de parler d'exceptionnalité belfortaine.

L'élection à la mairie, en mars 1983, du « socialiste jacobin » Jean-Pierre Chevènement ne fait que renforcer ce particularisme et donne à croire que le Territoire de Belfort persiste à ignorer les vicissitudes politiques qui traversent le reste de l'Hexagone. Très vite, l'itinéraire du nouveau maire se confond avec l'histoire de la cité. Acteur majeur du PS d'Épinay (il a soutenu l'investiture de François Mitterrand en 1971), J.-P. Chevènement fait du Territoire son fief politico-électoral et y règne en maître absolu jusqu'à la fin des années quatre-vingt. Héritier du jacobinisme, virulent opposant à l'idée d'un fédéralisme européen, il n'en est pas moins attaché à la vision d'une France méditerranéenne, solidaire du Maghreb et du monde arabe. Son nationalisme à vocation tiers-mondiste lui vaut d'être mis plusieurs fois en minorité au sein de son propre courant (Socialisme et République) [1].

Sa vision géopolitique trouve une traduction directe dans ses projets locaux. Le « Lion de Belfort » veut faire de sa ville le symbole de la rencontre des cultures méditerranéennes. Il lance, au milieu des années quatre-vingt, le projet d'un Centre des cultures méditerranéennes (CCM) qui sera inauguré en grandes pompes par l'orientaliste Jacques Berque et le politiste Sami Naïr. À ses débuts, le CCM est présidé par Étienne Butzbach, adjoint au maire de Belfort et est dirigé par Mustapha Kharmoudi, ancien activiste de l'Union nationale des étudiants du Maroc (UNEM). C'est précisément ce dernier qui est sollicité,

---

1. Plusieurs proches de J.-P. Chevènement quitteront le courant Socialisme et République (ex-CERES) au moment de la guerre du Golfe.

en mars 1989, par le maire, pour être candidat sur sa liste. Élu, Mustapha Kharmoudi siège au conseil municipal jusqu'en 1992, date à laquelle il donne sa démission. Pour J.-P. Chevènement, accueillir sur sa liste un candidat « maghrébin » ne renvoie ni à la nouvelle donne différentialiste du PS, ni même à la campagne médiatique de l'association France Plus. Le maire veut faire de la cité belfortaine le symbole d'une France résolument tournée vers l'Orient, dans un volontarisme républicain défendant l'idée d'une assimilation politique des populations issues de l'immigration.

En Seine-Saint-Denis : une réponse des socialistes au populisme du PCF ?

Bastion historique du Parti communiste, la Seine-Saint-Denis a connu de nombreuses crises politiques, du boulangisme (1888-1893) à la percée du Front national (1984), en passant par la fièvre populiste dans l'entre-deux-guerres, suscitée par les succès électoraux de Jacques Doriot à la tête du Parti populaire français (PPF). Aujourd'hui, elle constitue le département qui compte le plus grand nombre de conseillers municipaux issus de l'immigration maghrébine (dix pour le mandat 1989-1995). Ces derniers siègent dans des grands centres urbains comme Aubervilliers (67 557 habitants) ou Saint-Denis (89 988 habitants), mais aussi dans des communes plus modestes comme, par exemple, l'Île-Saint-Denis (7 413 habitants). Au-delà de leurs disparités socio-démographiques, ces municipalités présentent plusieurs points communs. Dirigées par le Parti communiste, elles connaissent, depuis le milieu des années quatre-vingt un fort enracinement du Front national, notamment dans l'électorat populaire et ouvrier [1]. La majorité de la population vit en habitat collectif et le pourcentage d'étrangers est légèrement supérieur à la moyenne nationale [2].

---

1. Aux élections européennes de 1994, 21 % des ouvriers du département de la Seine-Saint-Denis ont voté Front national. Cf. Henri Rey, « Le Front national en Seine-Saint-Denis : ressources sociales et politiques d'une implantation réussie », dans Jean-Paul Brunet (dir.), *Immigration, vie politique et populisme en banlieue parisienne* (fin XIXe-XXe siècles), Paris, L'Harmattan, 1995.
2. Selon H. Rey, « la relation entre les deux variables considérées : vote

Le contexte politico-électoral des municipalités de Seine-Saint-Denis est donc particulièrement chargé. De plus, elles sont souvent présentées par les médias comme la « base arrière des islamistes français », ce qui ne fait que renforcer la stigmatisation des populations de culture musulmane [1]. Avec les Bouches-du-Rhône, la Seine-Saint-Denis tend à devenir le département miroir de tous les affects et fantasmes autour des populations maghrébines de France. On comprend, dès lors, les enjeux qui peuvent émerger. Face à un Parti communiste hégémonique et à un Front national menaçant, le Parti socialiste se trouve acculé à gérer une situation de précarité électorale. En effet, le PS dirige seulement quatre communes dans l'ensemble du département (1989-1995) [2]. Le choix d'un candidat beur apparaît donc comme une réponse symbolique à une gestion communiste accusée d'être ségrégationniste et à la présence d'une extrême droite qui rappelle les « mauvais souvenirs » du PPF. En Seine-Saint-Denis, la question de l'immigration induit en définitive moins une ligne de fracture entre la gauche et la droite qu'un clivage entre partisans d'une politique de contrôle drastique des flux migratoires (FN, RPR tendance « Raoult » et anciens élus communistes tels qu'André Deschamps [3]) et défenseurs d'une politique d'accueil, visant à promouvoir l'image d'un « département pluriculturel ».

Nous venons de voir comment l'*establishment* politique, tout

---

FN et taux de population étrangère dans la population âgée de 18 ans et plus tend cependant à s'établir à l'occasion des élections les plus récentes. Le coefficient linéaire, pratiquement égal à 0 tant en 1984 qu'en 1989 passe à 4,3 pour la France urbaine (aux élections européennes de 1994) » (*Ibid.*, p. 391).

1. Cf. « L'intégrisme en banlieue. Un préfet se révolte », *Aujourd'hui* (édition nationale du *Parisien*) du 20 octobre 1994, et « Intégrisme : les secrets des réseaux en France. Le SOS du préfet de Seine-Saint-Denis à Charles Pasqua », *France-Soir* du 20 octobre 1994.

2. Il s'agit de Bondy, Épinay, Livry-Gargan et Noisy-Le-Grand.

3. Maire communiste de Clichy, exclu depuis du PCF pour propos racistes et xénophobes, André Deschamps déclarait en 1990 : « Quand vous voyez des nègres et des Arabes comme des meutes de hyènes dans les escaliers des cités... plutôt que d'agresser les pauvres bonnes femmes, ils feraient mieux de se bouger [...]. On dit qu'ils déconnent parce qu'ils n'ont rien à faire. Mais s'ils n'ont rien à faire, ils n'ont qu'à rentrer chez eux... » (*Libération* du 24 mars 1990.)

en niant par principe, utilise, voire manipule, l'ethnicité maghrébine dans les contextes politiques locaux.

LA REPRÉSENTATION POLITIQUE
DES POPULATIONS MAGHRÉBINES

Une fois établi que l'élection des candidats issus de l'immigration maghrébine reposait, en partie, sur une demande politique à la fois locale et nationale, il serait tentant de conclure par la thèse d'une ethnicité fabriquée par le système politique français. Pourtant, aussi artificielles soient-elles, ces candidatures ethniques ne se fondent pas uniquement sur la bonne volonté des leaders politiques locaux et nationaux. Elles sont également le produit d'un processus de négociation entre des acteurs multiples : les partis, les associations, les notables communautaires et les électeurs. Il ne s'agit pas cependant de substituer à la thèse de l'ethnicité fabriquée celle de l'ethnicité négociée, mais de nous interroger sur la capacité des collectivités maghrébines à faire entrer dans le système politique français une certaine dose de pluralisme culturel. Au-delà des opinions et des sentiments qu'elles développent à l'égard des nouveaux élus d'origine maghrébine, c'est la question de leur propre représentativité politique qui est posée, tant à l'échelon local qu'à l'échelon national.

Le problème ne se réduit pas à l'alternative assimilation/intégration. L'adhésion aux idéaux républicains et l'attachement à la conception classique de l'État-nation n'excluent pas une aspiration à voir émerger un mode de représentation qui réconcilierait pluralisme politique et pluralité culturelle.

L'invisibilité communautaire
des élus d'origine maghrébine

Comment ces élus sont-ils perçus par les populations maghrébines sur le plan local ? Ces dernières manifestent-elles à leur égard des attentes particulières ? Les conseillers municipaux d'origine maghrébine se sentent-ils investis d'une mission spécifique ? Sont-ils parvenus à engendrer de nouvelles formes de sociabilité dans leur municipalité [1] ?

Trop souvent, les études sociologiques ont insisté sur la défiance des nouvelles générations issues de l'immigration maghrébine à l'égard de leurs élites (les « beurgeois »). Or, ce qui ressort de notre enquête, c'est moins un sentiment d'hostilité que d'indifférence. D'une façon générale, les candidats élus en mars 1989 sont quasiment inconnus des populations d'origine maghrébine. Une majorité d'individus avouent ne pas être informés de la présence d'élus d'origine maghrébine dans leur ville (67,3 % enquête 1993) et ils sont même une forte minorité à déclarer qu'il n'en existe pas du tout (21,2 %). À de rares exceptions près, aucun électeur d'origine maghrébine n'a été en mesure de nous citer correctement les noms des différents élus de leur « communauté ». En bref, ces élites ethniques sont totalement invisibles dans les populations maghrébines de France et ceci malgré la médiatisation dont elles ont bénéficié au moment de la campagne électorale de 1989 [2]. Comment expliquer ce phénomène ? Ne constitue-t-il pas finalement le signe d'une « bonne intégration » au système politique local ?

Il est vrai que de telles questions peuvent paraître déplacées. Pourquoi s'étonner, en effet, de cette invisibilité politique, alors qu'à l'exception des maires et des principaux adjoints, les « simples » conseillers municipaux sont le plus souvent inconnus des électeurs français, quelles que soient leurs origines sociales et nationales ?

En ce sens, les conseillers municipaux d'origine maghrébine ne seraient pas plus visibles dans l'espace local que les autres

---

1. Pour répondre à ces interrogations, nous avons réalisé, d'une part, une enquête en 1993 auprès de 50 électeurs d'origine maghrébine des quartiers nord de Marseille et de la cité du Mirail à Toulouse et, d'autre part, un sondage sortie des urnes (en collaboration avec Schérazade Kelfaoui) lors de l'élection présidentielle de 1995 portant sur 462 électeurs dont 260 à Saint-Denis en banlieue parisienne et 202 à Marseille. Cf. Vincent Geisser et Schérazade Kelfaoui, « Existe-t-il un " vote maghrébin " à Marseille ? », *Revue méditerranéenne d'études politiques*, 2, printemps 1996, p. 149-170, et Schérazade Kelfaoui, « Un " vote maghrébin " en France ? », *Hérodote*, 80, 1er trimestre 1996, p. 130-155.

2. La presse nationale comme la presse régionale ont largement rendu compte de ces candidatures et des différentes initiatives civiques lancées par l'association France Plus.

élus. Ils subissent, à l'instar de leurs pairs, le processus de personnalisation du pouvoir local qui aboutit à réduire l'image de la politique municipale à la seule personne du maire.

En revanche, cette question de la visibilité redevient pertinente si on la confronte directement aux initiatives de ces élus « maghrébins » à la recherche d'un semblant de légitimité communautaire. Dans la plupart des municipalités enquêtées, les conseillers municipaux d'origine maghrébine ont su jouer sur l'ambivalence de leur investiture pour se bâtir une image d'élus au service, sinon solidaires de la communauté maghrébine. Dans cette perspective, ils ont développé, avec plus ou moins de succès, une série de projets, confortant leur visibilité de médiateurs communautaires par l'organisation de fêtes multiculturelles patronnées par la mairie, des interventions sur les problèmes liés à l'abattage islamique de la viande (*hallal*), ou encore par des interpositions directes dans des conflits de quartier entre les autorités policières et les jeunes.

En définitive, la question de la visibilité communautaire de ces nouveaux élus n'est pertinente que si elle tient compte de leurs pratiques politiques à travers lesquelles ils font largement appel aux sentiments d'allégeance communautaire.

Une sociabilité élitiste mêlant des références universalistes et particularistes [1]

Le bilan des conseillers municipaux d'origine maghrébine en termes de sociabilité locale s'avère plutôt maigre [2]. Certes, au sein de leur commune respective, ils ont été souvent à l'initiative d'événements artistiques, culturels et sportifs, visant à relancer une certaine vie sociale dans les quartiers populaires. Mais, la plupart du temps, il s'agit d'actions ponctuelles, pro-

---

1. Nous retiendrons la définition de la sociabilité proposée par Claire Bidart, à savoir l'« ensemble des relations effectives, vécues, qui relient l'individu à d'autres individus par des liens interpersonnels et/ou de groupe ». Cf. « Sociabilités : quelques variables », *Revue française de sociologie*, 29, 1988, p. 623.
2. Cf. Vincent Geisser, « Conseillers municipaux d'origine maghrébine : bilan de six années de mandat (1989-1995) », *Accueillir*, 204, 1995, p. 15-19.

posées aux habitants sans véritable concertation. Les grand-messes multiculturelles en présence du maire, du conseiller général et du député illustrent ce phénomène d'instrumentalisation : la vie de quartier est l'objet d'une mise en scène éphémère, dans laquelle les résidents apparaissent comme des figurants ou des acteurs de second rang. Quant à l'élu d'origine maghrébine, il se contente de veiller au bon déroulement des « grandes manœuvres » multiculturelles, espérant ainsi conforter son image de médiateur auprès des autorités locales. Le quartier est devenu pour lui un univers étranger, parce qu'il l'a quitté il y a plusieurs années, ou simplement qu'il n'y a jamais vécu. Son espace de sociabilité se construit « ailleurs », hors des quartiers qu'il est supposé gérer.

Cette incapacité des élites françaises d'origine maghrébine à engendrer des nouvelles formes de sociabilité dans les banlieues ne les empêche pas de cultiver leurs propres réseaux. Détenteurs d'un mandat électoral, dirigeants d'associations locales ou nationales, siégeant dans plusieurs conseils d'administration de la ville (écoles, hôpitaux, crèches...), ils bâtissent des espaces de référence. Sur de nombreux plans, ces derniers recoupent ceux des autres élites locales (échanges de services, fréquentation des clubs mondains, réceptions et cocktails) : « Les espaces de référence ont tout d'abord une réalité intrinsèque, " déjà là ", qui déterminent pour une part les représentations et les pratiques de ceux qui les occupent [...]. La référence à l'espace, manipulation subjective de la réalité de l'environnement, intervient très vite pour moduler les appartenances [...]. On a affaire à une variable système qui combine l'appartenance objective avec la référence subjective (les représentations sur ces espaces et sur les appartenances) [1]. »

Dans le cas précis des élites issues de l'immigration, nous pouvons distinguer deux niveaux différents. Le processus de construction des espaces de référence est influencé au premier chef par les normes et les valeurs propres aux élites locales, aux affiliations partisanes et associatives, au milieu professionnel et au lieu de résidence.

On peut repérer également un second niveau qui fait intervenir des références explicites à l'ethnicité : elles ne se perçoi-

---

1. Claire Bidart, art. cité, p. 643.

vent plus seulement comme des élites locales, mais aussi comme des notables de la communauté, des autorités morales, détentrices de la parole légitime en matière d'immigration-intégration. Subjectivement, l'appartenance à ce sous-espace ethnique se manifeste par un sentiment de devoir et de solidarité à l'égard des autres membres du groupe. Objectivement, il se traduit par une participation plus ou moins active à des organisations à vocation communautaire.

Il convient, dès lors, de parler à leur propos d'une sociabilité locale à caractère élitiste qui combine d'une part l'appartenance objective à différents espaces (la mairie, les associations, la section locale du parti, etc.) à des sentiments subjectifs (on se sent plus ou moins appartenir à ces espaces) et, d'autre part, des références universalistes («être une élite locale») à des critères particularistes («être une élite de la communauté»).

L'absence de relations suivies entre les élus d'origine maghrébine et les autres membres de la «communauté» ne signifie pas pour autant que ces derniers soient totalement indifférents à la question de leur représentation politique. Depuis quelques années déjà, on observe l'émergence de revendications visant à faire entrer dans le champ politique français une sensibilité particulariste.

Faut-il voir cependant, comme le suggère John Crowley [1], une remise en cause radicale du principe majoritaire, clef de voûte des démocraties occidentales ?

L'aspiration à la reconnaissance politique d'un certain pluralisme culturel

L'idée d'une représentation politique locale qui consacrerait le pouvoir des leaders communautaires est massivement rejetée par les électeurs d'origine maghrébine [2]. Beaucoup y voient un risque de division du corps social et une atteinte aux principes

---

1. John Crowley, « Ethnicité, nation et contrat social », dans P.-A. Taguieff, *Théories du nationalisme, op. cit.*
2. Seulement 9,6 % des individus interrogés affirment que les élus issus de l'immigration maghrébine doivent être d'abord des représentants de la communauté. Source : Enquête V. Geisser, 1993.

Tableau 8. *Une sociabilité locale à caractère élitiste*

	Appartenances objectives	Appartenances subjectives
Cercles universalistes	Mairie, section du parti, association d'intérêt général	Revendication du statut d'élite locale
Cercles particularistes	Associations communautaires, réseaux d'élites ethniques	Volonté de jouer un rôle d'autorité morale dans la communauté

démocratiques. L'ombre du « modèle anglo-saxon » est fréquemment évoquée comme repoussoir.

Cette attitude paraît entrer en contradiction avec la revendication de la création d'un mouvement politique qui représenterait exclusivement les populations maghrébines de France. En effet, une forte minorité d'enquêtés se prononce pour l'existence d'un tel mouvement d'envergure nationale [1].

Cette contradiction n'est qu'apparente et révèle la complexité des discours et des visions que les acteurs développent sur le système politique français. Si l'idée d'une représentation locale exclusivement communautaire est massivement réfutée, celle d'un groupe de pression à caractère particulariste n'en est pas moins souhaitée. Ses défenseurs tentent de dépasser cette contradiction en évoquant spontanément le « modèle juif » : une mobilisation politique de type « communautaire » ne remettrait pas en cause, selon eux, leur participation aux institutions de droit commun. Ils opèrent ainsi une distinction subtile entre l'espace d'action politique et l'espace de représentation politique. Si le premier n'exclut pas *a priori* le recours aux liens particularistes comme moyen de se faire entendre et se défendre, le second exige, en revanche, que le sentiment communautaire soit subordonné à l'intérêt général. Certes, il s'agit là d'une vision utopique du fonctionnement du système politique français. Elle ne pourrait pas moins devenir un des axes majeurs de certaines organisations issues de la « communauté maghrébine ».

Aussi, les aspirations particularistes exprimées par une mino-

---

1. 36,5 % des individus d'origine maghrébine interrogés à Marseille et à Toulouse.

rité de Français originaires du Maghreb (juifs sépharades et musulmans) ne doivent-elles pas être interprétées comme une remise en cause radicale du fait majoritaire, mais comme une volonté de voir émerger un mode de représentation politique qui combinerait le principe d'unité et le respect des identités culturelles. L'utopie d'une représentativité communautaire s'intégrant au jeu commun des institutions républicaines se profile.

De quel type de représentativité relèvent ces élus issus de l'immigration maghrébine ? S'inscrivent-ils dans un « processus où la représentativité se gagne dans un système relationnel familier [1] » ou dans un processus plus technique et politique ? La réponse à de telles questions n'est pas simple, dans la mesure où l'investiture de ces candidats « ethniques » repose autant sur des mythes que sur des rapports de force traversant les espaces politiques français.

Pour cette raison, nous distinguerons le processus idéel de représentativité du processus réel, les deux ne coïncidant pas nécessairement.

Le premier renvoie surtout à une demande nationale à caractère éminemment idéologique : promouvoir des élites ethniques, susceptibles d'être des « interfaces » entre des groupes particularistes (les « nouvelles classes dangereuses ») et les pouvoirs publics. Cette représentativité repose sur une ethnicité idéelle qui trouve dans les visions catastrophistes de la société française un terrain fertile. La répartition des élus d'origine maghrébine sur le territoire national correspond à une géopolitique de la dangerosité immigrée : sont mis en place des médiateurs ethniques là où les pouvoirs politiques craignent une fracture irréversible entre les « communautés » et les institutions publiques. L'espace de référence n'est ni la municipalité, ni la localité, mais le territoire national, ou plutôt sa représentation idéologique. À la limite, il faudrait parler dans ce cas d'ethnicité a-territoriale.

En revanche, le processus réel s'inscrit dans des contextes locaux, voire micro-locaux. Certes, une part d'idéel n'y est pas absente, mais elle est véhiculée par des porteurs d'ethnicité poli-

---

1. Marc Abélès, « Anthropologie des espaces politiques français », *Revue française de science politique*, 38 (5), octobre 1988, p. 812.

tiquement et socialement visibles. L'ethnicité des élites d'origine maghrébine se greffe sur des enjeux locaux et se développe dans les limites du territoire communal. Elle épouse plus ou moins les traditions politiques locales, confortant souvent la stratégie des autorités en place. Par exemple, à Belfort comme à Grenoble, le recours à un candidat maghrébin participe largement à la communication politique du maire.

Cette dualité entre représentativité idéelle et représentativité réelle entraîne chez ces élites une certaine forme d'immobilisme politique. Certes, elles ont bénéficié, en 1989, d'une médiatisation à l'échelle nationale (campagne de l'association France Plus). Cette visibilité médiatique n'apparaît cependant que comme une ressource politique très précaire. Les retombées en termes de notoriété personnelle sont négligeables. Les quelques tentatives pour bâtir un réseau national d'élites maghrébines ont presque toutes avorté, ces dernières ne parvenant pas à dépasser les clivages politiques ni à s'affranchir des allégeances locales.

On aurait pu penser que cette précarité les incite à exploiter des ressources politiques plus « locales ». Certaines d'entre elles ont bien essayé de jouer la carte communautaire dans le but de susciter une forme de clientélisme ethnique. Mais, en l'absence d'un véritable statut de l'élu local, étroitement dépendant de la personne du maire et de l'administration municipale, leur autonomie d'action est apparue limitée, sinon inexistante. Notre enquête a du reste révélé que ces élus étaient quasiment inconnus des collectivités maghrébines de leur ville. Cette méconnaissance ne saurait s'expliquer simplement par un sentiment d'indifférence des populations maghrébines à l'égard de la « chose publique ». Depuis quelques années, on voit émerger, chez les électeurs français d'origine maghrébine, des revendications spécifiques, ainsi qu'une volonté de peser sur la représentation politique locale, en faisant élire des candidats appartenant à leur « communauté ». Pourtant, cette volonté commune ne se manifeste pas encore en termes de dynamiques et de mobilisations électorales.

Les enjeux autour de la gestion locale du fait islamique sont significatifs de ces nouvelles aspirations particularistes et des difficultés éprouvées par les élites d'origine maghrébine pour y répondre efficacement.

CHAPITRE 7

LES ÉLITES LAÏQUES ET L'ISLAM

Jusqu'au début des années quatre-vingt, la gestion du fait islamique en France est dominée par une conception technocratique, inspirée par le libéralisme giscardien. Adoptant une démarche pragmatique, le secrétariat d'État aux travailleurs immigrés encourage alors les collectivités locales à mettre en place elles-mêmes des structures spécifiques afin de répondre aux besoins et aux demandes des populations dites « musulmanes ». C'est dans ce contexte libéral que certains élus locaux, toutes tendances politiques confondues, participent au financement des premières salles de prière et des « carrés musulmans » dans les cimetières déconfessionnalisés. Par des pressions d'ordre symbolique, l'État républicain incite les municipalités françaises à prendre en charge elles-mêmes les questions relatives au culte musulman [1]. Le fait islamique n'est pas devenu pour autant un enjeu politique local, dans la mesure où il ne suscite encore ni passion, ni fantasme, ni même de rejet de la part des notables locaux et de leur électorat.

---

1. On peut se référer à la circulaire du secrétariat d'État aux travailleurs immigrés du 29 décembre 1976 envoyée aux préfets : « Elle contient des instructions qui doivent permettre à ceux-là d'élaborer de manière précise le programme départemental d'action cultuelle en faveur des immigrés. » Citée par Gilles Kepel, *Les banlieues de l'islam. Naissance d'une religion en France*, Paris, Seuil, 1987, p. 142-143.

La crise de l'État républicain, dans sa triple dimension culturelle, sociale et économique, va hisser progressivement le fait islamique au rang de produit politique spécifique : « C'est donc à partir de ces usages sociaux et de la position de ces utilisateurs à l'intérieur du champ politique qu'il convient de comprendre sa valeur symbolique et sa fonction sociale [1]. » Paradoxalement, l'islam acquiert une dimension politique locale à un moment où il devient également une composante conflictuelle du débat national. Se développe ainsi un jeu d'interactions entre le pouvoir central et les collectivités locales, déconnecté des aspirations et des revendications des populations dites « musulmanes ». L'échec du Conseil de réflexion sur l'islam en France (CORIF), mis en place par le gouvernement socialiste en septembre 1989, est une illustration du manque de cohérence et de l'absence de vision à long terme des pouvoirs publics. Le double processus de politisation et d'idéologisation de l'islam en France aboutit, d'une part, à l'abandon de politiques globales et, d'autre part, à l'inscription progressive du fait islamique sur les agendas politiques locaux. Il faudra attendre le retour de Charles Pasqua au ministère de l'Intérieur, en 1993, pour voir émerger l'amorce d'une volonté étatique d'orienter et de contrôler plus étroitement l'inscription du fait islamique sur le territoire français.

Dans le cadre de cette étude, nous portons l'interrogation sur la capacité des élites laïques d'origine maghrébine [2] à influencer les politiques locales et nationales en matière d'organisation du culte islamique. Nous verrons dans quelle mesure elles jouent un rôle dans le processus actuel d'intégration systémique de l'islam en France [3].

---

1. Rachid Mendjelli, « L'intégration comme ressource politique, nouvel électorat et/ou nouvelles élites », *Horizons maghrébins*, 20/21, 1993, p. 9.

2. Par « élites laïques », nous entendons à la fois les responsables non religieux d'associations musulmanes, par opposition aux détenteurs des fonctions spirituelles (les imams et les guides de prières), mais aussi les élites associatives et politiques exerçant leurs activités dans des organisations à caractère civique ou économique.

3. Processus qui suppose « l'intégration d'institutions islamiques parmi les institutions d'un espace national » et qui « revêt l'aspect d'une innovation juridique et politique ». Cf. Jocelyne Cesari, *L'islam et la politique en France. Les modalités d'apparition d'une condition minoritaire : l'exemple de la population maghrébine de Marseille*, thèse de doctorat, Faculté de droit et de science politique, Aix-Marseille III, 1991, p. 503.

LA DIMENSION PRIVÉE
DU RAPPORT À L'ISLAM

Distanciation et rupture avec la religion du père

La quasi-totalité des conseillers municipaux d'origine maghrébine se déclare « issue de familles musulmanes [1] », proportion qui ne saurait surprendre, compte tenu de leurs origines nationales : les pays d'émigration familiale sont des États musulmans (Algérie, Maroc et Tunisie). Notons qu'une majorité des familles des élus sont non pratiquantes ou pratiquantes occasionnelles [2], c'est-à-dire ayant elles-mêmes accompli une rupture avec les pratiques observées dans les pays d'origine. On peut émettre l'hypothèse qu'il s'agit d'une rupture par assimilation pour les familles appartenant aux « couches moyennes » de l'immigration maghrébine (fonctionnaires et militaires) et d'une rupture par aliénation pour celles d'extraction paysanne ou ouvrière (travailleurs immigrés et harkis).

En effet, ces élites n'ont pas reçu d'éducation religieuse au sein de la cellule familiale et ont rarement fréquenté les cours de « civilisation musulmane », mis en place par les associations et les réseaux consulaires. À l'instar de nombreux enfants issus de l'immigration maghrébine, leur socialisation religieuse se limite à la portion congrue des fêtes (*Aïd*) et à la célébration des mariages ou des circoncisions :

« Mon père et ma mère ne pratiquaient pas. Mais, ma mère, elle était très européanisée... Moi, je n'ai jamais été très marqué par les pratiques religieuses de ma famille. » (Adrien-Brahim A., conseiller municipal à Marseille.)

---

1. 85 % des élus municipaux d'origine maghrébine pour le mandat 1989-1995.
2. Jocelyne Cesari distingue trois catégories du point de vue de la pratique religieuse : 1. Les pratiquants réguliers : ils respectent les cinq piliers de l'islam. 2. Les pratiquants occasionnels : ils respectent exclusivement le jeûne du ramadan. 3. Les non-pratiquants : ils ne respectent ni l'un ni l'autre. L'auteur reconnaît cependant que ces trois catégories sont aléatoires, la pratique islamique dépassant largement ces préceptes strictes. Il convient donc de rester très prudent quant à l'interprétation du phénomène de non-pratique chez nos enquêtés. Cf. Jocelyne Cesari, *L'islam et la politique en France...*, *op. cit.*

À l'exception du jeûne du ramadan, respecté par environ un quart des conseillers municipaux d'origine maghrébine, les cinq piliers de l'islam [1] sont totalement délaissés, voire ignorés, attitude également constatée chez la plupart des jeunes Français de famille musulmane.

Parmi ceux qui se déclarent « musulmans », plus de la moitié affirme ne respecter aucun des cinq piliers de l'islam et met en avant des raisons matérielles et culturelles, c'est-à-dire, en définitive, la difficulté d'adapter le culte islamique à la société d'aujourd'hui. Ils recourent ainsi à une procédure d'autojustification de leur non-pratique. Par ailleurs, ils font généralement une confusion entre les pratiques religieuses *stricto sensu* et les aspects relevant des traditions familiales comme, par exemple, le fait de « devoir s'habiller décemment » ou « de ne point fumer et boire devant les parents ». Une telle confusion est révélatrice d'une certaine ignorance de la religion du père et des préceptes coraniques, tendance qui rappelle celle des israélites décrits par Dominique Schnapper et Rémy Leveau : « Ils n'en gardent pas moins, par fidélité à soi-même et à un passé familial et collectif, le sentiment d'une identité spécifique, fondée sur le rapport de la tradition [...] dont ils reconnaissent la valeur, malgré leur non-pratique et souvent leur ignorance [2]. » Toutefois, il convient d'utiliser cette comparaison avec prudence dans la mesure où la catégorie « israélite » connut son apogée à la fin du XIXe-début XXe siècle, à une époque où le « catéchisme républicain et laïc [3] » tendait à se substituer à celui du catholicisme encore dominant. Si nous pouvons parler d'élites laïcisées à propos des nouveaux élus issus de l'immigration, il importe de nuancer cette notion en fonction de l'évolution de sa signification au cours du siècle.

L'analyse des pratiques religieuses indique-t-elle des variations substantielles selon l'âge, le sexe ou le statut socioprofessionnel des élites ?

---

1. Le Coran distingue cinq piliers : la *Chaada* (profession de foi), le *Hadj* (pèlerinage à La Mecque), les cinq prières quotidiennes (*Çalat*), la *Zakkat* (aumône légale) et le *Ramadan* (jeûne).
2. Rémy Leveau et Dominique Schnapper, « Religion et politique : juifs et musulmans maghrébins de France », *Revue française de science politique*, 27 (6), décembre, 1984.
3. Suzanne Citron, *Le mythe national. L'histoire de France en question*, Paris, Les Éditions ouvrières et Documentation internationale, 1989, p. 25.

Les élus appartenant à la classe d'âge la plus jeune (moins de 25 ans) paraissent plus respectueux à l'égard du ramadan que leurs aînés. Certes, on peut voir ici un effet de génération, que certains auteurs qualifient de « mouvement de ré-islamisation ». Mais, si cette hypothèse tend à être confirmée par le caractère exclusif de la pratique du jeûne, il ne faut pas se méprendre sur le sens que les individus donnent à celle-ci. Le respect du ramadan apparaît davantage comme l'expression d'une volonté de rattachement à une sensibilité « ethnoculturelle » que le symptôme (au sens durkheimien) d'une plus forte intégration à l'univers islamique. Il n'induit pas pour autant une connaissance précise des préceptes coraniques et une fréquentation assidue des lieux de culte islamique. L'analyse du discours confirme d'ailleurs cette tendance des élites laïques à « culturaliser » leur relation à l'islam où prédominent les référents festifs et conviviaux sur ceux à caractère proprement religieux.

De même, le fort taux de la pratique du ramadan enregistré chez les élites féminines (47 % contre 16,6 % chez les hommes) n'est pas nécessairement révélateur d'une tendance au conformisme familial, culturel et religieux. Pour ces dernières, nous n'observons pas non plus de relation mécanique entre le respect du jeûne et le degré d'intégration à l'univers islamique. Nous remarquons ainsi que certaines élites féminines, totalement coupées de leur famille d'origine et vivant maritalement avec un *roumi* (un chrétien), sont souvent plus « respectueuses » que leurs consœurs « musulmanes » mariées à un conjoint de confession islamique.

Nous constatons, enfin, une relation apparente entre le statut professionnel des élus et leur pratique du ramadan : plus on s'élève dans la hiérarchie sociale, plus celle-ci tend à diminuer. Les professions libérales et les cadres supérieurs, ainsi que les professions intermédiaires semblent moins pratiquantes que les ouvriers et les employés. Nous pourrions souscrire à une hypothèse fréquemment avancée pendant la période coloniale et reprise aujourd'hui par une certaine gauche universaliste : il existerait une relation entre le degré d'insertion socio-économique et l'attachement à la religion du père. À l'époque, cette thèse s'inscrivait dans un projet politique : associer les élites indigènes à la gestion des affaires afin de les couper progressivement de la religion islamique, jugée alors obscurantiste. D'un point de vue sociologique, faute de données comparatives pertinentes, il nous paraît péremptoire d'établir une relation entre l'intégration socio-économique – mesurée ici par la position des individus dans la grille des PCS – et leurs pratiques religieuses.

Visions du monde, visions de l'islam

Étudier les représentations du fait islamique chez des acteurs est, *a priori*, une démarche peu pertinente dans la mesure où celles-ci renvoient à des reconstructions idéales et subjectives de la réalité, n'entretenant qu'un rapport lointain avec les pratiques observées. C'est justement cette conception positiviste que nous souhaiterions infirmer en montrant que toute représentation fait partie intégrante de la réalité sociale : elle est à la fois son produit – elle se nourrit de l'expérience et de la relation à autrui – et son « structurant » – elle contribue à modeler les systèmes d'attitudes et de comportements. Une telle étude qualitative présente un intérêt sur deux plans : le rapport des individus à leurs groupes d'appartenance et leur relation à la société globale, appréhendée dans ses multiples dimensions : leur discours sur le fait islamique ne doit-il pas être mis en relation avec leur vision de la société française et leur conception du politique ?

Pour Anne Muxel, « il faut voir dans l'attachement que témoignent les jeunes franco-maghrébins à l'égard de la religion musulmane des raisons plus culturelles que politiques et d'abord l'expression d'une certaine fidélité familiale [1] ». Si les conclusions de l'auteur sont, en partie, remises en cause aujourd'hui sous l'effet de l'instrumentalisation politique de l'islam et de son utilisation comme ressource de mobilisation communautaire, elles nous paraissent néanmoins pertinentes pour décrire les attitudes des élites laïques d'origine maghrébine. La distanciation à l'égard de la religion familiale (« Je crois en quelque chose, mais plus à la manière de mes parents ») et la critique de certains aspects de l'islam ne signifient pas pour autant un reniement du fait islamique. L'islam est perçu et vécu

---

1. Anne Muxel, « Les attitudes sociopolitiques des jeunes issus de l'immigration maghrébine », *Revue française de science politique*, 31 (6), décembre 1988, p. 34.

comme un patrimoine transmis par les ancêtres et qu'il convient donc de préserver. Il est également ressenti majoritairement comme l'une des bases fondamentales de leur éducation. Pour recourir à une métaphore, ce patrimoine familial fonctionnerait non comme un assemblage de vieilles pierres entassées au fond d'un jardin secret, mais comme une véritable leçon de vie et une morale exprimées dans les actes de la quotidienneté. En psychosociologie, nous dirions que nous sommes en présence d'une stratégie d'évitement des conflits par cohérence complexe, traduisant la volonté des acteurs de donner naissance à des formations permettant de s'y investir (préoccupation ontologique) et en même temps de s'adapter aux contextes présents (préoccupation pragmatique) [1]. Ils opèrent ainsi une idéalisation de la religion du père dans le sens d'un certain conformisme social :

« Moi, c'est l'islam de France, de la tolérance, l'islam qui s'adapte à toutes les sociétés. » (Dahbia D., conseillère municipale à Aix-en-Provence.)

Ces élites laïques refusent de considérer leur socialisation religieuse comme un frein à leur intégration et la reconstruisent subjectivement comme un ensemble de valeurs, de justice sociale, de tolérance et d'humanisme. À une conception qui serait conforme à une certaine orthodoxie religieuse se limitant à l'observance stricte d'obligations rituelles, ils opposent un islam à la fois « socialisé » et « intérieur », compatible avec la laïcité républicaine, ou du moins avec la représentation qu'ils s'en font. À ce niveau, se manifeste de façon saillante une stratégie de réappropriation qui consiste à s'investir « dans les représentations traditionnelles mais aussi nouvelles (promotion de la femme, libéralisme éducatif, rationalisme scientifique, etc.), en affirmant que celles-ci, si l'on y regarde bien, ont toujours été présentes dans le patrimoine originel, soit dans la lettre des textes religieux fondateurs, soit, à défaut, dans ce qu'on tient pour leur esprit [2] ».

---

1. Isabelle Taboada-Leonetti, « Stratégies identitaires et minorités : le point de vue sociologique », dans C. Camilleri et I. Taboada-Leonetti (dir.), *Stratégies identitaires*, Paris, PUF, 1990, p. 60.
2. Carmel Camilleri, « Identité et gestion de la disparité culturelle : essai de typologie », dans C. Camilleri et I. Taboada Leonetti (dir.), *op. cit.*, p. 103.

En définitive, les représentations que ces élites politiques développent à l'égard du fait islamique ne diffèrent guère de celles relevées dans les nouvelles générations issues de l'immigration maghrébine [1]. Cette relation peut être ramenée à quatre traits principaux : absence de pratique religieuse régulière (à l'exception du ramadan), ignorance des préceptes coraniques, confusion entre les aspects culturels et cultuels et volonté d'inculquer à leur descendance un libre arbitre (« Mes enfants, ils choisiront ! »). Néanmoins, ces élites se séparent des autres individus issus des collectivités maghrébines de France sur la proportion substantielle des sans-religion. Cette donnée semblerait indiquer une spécificité « cultuo-culturelle » des élites politiques d'origine maghrébine et doit être mise en perspective avec leurs origines sociales. En effet, plus du quart des individus de notre population est issu familialement des couches intermédiaires et supérieures de l'immigration maghrébine, imprégnées très tôt par les valeurs laïques et républicaines.

Au-delà de la dimension psychosociale de leur relation au fait islamique, la spécificité culturelle et religieuse de ces élites pose la question des conditions de leur éligibilité : n'est-ce pas précisément cette spécificité qui aurait constitué le facteur déterminant dans leur accession aux instances du pouvoir local ?

UNE FAIBLE IMPLICATION
DANS LES RÉSEAUX ISLAMIQUES

À peine élus, certains conseillers municipaux d'origine maghrébine se sont vus investis par le maire de la gestion du « dossier islam », comme si leur filiation musulmane leur conférait une compétence particulière à traiter ce type de questions. Il est vrai que de nombreux élus issus de l'immigration ont su jouer sur l'ambiguïté de leur investiture pour se construire une

---

1. Cf. Rémy Leveau et Catherine Wihtol de Wenden, *Modes d'insertion des populations de culture islamique dans le système politique français*, convention MIRE, 247/1987, 1991.

image d'experts en matière de culte islamique et s'imposer temporairement comme intermédiaires obligés entre les pouvoirs publics et les associations cultuelles. Mais, dans la plupart des cas, l'intervention des élus d'origine maghrébine s'est heurtée très vite à la résistance des responsables d'associations religieuses, ces derniers préférant discuter directement avec l'administration municipale pour les affaires relatives au culte islamique et à l'abattage rituel.

Une absence d'engagement
dans les associations musulmanes

Les résultats de notre enquête sont sans appel : l'engagement des conseillers municipaux d'origine maghrébine dans les associations cultuelles est quasiment inexistant. Cette absence d'engagement s'explique, d'une part, par leur propre conception de l'islam comme religion privée qui doit être vécue, selon eux, dans le cercle restreint de la famille et, d'autre part, par les représentations croisées que les acteurs nourrissent entre eux. Les élites politiques perçoivent les dirigeants d'associations islamiques comme les défenseurs d'un certain conservatisme social et trop liés par ailleurs aux pays d'origine. Quant aux leaders religieux, ils inclinent à traiter ces élites laïques avec suspicion, les considérant comme des « Arabes de service », dépourvus de toute légitimité communautaire. Dans la majorité des communes enquêtées (1989-1995), les dirigeants d'associations religieuses ignorent même l'existence d'élus d'origine maghrébine au sein du conseil municipal.

Mis à part quelques échanges de courriers officiels et d'assistance à des réunions publiques, ces élus entretiennent peu de relations avec les différentes élites religieuses et cultuelles. Dans ce vide de relations institutionnelles, relevons cependant deux exceptions.

À Avignon, a été mise en place, dès 1989, une véritable délégation communautaire dirigée par un conseiller municipal issu de la « communauté harkie ». Ce dernier a tenté d'impulser une politique en direction des minorités maghrébines et des associations islamiques. Entre 1989 et 1991, cette délégation municipale fonctionnera comme une sorte de « bureau des affaires communautaires », proposant une aide administrative et divers services aux membres de la communauté harkie en Avignon. Cependant, au début de l'année 1992, l'élu d'origine maghrébine a été contraint d'abandonner sa délégation, accusé de « partialité communautaire » par certains membres de la majorité municipale. Il se retrouvera ainsi réduit au rôle d'élu symbolique, sans aucune autonomie décisionnelle et sans réel pouvoir de médiation avec les collectivités maghrébines.

La deuxième exception est la municipalité de Villeurbanne, où l'adjoint au maire, Hocine Chabaga, colonel en retraite, a été nommé au Conseil de réflexion sur l'islam en France (CORIF) par le ministre de l'Intérieur, Pierre Joxe. Cette nomination aura des retombées locales plutôt négatives, puisque cet élu sera écarté du projet de « Grande Mosquée » à Lyon, supervisé par une équipe proche de la Mosquée de Paris et hostile au CORIF. Les bénéfices de cette disgrâce profiteront à une autre élite laïque sans mandat électif, Kamel Kebtane, secrétaire général de l'Association culturelle lyonnaise islamo-française (ACLIF), qui deviendra, en 1993, le principal interlocuteur lyonnais du ministère de l'Intérieur en matière de culte islamique.

Une connaissance fragmentaire du paysage islamique local

La faible insertion des conseillers municipaux d'origine maghrébine dans les réseaux islamiques est à mettre au compte de leur méconnaissance des institutions cultuelles à l'échelon local. Dans nos enquêtes de terrain, aucun élu n'a été en mesure de nous citer de façon précise les lieux et les organisations islamiques de leur commune. En général, ils n'ont qu'une perception fragmentaire de la topographie et de l'historique de ces lieux. Cette méconnaissance est due, certes, à la complexité et à l'extrême mouvance du paysage islamique local, mais apparaît aussi comme l'une des conséquences des tentatives d'officialisation engagées par les pouvoirs municipaux. La plupart des élus d'origine maghrébine ne connaissent que des lieux et des organisations islamiques qu'ils qualifient eux-mêmes de « mosquées officielles », c'est-à-dire en fait les salles de prières bénéficiant du soutien symbolique et financier des municipalités :

« Oui, absolument, j'ai des relations avec les mosquées. Pas avec toutes, mais avec l'officielle. » (Samir A., conseiller municipal en Avignon, fils d'un dirigeant d'association islamique.)

Ils opposent ces « mosquées officielles » aux autres lieux de culte islamique, auxquels ils accolent les qualificatifs d'« intégriste » ou d'« obscurantiste », comme si toute association non directement contrôlée par la mairie était obligatoirement un repère d'islamistes « barbus » :

« Oui, j'ai des relations avec les associations musulmanes. C'est surtout des associations de Français musulmans qui m'ont aidé dans mon travail, par exemple pour faire halte à l'intégrisme. » (Jean-Louis B., conseiller municipal à Toulouse.)

Une telle vision dichotomique du paysage islamique français (islam officiel/islam intégriste) nous permet de mieux comprendre l'engouement de ces élites laïques pour la « politique musulmane » de Charles Pasqua qui s'est manifestée, d'une part, par la volonté d'accorder un monopole à la Mosquée de Paris et, d'autre part, par un renforcement des contrôles policiers à l'égard des organisations dites « islamistes ».

LA « SAINTE-ALLIANCE »
AUTOUR DE LA MOSQUÉE DE PARIS

À partir de 1993, Charles Pasqua va renforcer l'action du ministère de l'Intérieur dans le domaine des cultes et faire émerger une vision globale des affaires religieuses [1]. Bien qu'il affirme à plusieurs reprises que « la République connaît, mais

---

1. Cf. Vincent Geisser, « Gros-plan : l'islam en France », dans V. Geisser et F. Lorcerie (dir.), *Maghrébins en Europe. Chronique de l'Annuaire d'Afrique du Nord*, Paris, Éditions du CNRS, tome 32, 1993, p. 770-776, et V. Geisser, « Les organisations islamiques de France en 1994 : brèches dans l'" édifice Pasqua " et dynamisme de l'" islam jeune " », dans V. Geisser et F. Lorcerie (dir.), *Maghrébins en Europe. Maghrébins en France. Chronique de l'Annuaire d'Afrique du Nord*, Paris, Éditions du CNRS, tome 33, 1994, p. 892-908.

ne reconnaît pas les cultes [1] », le nouveau ministre de l'Intérieur ne cache pas son intention de reprendre en main le destin de la « communauté musulmane » de France. Aussi la « politique musulmane » de C. Pasqua apparaît-elle comme une politique à la Janus, avec une face protectrice (encourager la structuration de l'islam français) et une face sécuritaire (épurer l'islam hexagonal de ses tendances extrémistes). Dans cette entreprise périlleuse, il recevra le soutien de nombreuses élites laïques d'origine maghrébine, proches de la Mosquée de Paris et des milieux néogaullistes, mais aussi du Parti socialiste. Une des victoires politiques du ministre de l'Intérieur est d'être parvenu à « débaucher » des élites maghrébines de gauche, en tentant de faire l'unité autour de la Mosquée de Paris, présentée comme la « digne héritière » de la France laïque et républicaine.

Créer un pôle laïque et républicain

En septembre 1989, le socialiste Pierre Joxe, ministre de l'Intérieur, cherche à susciter l'embryon d'une structure représentative de l'islam français en créant le Conseil de réflexion sur l'islam en France (CORIF), composé de huit Sages [2], désignés selon une logique de représentativité territoriale. En l'absence de directives précises pour accomplir leur mission, les membres du CORIF se fixèrent quatre axes de travail : l'implantation des lieux de culte islamique, l'inhumation, l'abattage rituel et la formation des imams [3]. Mais, sur l'ensemble de ces dossiers, le bilan de la nouvelle instance s'avérera plutôt décevant et alimentera une vive polémique. À la tête des détracteurs du CORIF, les responsables de l'Institut musulman de la Mosquée de Paris voient d'un mauvais œil leur « mise à l'écart » par le gouvernement socialiste et tentent dès lors de faire émerger un

---

1. V. Geisser, *Chronique de l'Annuaire d'Afrique du Nord*, tome 32, *op. cit.*, p. 771.
2. Parmi eux figure le colonel Hocine Chabaga, proche de l'ancien ministre de la Défense, Charles Hernu, et adjoint au maire de Villeurbanne, chargé des questions de sécurité de 1989 à 1995.
3. En tant qu'ancien officier de l'armée française, Hocine Chabaga se verra confier le dossier du service national des jeunes appelés de confession islamique et notamment les questions d'aumônerie aux armées et du respect des interdits alimentaires dans les rations et les cantines militaires.

contre-projet (l'« anti-CORIF »), en s'appuyant non seulement sur l'opposition UDF-RPR, mais aussi sur des élites laïques d'origine maghrébine, déçues par la politique socialiste en matière d'immigration et d'islam [1]. Dans ce contexte polémique, certains élus locaux d'origine maghrébine, y compris de gauche, vont apporter leur appui à la Mosquée de Paris dans sa tentative de réorganisation de l'islam français. Ils approuveront massivement la création d'une Coordination nationale des musulmans, en avril 1993, et surtout la proclamation de la Charte du culte musulman, en décembre 1994, qui, dans un style très « Troisième République », rappelle la contribution des musulmans de France à la construction nationale :

« Les musulmans ont su, à maintes reprises, par le passé, montrer leur attachement à la République, jusqu'au sacrifice suprême. Les innombrables tombes dans nos cimetières militaires frappées du Croissant sont là pour en témoigner [2]. »

L'alliance entre la Mosquée de Paris et certaines élites laïques ne repose pas exclusivement sur des aspects d'ordre instrumental, elle renvoie aussi à une connivence idéologique et une conviction commune : à l'instar du judaïsme, l'islam de France doit passer inévitablement par une phase consistoriale, d'où leur adhésion à l'idée d'un consistoire islamique qui fédérerait l'ensemble des associations cultuelles [3].

Cette entreprise de rapprochement entre la Mosquée de Paris et la nouvelle majorité gouvernementale RPR-UDF n'aurait pu

---

1. La polémique la plus vive entre la Mosquée de Paris et le ministre socialiste de l'Intérieur Paul Quilès éclatera à propos du refus d'accorder des visas à des imams algériens et égyptiens pour le ramadan de l'année 1993. Le recteur de la mosquée, Dalil Boubakeur, adressera directement un télégramme au président de la République, François Mitterrand, pour dénoncer ces « mesures d'intolérance caractérisée ». Cf. Vincent Geisser, *Chronique de l'Annuaire d'Afrique du Nord,* tome 32, *op. cit.*

2. Article 27 de la Charte, titre IV intitulé « L'Islam et la République ». Pour une analyse complète de la *Charte du culte musulman en France,* cf. Vincent Geisser, « La Charte de toutes les divisions : le leadership de la Mosquée de Paris de plus en plus conteste », dans *Chronique de l'Annuaire d'Afrique du Nord,* tome 33, *op. cit.*

3. 73,6 % des conseillers municipaux d'origine maghrébine se disent favorables au projet de consistoire islamique contre 13,2 % d'opinions défavorables et 13,2 % de sans-opinion. Source : Enquête V. Geisser, 1991.

aboutir sans l'activisme militant des gaullistes et néo-gaullistes d'origine maghrébine (chiraquiens et proches de Charles Pasqua). Ils ont utilisé le vecteur religieux et cultuel pour légitimer leur rôle de *go-between* sur le plan politique [1].

Une conception légaliste et sécuritaire de l'islam hexagonal

Outre leur volonté d'encourager l'émergence d'une structure représentative de l'islam français, les pouvoirs publics ont développé une gestion sécuritaire du fait islamique reposant sur la systématisation des contrôles policiers, la pratique de la censure à l'égard des publications dites « intégristes [2] » et le refoulement d'imams, dont les discours sont jugés contraires aux principes républicains. Une telle politique n'a pu éviter des dérapages, en procédant, par exemple, à des amalgames entre les associations islamiques « indépendantes » de la Mosquée de Paris [3] et les mouvements se réclamant de l'islamisme radical. En définitive, la « méthode Pasqua », entre 1993 et 1995, a consisté à frapper d'ostracisme les organisations manifestant des velléités d'autonomie vis-à-vis de la Mosquée de Paris et de son recteur, Dalil Boubakeur. Cette politique a été clairement définie par le ministre de l'Intérieur, dans son discours du 4 octobre 1993, où il évoque sa crainte que « les divisions et les querelles de la communauté musulmane ne finissent par servir les desseins de ceux qui se pré-

---

1. Parmi les élites laïques d'origine maghrébine proches des milieux gaullistes et chiraquiens, on peut citer Hervé Mechri (adjoint au maire de Paris), Embarek Kari (conseiller régional RPR d'Île-de-France), Zaïr Kedadouche (ancien responsable de Génération Écologie proche d'Éric Raoult), Hamlaoui Meckachera (délégué interministériel à l'Intégration dans le gouvernement Juppé), M. Cherkaoui (ancien responsable national de la « jeunesse » au sein du RPR) et Khadija Khali (président de l'Union française des femmes musulmanes).
2. Au cours de l'année 1994, un arrêté paru au *Journal officiel* a interdit la circulation, la distribution et la mise en vente de cinq publications « islamistes » : *Al Ansar*, *Al Ribat*, *Al Fath*, *Al Moubine*, *El Djihad* et *Front islamique de salut*. Source : V. Geisser, *Chronique de l'Annuaire d'Afrique du Nord*, tome 33, *op. cit.*, p. 906.
3. Nous faisons référence à la Fédération nationale des musulmans de France (FNMF) et à l'Union des organisations islamiques de France (UIOF), qui regroupent une centaine d'associations musulmanes dans l'Hexagone.

sentent comme des serviteurs exemplaires de la foi, mais qui versent en réalité dans l'intégrisme [1] ».

Sur le plan local, de nombreux maires de la coalition UDF-RPR, comme de la gauche socialo-communiste, se sont faits les relais de cette conception, en encourageant délibérément les leaders musulmans proches du rectorat de Paris au détriment des représentants de la Fédération nationale des musulmans et de l'Union des organisations islamiques de France [2].

Loin de constituer un groupe de pression critique, les élites laïques originaires du Maghreb ont cautionné très largement cette gestion sécuritaire, plaidant pour un islam français respectueux des lois républicaines :

« Il faut créer les conditions d'environnement immédiat pour qu'il n'y ait pas ce qu'on appelle des rapports conflictuels ou des nuisances, c'est-à-dire, par exemple, l'appel à la prière. » (Aziz S., adjoint au maire de Grenoble.)

Intervenant au sein des conseils municipaux, les élus issus de l'immigration ont légitimé une vision manichéenne de l'islam en France, opposant un « islam modéré » à tout autre qu'ils associent abusivement à l'« intégrisme ». Une telle représentation, qui se forge très largement sur les fantasmes et les peurs des acteurs de la société française, a contribué à renforcer le caractère passionnel des débats locaux et nationaux et a participé à ancrer l'idée de l'« imminence d'une menace islamiste ». En adoptant une telle attitude, ces élites laïques se sont ainsi privées de toute possibilité de dialogue avec les organisations échappant à l'orbite de Dalil Boubakeur et ont conforté, d'une certaine manière, une forme de pensée unique en matière de gestion publique du culte islamique. À trop vouloir apparaître comme des « élites éclairées », elles finissent par accréditer la vision d'une « masse musulmane » arriérée et tentée par le fondamentalisme islamique, comme s'il n'existait pas d'autre alter-

---

1. Henri Tincq, « M. Pasqua sermonne prêtres, pasteurs et rabbins », *Le Monde*, 6 octobre 1993.
2. Par exemple à Vitrolles, le maire socialiste, Jean-Jacques Anglade, a ouvertement soutenu la Ligue musulmane de Vitrolles (proche de la Mosquée de Paris) contre une association concurrente, le Conseil des démocrates musulmans, dans la course pour le contrôle du lieu de culte islamique.

native entre la solution consistoriale prônée par la Mosquée de Paris et l'islamisme radical.

Quel bilan tirer de l'implication des élus d'origine maghrébine dans les affaires relatives au culte islamique ? À de rares exceptions près, leur gestion du « dossier islam » au sein des municipalités françaises s'est soldée par un échec, les contraignant à abandonner leur rôle de médiateurs entre les associations islamiques et les pouvoirs publics. Mal informés sur les questions cultuelles et coupés des enjeux internes à l'islam de France, ils ne sont jamais parvenus à s'imposer en opérateurs islamiques à part entière. Du point de vue des pouvoirs locaux d'abord, ces derniers se contentant finalement de leur présence symbolique en tant qu'élu d'« origine musulmane », comme si cette filiation conférait une compétence vide, sans implication réelle sur la gestion du fait islamique. Du point de vue des organisations et des groupes islamiques, ensuite, qui, très rapidement, leur ont accolé une étiquette d'élus alibis.

Pourtant, on peut observer, depuis quelques années, une certaine évolution. Elle se traduit par un engagement de plus en plus marqué des élites laïques dans les affaires religieuses. Elles sont nombreuses aujourd'hui à être sollicitées pour cautionner les actions et les décisions du ministère de l'Intérieur qui ont trait à la « politique musulmane ». Le spectre de l'islamisme hexagonal n'est certes pas étranger à une telle évolution, consacrant désormais le rôle décisif d'un pôle laïc et politique dans la gestion de l'islam français.

TROISIÈME PARTIE

UNE FORCE SOCIALE
ET POLITIQUE

CHAPITRE 8

LES ASSOCIATIONS CIVIQUES
ET POLITIQUES

Au cours des années quatre-vingt, les associations nationales animées par les élites issues des nouvelles générations maghrébines de France ont joué le rôle de référentiels sur trois plans principaux [1]. Elles ont d'abord contribué à faire entrer dans le champ politique français une sous-culture qui, malgré son caractère factice, a produit des effets sur la manière dont les pouvoirs publics appréhendent aujourd'hui les questions relatives à l'immigration et aux banlieues. Des organisations médiatiques, comme France Plus ou SOS Racisme, ont porté au sein du débat politique national la thématique d'une « culture beur », présentée alors comme une contribution originale et universelle des jeunes des banlieues à la construction à venir de la société française. Au-delà des clivages politiques et idéologiques, elles ont été porteuses de l'idée, selon laquelle les beurs devaient être remerciés pour leur fidélité aux idéaux républicains au travers d'une participation progressive au système politique hexagonal. Cette

---

1. Nous distinguerons trois types de l'associationnisme des nouvelles générations maghrébines de France : les *associations de quartier*, dont l'action se limite à la cité ou à un ensemble d'immeubles ; les *associations locales*, qui agissent à l'échelle de la commune ou de l'agglomération ; les *associations nationales*, dont la raison d'être est moins de socialiser les populations que de faire du *lobbying* auprès des pouvoirs publics.

croyance est encore ancrée chez de nombreuses élites françaises
d'origine maghrébine, qui réinterprètent leur cooptation ou leur
élection comme la « juste » récompense de leur allégeance politique.

Elles ont fait émerger, ensuite, des nouveaux modes d'action
et de mobilisation, dont les traits principaux sont la médiatisation et le recours aux techniques de communication les plus
sophistiquées (agences de presse et radios communautaires). Il
ne s'agit plus seulement de médiatiser l'action, mais de promouvoir une logique de communication politique à l'intention
exclusive des pouvoirs publics et des mécènes, en totale décon-
nexion avec les réseaux associatifs locaux et régionaux. Actuellement, le déclin des grand-messes multiculturelles a créé une
sorte de vide, se manifestant par la déstructuration progressive
des réseaux nationaux d'élites maghrébines. Comme nous le verrons, nous assistons à un redéploiement vers le secteur économique, les associations pour la création d'entreprises prenant
désormais le pas sur les organisations à vocation civique.

Par leurs interventions dans l'espace public, enfin, les associations nationales ont cristallisé des clivages dans les collectivités immigrées, en fonction desquels « leurs » élites se sont
positionnées. Les multiples « affaires de foulards islamiques »
et la guerre du Golfe en ont fourni des illustrations pertinentes,
où les organisations maghrébines se sont livrées à une course
pour la conquête de la parole légitime en matière d'immigration-intégration.

LA « GALAXIE PS »

Les associations nationales issues de l'immigration maghrébine entretiennent depuis longtemps des liens étroits avec le
Parti socialiste. Pour la plupart d'entre elles, cette proximité
représentait une condition de survie dans le système politique
français. Toutefois, cette dépendance ne saurait être ramenée
exclusivement à une relation d'ordre instrumental. Elle plonge
également ses racines dans une convergence idéologique entre
les premiers militants associatifs d'origine maghrébine et les
dirigeants socialistes de l'époque (l'avant-1981) qui parta-

geaient des idéaux communs : droit de vote des immigrés sur
le plan local, droit d'association des étrangers, dispositions libérales en matière de séjour et soutien aux médias d'expression
communautaire. De leur côté, les responsables du PS cherchaient à structurer un espace franco-maghrébin actif à l'échelon
local, mais encore peu présent à l'échelon national.

Lorsqu'au début des années quatre-vingt émergent les premiers mouvements revendicatifs dans les banlieues françaises, le
Parti socialiste, principale composante gouvernementale, se
trouve dans une situation de vide relationnel, marquée par
l'absence de médiateurs et de relais institutionnels. Il tente alors
d'esquisser une série de réponses, certaines d'ordre symbolique,
d'autres à caractère juridique, économique et social. Ce premier
niveau de réponse peut être classé dans le domaine de la politique publique et gouvernementale : les décisions en matière
d'immigration-intégration sont impulsées par le centre et
relayées, sur le plan local, par les représentants autorisés de
l'État (préfets, directeurs des DDASS et délégués régionaux du
Fonds d'action sociale).

Mais, parallèlement à ce dernier, est adoptée une série de
réponses politiques qui s'inscrivent davantage dans l'espace partisan. C'est ici précisément qu'interviennent l'appareil du parti
au pouvoir, ainsi que ses composantes majoritaires et minoritaires, qui vont se livrer à une lutte acharnée pour le contrôle
symbolique du mouvement beur. À ce titre, les acteurs partisans
disposent de ressources multiples. Pour le cas précis du Parti
socialiste, nous distinguerons deux scénarios.

Le premier tient en la recherche d'un soutien gouvernemental : du fait d'une présence massive dans les instances du pouvoir, les acteurs bénéficient de l'appui logistique de l'administration publique dans leur projet de réappropriation du
mouvement beur. La création d'une organisation médiatique
comme SOS Racisme se rapprocherait de ce cas de figure : une
minorité agissante dans le parti (Nouvelle école socialiste, de
Julien Dray) tente de prendre le contrôle du mouvement beur
en concluant directement une alliance avec l'une des composantes majoritaires (courant fabiusien) et en obtenant le soutien
symbolique de la présidence de la République [1].

---

1. Serge Malik, *L'histoire secrète de SOS Racisme*, Paris, Albin Michel, 1990.

Le second scénario privilégie les ressources partisanes : les acteurs s'appuient principalement sur l'appareil du parti dont ils contrôlent le secrétariat général. C'est notamment le cas d'un mouvement civique comme France Plus qui a été lancé par des proches de Lionel Jospin, alors secrétaire général du PS, pour contrecarrer les initiatives du courant fabiusien. Par une ouverture sur l'associationnisme maghrébin en France, il s'agissait de donner au courant jospiniste une ressource supplémentaire dans la lutte pour le leadership interne. Cependant, cette jonction avec la mouvance beur n'a pu s'accomplir qu'à partir du moment où certaines élites françaises d'origine maghrébine ont perçu clairement l'intérêt d'obtenir une reconnaissance politique par ce jeu des courants.

FRANCE PLUS : ÉLITISME RÉPUBLICAIN ET ETHNICITÉ DÉGUISÉE

Fondée en janvier 1985, à l'initiative de dirigeants socialistes proches de Lionel Jospin et de Louis Mermaz [1], l'association France Plus a cherché à se démarquer de sa « rivale » SOS Racisme, en se présentant comme la promotrice d'une « intégration républicaine », conforme aux traditions françaises. À ce titre, France Plus illustre les contradictions et les ambiguïtés qui ont traversé la mouvance beur durant les années quatre-vingt. Partisans d'une participation massive des enfants issus de l'immigration au système politique français, les responsables de l'association se sont pourtant cantonnés à un élitisme empreint de parisianisme, coupés des populations qu'ils prétendaient défendre et représenter. Les actions civiques entreprises par l'association entre 1985 et 1995 [2] n'ont pas suscité la moindre

---

1. Au centre des négociations pour la création de France Plus se trouve une personnalité du PS, Georges Morin, né à Constantine en Algérie, maître de conférence à l'Institut d'études politiques de Grenoble et fondateur avec François Burgat de la revue *Grand Maghreb*.
2. Parmi les initiatives de France Plus, on peut citer le Charter pour les droits civiques en 1987, l'organisation du Bus civique pour l'inscription des jeunes sur les listes électorales en 1988, la présentation d'une centaine de candidats d'origine maghrébine aux municipales de mars 1989, l'opération

mobilisation dans les cités populaires, où les jeunes issus de l'immigration se sont montrés plutôt méfiants à l'égard de ces « beurgeois de Paris [1] ». Il est vrai que France Plus n'est jamais parvenue à attirer dans ses rangs les anciens leaders des « grandes marches », se contentant d'une présence maghrébine purement médiatique et symbolique. La subtilité du contrat implicite passé entre le président de l'association, Arezki Dahmani, et les pouvoirs publics a consisté à mettre en avant un certain nombre de figures emblématiques censées être l'émanation des mouvements autonomes des années 1983-1985. Or, une étude affinée des biographies des dirigeants de France Plus tend à prouver que ce sont précisément des « non-beurs [2] » qui ont été à l'origine de la promotion de l'ethnicité beur comme produit et ressource politiques négociables auprès des institutions françaises [3]. Par ailleurs, bien qu'attachés à une conception assimilationniste de l'inclusion des immigrés à la société française, ils n'hésitent pas à instrumentaliser l'ethnicité maghrébine à des fins politico-électorales. Se dévoile ici toute l'ambiguïté qu'il y a à critiquer le multiculturalisme de SOS Racisme au nom de l'idéal républicain, tout en cherchant à faire valoir son ethnicité dans l'espace public. Mais cette ambiguïté ne date pas d'aujourd'hui ; elle était déjà manifeste chez les élites israélites sous la Troisième République, dont l'idéologie assimilationniste et jacobine se combinait volontiers au sentiment de vivre intensément une ethnicité juive [4].

Zéro en politique en partenariat avec les clubs rocardiens Forum, les jeunes du CDS, le Mouvement des jeunes républicains et le Mouvement des jeunes radicaux de gauche en 1990 et la création d'une Fête républicaine pour les nouveaux naturalisés en 1992. France Plus a également impulsé une campagne d'explication de la réforme du Code de la nationalité en 1993, en s'alignant ouvertement sur les positions du gouvernement Balladur.

1. Expression entendue dans la bouche de certains jeunes d'origine maghrébine lors de notre enquête de terrain.

2. La première présidente de France Plus, Sultana Cheurfa, et son successeur, Arezki Dahmani, ne sont pas issus de l'immigration économique mais de l'immigration estudiantine et intellectuelle.

3. Cf. Vincent Geisser, « Les élus issus de l'immigration maghrébine, l'illusion de médiation politique », *Horizons maghrébins*, 20/21, 1993, p. 60-79.

4. Phyllis Cohen-Albert, « L'intégration et la persistance de l'ethnicité chez les juifs de la France moderne », dans Pierre Birnbaum (dir.), *Histoire politique des juifs de France, op. cit.*, p. 221-243.

Un mixte idéologique :
néo-assimilationnisme et communautarisme

Le discours civique de France Plus est à lui seul révélateur du paradoxe idéologique qui caractérise aujourd'hui l'associationnisme maghrébin en France. Mais, contrairement à la plupart des organisations qui se sont sabordées, France Plus a su transformer ce paradoxe en atout politique, en l'intégrant à une stratégie de monopolisation de la parole légitime sur l'immigration. Au travers du mot d'ordre d'intégration républicaine, l'association véhicule une vision traditionnelle de la place des « minorités » dans l'État-nation, tout en instrumentalisant une forme de particularisme maghrébin. Sa conception, que nous qualifierons de néo-assimilationnisme pour mieux la différencier de l'assimilationnisme de la Troisième République, explique ses prises de position radicales lors des crises qui ont secoué la société française ces dix dernières années. Au nom du respect du principe de « neutralité de la laïcité », l'association a soutenu en 1989 la décision du principal du collège de Creil, Ernest Chesnières, d'exclure deux jeunes filles de famille musulmane, parce qu'elles portaient le *hijab* (voile islamique) : « C'est très grave. La laïcité, fondement de l'école publique, a permis de réussir l'intégration de plusieurs vagues successives d'immigrés. Aujourd'hui, le foulard islamique entre à l'école, demain ce sera la kippa pour les juifs, un autre symbole pour les catholiques. Ce n'est pas un fantasme, c'est une réalité [1]. »

Pendant la guerre du Golfe (août 1990-mars 1991), France Plus a condamné officiellement la participation des Français d'origine maghrébine aux manifestations dites « pacifistes » au nom de la préservation de la cohésion nationale. Par l'intermédiaire de son réseau d'élus locaux, l'association est intervenue publiquement dans les conseils municipaux pour expliquer sa position et dénoncer les risques de dérapage. Plus récemment, Arezki Dahmani a proposé l'instauration d'un « serment civique » pour les nouveaux naturalisés et a défendu la nécessité de réformer le Code de la nationalité dans un sens plus restrictif, rejoignant ainsi les propositions de la nouvelle majorité RPR-UDF.

---

1. Cf. entretien avec Arezki Dahmani, président de France Plus, *Le Point*, 30 octobre 1989.

Cette conception néo-assimilationniste est vivement critiquée par la plupart des acteurs associatifs et politiques issus de l'immigration maghrébine qui y voient l'expression d'un reniement et d'une allégeance au « système dominant » :

« Pour nous, France Plus, c'est un peu comme des harkis, c'est-à-dire des gens qui ont été utilisés par une forme de pouvoir contre l'immigration. France Plus a longtemps été un mouvement harki déguisé en mouvement beur. Ces jeunes n'ont pas les mêmes comptes à régler avec la société française que nous ! France Plus est clairement assimilationniste : on peut penser à leur position au moment du « voile de Creil » ou à la guerre du Golfe : ils voulaient être plus français que les Français ! C'était de la caricature... France Plus à cet égard serait un mouvement de Bachagas [1] !» (Abdel Aïssou, président du Mouvement des beurs civiques.)

Le ralliement aux thèses assimilationnistes fonctionne aussi comme un moyen de démarcation par rapport aux autres organisations maghrébines de France. Il permet à France Plus d'occuper un créneau peu couvert dans l'espace franco-maghrébin, susceptible de lui fournir des soutiens et des ressources indispensables à son fonctionnement. Sur ce plan, l'association peut afficher une certaine réussite, puisqu'elle est parvenue à attirer des parrains politiques aussi bien à gauche qu'à droite [2].

Le républicanisme d'avant-garde, dont se réclament les dirigeants de France Plus, ne les empêche pas pour autant de recourir à l'ethnicité maghrébine à plusieurs niveaux.

Sur le plan discursif, France Plus revendique publiquement un droit de regard sur les affaires concernant de près ou de loin les collectivités maghrébines de France. Cette prétention d'expertise en immigration-intégration traduit une volonté de promouvoir, dans le champ politique français, une forme de représentativité communautaire ou du moins la reconnaissance du privilège à parler « au nom de la communauté ».

Quant à la mobilisation des ressources financières et matérielles, l'association joue très largement de son ethnicité pour

---

1. Entretien avec l'auteur, 1992.
2. À gauche, c'est surtout chez les rocardiens que l'association a bénéficié d'appuis politiques à partir de 1988, rompant ainsi avec ses anciens parrains jospinistes et mermaziens. À droite, France Plus a développé principalement des relations avec le RPR et en particulier avec les proches de Charles Pasqua.

obtenir satisfaction auprès des organismes financeurs. Le système de financement qui caractérise ce type d'associations fonctionne d'ailleurs sur une contradiction majeure : l'attribution des différentes subventions publiques se fonde sur des critères dits « universels », mais exige, dans le même temps, de la part des postulants, la mise en avant de certains attributs particularistes : pourcentage de jeunes d'origine maghrébine dans la structure, actions en milieu communautaire, origine ethnique des dirigeants... L'ambiguïté inhérente à un tel système, largement entretenue par le Fonds d'action sociale (FAS), contribue à perpétuer des attitudes communautaristes et lobbyistes, au détriment des formes de mobilisation fondées sur des logiques conviviales ou politiques.

Enfin, sur le plan du recrutement des professionnels et des parrains, l'association se livre à un subtil dosage ethnique, jonglant entre le respect de la norme universaliste et l'impératif d'une visibilité particulariste. La professionnalisation des cadres et des élites françaises issues de l'immigration maghrébine s'est faite en faveur d'une ethnicisation, les acteurs étant contraints de jouer de leur ethnicité (ethnicité coercitive) s'ils veulent espérer la moindre promotion au sein du champ politique.

L'incapacité de l'association à structurer un réseau national d'élus issus de l'immigration maghrébine

À partir de 1988, France Plus est le principal vecteur de l'idée de candidatures d'origine maghrébine aux élections locales. Sans une campagne médiatique coordonnée sur l'ensemble du territoire français, sans un processus de négociation systématique avec les têtes de liste, de gauche comme de droite, le nombre de candidats issus de l'immigration maghrébine n'aurait probablement pas été aussi élevé. Il faut reconnaître que l'association d'Arezki Dahmani a joué un rôle clef dans l'élection de Français originaires du Maghreb aux municipales de mars 1989, même s'il convient de revoir à la baisse le nombre d'élus officiellement annoncé [1].

---

1. En effet, l'association a longtemps revendiqué 506 conseillers municipaux d'origine maghrébine sous son label. Le recensement que nous avons

Pour encadrer ces nouvelles élites locales issues de l'immigration, France Plus lance, en 1990, l'idée d'une Fédération des élus d'origine maghrébine. Celle-ci se fixe plusieurs objectifs, parmi lesquels la formation politique des conseillers municipaux, la sensibilisation aux problèmes dits « communautaires » (contrôle du marché de la viande *hallal*, lieux de culte, carré musulman dans les cimetières, etc.) et la prospection en vue du recrutement des futures élites issues de l'immigration. Mais, dès ses débuts, la nouvelle Fédération s'est heurtée à de nombreuses contradictions qui se résument au dilemme de l'ethnicité.

En effet, soit elle apparaît comme un comité d'élus non particulariste, à l'instar de nombreux cercles ou clubs existant déjà. Soit elle laisse entrevoir une vocation lobbyiste qui n'est pas toujours partagée par la base. Compte tenu des clivages politiques, sociaux et géographiques existant entre les élus, l'ethnicité maghrébine tend à jouer, en définitive, le rôle de ciment fédérateur.

Toutefois, ce projet de construction d'une ethnicité « par le haut » a suscité des réticences chez certains conseillers municipaux d'origine maghrébine qui y ont vu une tentative de récupération :

« Je suis opposée à ce genre de marginalisation ! Je ne sais pas qui sont les manipulateurs de tous ces mouvements, comme SOS Racisme, France Plus : je suis contre ! » (Dahbia D., conseillère municipale à Aix-en-Provence.)

Après quelques mois de fonctionnement, la Fédération des élus n'est parvenue à regrouper qu'à peine plus d'une dizaine de conseillers municipaux, signe d'un échec cinglant pour la direction de l'association. En 1992, suite à des conflits internes, le président de France Plus a décidé unilatéralement de la dissoudre. Cette expérience ratée atteste de la difficulté qu'éprouvent les élites maghrébines de France à construire des groupes de pression, dont l'élément fédérateur tend finalement à se restreindre à une origine ethnique vague et ambiguë.

---

effectué entre 1990 et 1994 nous a conduit à réévaluer ce chiffre à la baisse : les élus municipaux d'origine maghrébine représenteraient une centaine d'individus dans toute la France et sur ce total à peine une trentaine ont été réellement parrainés par l'association d'Arezki Dahmani en mars 1989.

Association « attrape-tout » et entrepreneur politique

Les analyses des politistes sur l'évolution des partis dans les régimes constitutionnels pourraient être transposées à certains mouvements ou groupes de pression [1]. Le cas particulier de l'association France Plus nous permet de mettre en évidence une tendance commune à de nombreuses organisations de l'espace franco-maghrébin. Selon notre hypothèse, la nécessité « conservatoire » de surmonter le dilemme de l'ethnicité pousse les organisations issues de l'immigration maghrébine à choisir entre deux options opposées. D'une part, développer une stratégie communautariste favorisant le passage d'un leadership projectif [2] à un leadership interne : « Les leaders internes s'enracinent dans le groupe ethnique et s'adressent au monde extérieur comme ses représentants et/ou ses avocats défenseurs [3]. » D'autre part, maintenir un leadership projectif, en élargissant les bases sociologiques et symboliques de son ethnicité. Il semble que France Plus ait opté pour la seconde direction, en s'ouvrant à l'ensemble des collectivités immigrées et des minorités de France. Le recours à l'ethnicité maghrébine, sous-jacent à sa démarche initiale, tend progressivement à être occulté par une ethnicité composite ; on pourrait aller jusqu'à parler d'ethnicité « édulcorée ». Cette prise d'option est apparue dans la modification de la composition « ethnique » du bureau national entre 1985 et 1992. Si les Français issus de l'immigration maghrébine de type « économique » sont restés majoritaires, la proportion de ceux issus d'autres minorités a considérablement augmenté, notamment au profit des élites harkies et juives

---

1. Cf. Jean et Monica Charlot, « Les groupes politiques dans leur environnement », dans Madeleine Grawitz et Jean Leca, *Traité de science politique*, tome III, Paris, PUF, 1985, p. 429-495.
2. Le sociologue américain John Higham définit la notion d'« élites projectives » comme « des individus issus du groupe ethnique, qui acquièrent une audience au-delà du groupe auquel ils sont identifiés. Ils gagnent leur reconnaissance en dehors du groupe avec lequel leur identification est, du reste, parfois faible. Cela ne les empêche pas de devenir des symboles du groupe... ». Cité par Marco Martiniello, *Leadership et pouvoir dans les communautés d'origine immigrée : l'exemple d'une communauté ethnique en Belgique*, Paris, CIEMI-L'Harmattan, 1992, p. 55.
3. Marco Martiniello, *op. cit.*, p. 55.

sépharades ou ashkénazes [1]. Ce savant dosage ethnique relève-t-il d'un pur hasard ou d'une volonté politique consciente de la direction ?

S'il paraît difficile d'apporter une réponse tranchée, il n'est pas moins patent que, depuis 1991-1992, la direction de France Plus affirme son intention de ne plus limiter le système de parrainage aux seuls « Maghrébins » et propose de l'étendre à de nouvelles catégories d'acteurs associatifs et politiques :

– Enquêteur : « Et pour les législatives de 1993, quelle stratégie adopterez-vous ? »
– Secrétaire général de France Plus : « Moi, j'ai demandé une plus large ouverture. Cela consisterait à présenter des candidats neufs, montrer que les valeurs de France Plus sont aussi défendues par des nons-beurs. France Plus, il faut que ça devienne un concept et non pas un rassemblement ethnique particulier [2]. »

L'organisation tend ainsi à devenir une sorte d'entrepreneur politique de type schumpeterien, ou plus précisément un sous-traitant électoral, offrant ses services à des personnalités en mal d'investiture ou en baisse de popularité dans leur propre mouvement. Il est encore trop tôt pour se prononcer sur les chances de succès de cette reconversion politique. Compte tenu de la surenchère actuelle autour des thèmes de l'« immigration clandestine », du « seuil de tolérance » ou de l'« islamisme dans les banlieues », il est fort probable que France Plus aura du mal à trouver des candidats au parrainage autres que des personnalités de second plan, donc difficilement éligibles [3].

Une autre manifestation patente de la modification de sa stratégie et de son positionnement dans le champ politique concerne le choix des alliances. France Plus ne peut plus être

---

1. En 1992, le bureau national de l'association comprenait 40 % d'individus issus de l'immigration maghrébine, 25 % de harkis ou enfants de harkis et 25 % d'individus issus des « communautés » juives sépharades ou ashkénazes. Il faut préciser cependant que cette distribution ethnique n'a jamais été ouvertement revendiquée par les dirigeants de France Plus.

2. Entretien avec l'auteur, mars 1992.

3. Aux élections législatives de 1993, l'association présentera une vingtaine de candidats sous le label « France Plus », qui recueilleront entre 0,5 % et 1,5 % des suffrages exprimés.

considéré aujourd'hui comme une émanation beur du Parti socialiste. Les dernières prises de position du président de l'association, Arezki Dahmani, en faveur de l'instauration d'un serment civique, comme ses présences remarquées au congrès du RPR, sont les signes d'un changement d'alliances, au profit d'un rapprochement avec la droite traditionnelle. En réalité, plus qu'un retournement politique, il semble que l'association tente de jouer la carte de l'apolitisme afin d'atténuer les effets de disgrâce gouvernementale. L'apolitisme de façade doit être analysé comme un réflexe conservateur, c'est-à-dire comme une volonté de survie au sein du système politique français :

« Bien souvent, on nous reproche d'intervenir avec des gens de droite, et ils disent que c'est antinomique. Mais, si nous choisissons un camp, les idées, nous ne pourrions pas les faire avancer dans un camp précis. Nous essayons de faire avancer nos idées chez tous les partenaires politiques et nous n'avons pas de velléités à devenir un parti politique et à défendre seuls ces valeurs-là ! » (Mouloud R., secrétaire général de France Plus, 1992.)

Le recours à une ethnicité élargie, la renonciation partielle à une stratégie de leadership interne (communautaire), la volonté de briser le monopole symbolique des « Maghrébins » dans le recrutement de ses cadres, la défense, enfin, d'un apolitisme radical, sont autant d'éléments tendant à conforter l'hypothèse d'une évolution de l'organisation vers une forme associative « attrape-tout ».

L'ESPACE ETHNIQUE DU PARTI SOCIALISTE

Nous avons souligné les liens étroits unissant le Parti socialiste, première force gouvernementale (1981-1986) et les associations médiatiques issues de l'immigration maghrébine, même si une tendance à la distanciation apparaît à la fin des années quatre-vingt. La prise de conscience, par des responsables socialistes, de l'absence de relais maghrébins à l'intérieur de l'organisation partisane les incite à structurer un espace ethnique interne. Il ne s'agit plus seulement de jeter des ponts avec lesdites « minorités », mais d'encourager un certain nombre d'acteurs, marqués par leurs origines ethniques ou nationales, à s'investir directement dans le parti. Dans cette perspective, est créé en 1987 le Groupe des trente [1], organe interne de « réflexion et de proposition [2] ». Bien qu'elle n'ait pas été médiatisée, contrairement à celle de France Plus ou de SOS Racisme, la création du Groupe des trente marque une étape historique au sein du Parti socialiste : c'est la première fois qu'une forme d'ethnicité maghrébine apparaît en tant que telle, en dehors des luttes intercourants et des querelles de leadership. Cette autonomie n'est cependant qu'apparente, dans la mesure où le Groupe est fortement lié à une personnalité partisane, Georges Morin, dont les orientations politiques sont clairement affichées.

Le « groupe Morin » : créer un vivier de militants socialistes d'origine maghrébine

Ami et conseiller de Louis Mermaz, Georges Morin a eu recours à la ressource « origine maghrébine » comme procédure d'autolégitimation au sein des instances du Parti socialiste. Délégué aux Français originaires du Maghreb auprès du secrétariat général du parti, il est le premier à défendre l'idée d'une force d'appoint ethnique, censée combler le vide en matière de militantisme beur et maghrébin. L'activité du Groupe débouche sur des résultats modestes : ses différentes propositions restent lettre morte et n'ont aucune répercussion sur la ligne générale du PS. Son existence n'empêche ni l'abandon du grand projet de participation des immigrés à la vie politique locale, ni les mesures policières touchant les clandestins. Le fonctionnement du Groupe est une illustration des limites du phénomène d'ethnicité « par le haut » : la mise en exergue d'une identité volontairement polymorphe, intégrée à l'appareil du parti, ne produit aucun effet sur le processus décisionnel. Le Groupe est

---

1. « Trente » renvoie au nombre de militants socialistes d'origine maghrébine qui ont participé aux activités du groupe.
2. Entretien avec Georges Morin, fondateur du Groupe des trente, décembre 1992.

finalement dissous au profit d'un système de cooptation d'élites « profanes » et sans expérience partisane.

Ainsi, après l'élection, en mars 1989, d'une centaine de conseillers municipaux d'origine maghrébine, Georges Morin décide de créer une nouvelle structure regroupant l'ensemble des élus socialistes originaires du Maghreb. Cette terminologie inclut les élites harkies, celles issues de l'immigration économique et intellectuelle, mais aussi les pieds-noirs rapatriés et les juifs sépharades. L'objectif n'est plus de se limiter exclusivement aux nouvelles générations de l'immigration maghrébine (les beurs), mais de promouvoir une ethnicité élargie, fondée sur la filiation à un Maghreb mythique, dans lequel étaient censées coexister fraternellement les communautés juive, chrétienne et musulmane. La nouvelle association, la Conférence nationale des élus socialistes originaires du Maghreb (CNE-SOM), repose sur une vision idéale, voire idyllique du Maghreb colonial, vision mythique transposée à la France d'aujourd'hui. Cette représentation est propre à une génération de militants et de dirigeants socialistes pour lesquels la situation actuelle doit être décodée avec les clefs culturelles et idéologiques du « Maghreb français », de l'« Algérie de papa ». L'association véhicule une problématique culturaliste : les problèmes d'intégration reposeraient au premier chef sur l'absence de reconnaissance culturelle, d'où une référence récurrente au thème du « dialogue entre les communautés ». Dans sa lecture des difficultés actuelles de la société française, les aspects culturels tendent à surdéterminer les aspects d'ordre social et économique : juifs, pieds-noirs chrétiens et musulmans sont renvoyés ici à une identité commune fondée sur le rejet supposé des autres acteurs sociaux : « Nous sommes victimes du même racisme. » Pour répondre à cette stigmatisation, la CNESOM entend promouvoir une maghrébinité positive qui intégrerait pêle-mêle enfants issus de l'immigration, juifs d'Afrique du Nord et rapatriés européens, minorant de ce fait les variables sociologiques et économiques au profit des variables culturelles idéalement reconstruites :

« Nous nous étions rendu compte que si les problèmes d'intégration économique et sociale touchaient surtout nos compatriotes d'origine musulmane, les juifs et les pieds-noirs rencontraient des difficultés semblables aux leurs quant à leur perception par l'opinion publique : le Maghreb, son histoire complexe et tragique, comme ses réalités d'aujourd'hui, sont très mal connus des Français et nous en souffrons tous, trop souvent, dans notre dignité [1]. »

La CNESOM a connu ses heures de gloire. À ses débuts (1990-1991), elle a regroupé jusqu'aux deux tiers des nouveaux élus issus de l'immigration maghrébine [2] et s'est forgé une image de pôle de réflexion auprès des responsables du Parti socialiste. Mais, très vite, l'association a subi la désaffection de ses premiers sympathisants, notamment chez ceux d'origine « musulmane », qui ne se sont plus reconnus dans ses projets :

« Je participe à la CNESOM, même si j'ai été un peu déçu, car on peut se voir assez peu, et régulièrement l'ordre du jour est balayé au profit d'un débat qui est toujours le même sur le PS [...]. On recommence éternellement le même débat et on n'arrive pas à travailler sur les dossiers.» (Samy D., conseiller municipal socialiste à Orléans.)

Pendant la guerre du Golfe, les conflits internes ont atteint leur paroxysme, la CNESOM se réfugiant prudemment derrière la ligne définie par la présidence de la République, malgré la désapprobation de nombreux élus originaires du Maghreb. En fait, l'association n'est jamais parvenue à surmonter une contradiction inhérente à sa stratégie, qui consistait à défendre une sensibilité maghrébine au sein du parti, tout en travaillant dans l'ombre à ne pas déranger l'action gouvernementale en matière d'immigration-intégration.

Dans ces circonstances, l'ethnicité maghrébine promue par l'association s'est enfermée dans une sorte d'exotisme politique au service de la promotion personnelle de quelques élites en mal de notoriété. La création, fin 1989, d'un mouvement regroupant exclusivement des socialistes de « culture musulmane » exprime une volonté de rupture avec cette forme d'ethnicité douce et élargie.

---

1. Extrait de la plaquette de présentation de la CNESOM, éditée par la Fédération nationale des élus socialistes et républicains, 1991.
2. Nous disposons de statistiques assez précises grâce au pointage et au listing établis par le bureau de l'association entre 1990 et 1994.

Le Cercle des socialistes de culture musulmane : « contre l'assimilation [1] »

En automne 1989, en pleine campagne médiatique autour de l'« affaire des foulards de Creil », des militants socialistes français originaires du monde arabe décident de réagir à la mise au pilori du fait islamique, en fondant un groupe de réflexion : le Cercle des socialistes de culture musulmane (CSCM). Se définissant expressément comme des « laïcs de culture musulmane », ses initiateurs entendent dénoncer les tenants de l'idéologie assimilationniste, notamment à gauche :

« En 1989, au moment de l'affaire du voile, est apparue une fracture dans la société française qui était le fait musulman... Nous, c'étaient les militants du Parti socialiste qui n'acceptions absolument pas les prises de position de la gauche traditionnelle française à laquelle nous appartenions d'ailleurs [2]. »

Par rapport à la CNESOM, le Cercle défend une conception plus restrictive de l'ethnicité, recrutant exclusivement des élites de religion musulmane, excluant de ce fait les juifs sépharades et les rapatriés de « souche européenne ». Sa stratégie se situe à mi-chemin entre le leadership interne et le leadership projectif. Les adhérents du Cercle sont, certes, recrutés sur le critère d'appartenance à la culture islamique, signifiant clairement une volonté de se démarquer des autres « minorités » originaires d'Afrique du Nord. Ce critère reste cependant volontairement vague, les animateurs du CSCM étant majoritairement des élites projectives, ayant fait leurs classes dans le système politique et le mouvement associatif français. Aucun imam, leader religieux ou opérateur islamique ne figure parmi ses adhérents et ses dirigeants. La double référence au socialisme et à l'islam n'est pas sans rappeler la symbiose idéologique opérée par les nationalistes maghrébins dans leur lutte contre le colonisateur français. À l'heure actuelle, le travail de « réactivation » de la mémoire franco-maghrébine apparaît comme une des modalités

---

1. « Contre l'assimilation » est le titre de l'article publié par Sultana Cheurfa, présidente du Cercle des socialistes de culture musulmane, dans la page « Débats » du *Monde* du 24 novembre 1989.
2. Entretien avec Sultana Cheurfa, 1992.

récurrentes de l'affirmation de « sa » différence dans le champ politique : « L'investigation de l'imaginaire revêt dans la conjoncture présente une importance particulièrement grande parce qu'on est entré dans une période de transformations des modalités de la reproduction sociale, et que celle-ci utilise ou tend à utiliser de façon croissante l'idéologie de la spécificité de l'identité... [1]. »

Au-delà des aspects politiques internes au PS, la contribution originale du CSCM a été de lancer le projet de constitution d'un pôle arabo-musulman au sein de la gauche française. Pour la première fois dans l'histoire de la mouvance socialiste, des acteurs sont parvenus à faire entrer dans une organisation partisane la thématique culturaliste de l'identité arabo-musulmane, sans que celle-ci apparaisse suspecte ou synonyme de double allégeance. Ce type d'identification à la fois culturelle et politique s'est construit autour d'un référent religieux (l'islam) et à travers le soutien à des causes symboliques (la Bosnie et la Palestine).

Très critiques à l'égard du multiculturalisme médiatique, les dirigeants du Cercle voient dans le mot d'ordre actuel d'intégration républicaine, véhiculé par la gauche laïque et une partie de la mouvance beur, l'avatar moderne du vieux projet assimilationniste visant à éradiquer les particularismes, jugés incompatibles avec la culture dominante :

« Les régimes coloniaux et laïcs construits par Jules Ferry et Hubert Lyautey, défendus plus tard par Georges Bidault et Guy Mollet, ne considéraient l'islam que pour codifier le sort discriminatoire fait aux indigènes, sujets français, mais non citoyens ; les vertus de l'idéal républicain (égalité et liberté) ne leur seraient accessibles qu'avec l'abjuration de leur religion... ; dans le débat politique, on parlait de processus d'intégration. Le vocabulaire actuel reste chargé de ces réminiscences [2]. »

Cette conception culturaliste conduit le Cercle à mettre sur le même plan le racisme anti-immigré dans la société française et la domination du Nord sur les pays arabo-musulmans. La

---

1. Michel Oriol, Abdelmalek Sayad et Paul Vieille, « Inverser le regard sur l'émigration-immigration », *Peuples méditerranéens*, 31-32, avril-septembre 1985, p. 18.
2. Sultana Cheurfa, « Contre l'assimilation », *Le Monde*, 24 novembre 1989.

conjonction des deux phénomènes actualiserait la haine séculaire de l'Occident chrétien envers l'Orient musulman. À l'instar de l'islam à l'échelle internationale, l'islam hexagonal continuerait à incarner l'ennemi héréditaire :

« Il est évident que le renforcement des « pressions » occidentales sur le monde arabe renforce, à un autre niveau, le racisme anti-arabe et antimusulman contre les immigrés [1]. »

Reprenant à son compte des thèmes chers aux tiers-mondistes et à certains mouvements revivalistes musulmans, le Cercle développe une vision géopolitique, que nous pourrions qualifier d'orientalisme inversé : les actions occidentales à l'échelle planétaire comme à l'échelle des États-nations perpétueraient l'esprit de croisade. La prudence des pays européens à l'égard du conflit israélo-palestinien et de la question bosniaque s'expliquerait ainsi par la hantise commune de l'État islamique.

Poursuivant son projet utopique de promotion d'un pôle arabo-musulman dans le système politique français, le Cercle a organisé plusieurs manifestations sur la Palestine, la Bosnie et les enjeux de la guerre du Golfe. Par ailleurs, il a été l'une des rares organisations de la « galaxie PS » à prôner ouvertement le dialogue avec les islamistes du Maghreb et du Machreck, au nom du respect des « dynamiques identitaires » propres au monde arabo-musulman. Relevons, à ce propos, une convergence de vue entre les analyses développées par les dirigeants du CSCM et celles défendues par certains chercheurs en sciences sociales [2], pour qui l'islamisme incarnerait une nouvelle modernité politique dans les sociétés arabo-musulmanes :

« Face à la profondeur historique et géopolitique retrouvée de l'Allemagne (de la Baltique à l'Adriatique), la France peut être tentée de réactiver de nouvelles solidarités avec les espaces latin, méditerranéen, arabe et africain. D'où la nécessité de rompre, pour elle, avec une logique coloniale, au profit d'une logique de codéveloppement et de partenariat... Elle doit refuser la diabolisation des dynamiques

---

1. Cercle des socialistes de culture musulmane, « De l'Irak à la Bosnie, de la Palestine au Tadjikistan, un engagement solidaire », octobre 1993, p. 3.
2. François Burgat, *L'islamisme en face*, Paris, La Découverte, 1995.

identitaires et culturelles contre l'islam politique, et ouvrir le dialogue avec les forces islamistes qui font le pari de la démocratie [1]. »

Jusqu'en 1992, le Cercle a axé principalement son action sur la question palestinienne, tentant de réhabiliter, au sein du Parti socialiste, l'image de l'OLP, ternie par ses engagements « pro-Saddam Hussein » pendant la guerre du Golfe. Dans ce contexte, il a organisé, en septembre 1992, une mission de dialogue à Tunis, auprès de Yasser Arafat, mission qui n'a fait l'objet d'aucun compte rendu dans la presse du Parti socialiste [2].

Depuis 1993, avec l'intensification du conflit dans l'ex-Yougoslavie, les dirigeants du CSCM s'attachent surtout à dénoncer ce qu'ils appellent l'action du « lobby serbe » dans la classe politique française. Ils ont lancé à ce sujet un appel intitulé « La Bosnie ne doit pas être nouvelle Palestine », signé par une centaine de personnalités de culture musulmane, parmi lesquelles des écrivains, des universitaires, des responsables associatifs et politiques. La tonalité de cet appel apparaît relativement modérée par rapport au discours à usage interne tenu par le Cercle, où le recours à des thématiques communautaristes et culturalistes est plus prononcé :

« La classe politique est agitée d'un caricatural débat entre pro-Serbes et atlantistes ; l'opinion française, elle, reste dans l'expectative, ne disposant pas d'éléments d'analyse suffisamment étayés. Mais la communauté musulmane, dans son ensemble, sait qui sont, en Yougoslavie, les victimes ; elle connaît la logique qui, de Sarajevo à Jérusalem, soupèse avec deux poids et deux mesures les droits des peuples dans l'ordre du monde ; elle ressent la hantise communément répandue en Europe à l'égard des musulmans [3]. »

L'ensemble de ces initiatives, qu'il s'agisse de la Palestine, de l'Irak ou, plus récemment, de la Bosnie, n'a eu qu'une portée limitée, sans véritable répercussion sur la ligne du Parti socialiste en matière de politique étrangère, de structuration de l'islam français et d'immigration.

---

1. CSCM, « De l'Irak à la Bosnie, de la Palestine au Tadjikistan... », document cité, p. 3.
2. Entretien avec la présidente du CSCM, 1992.
3. CSCM, « De l'Irak à la Bosnie, de la Palestine au Tadjikistan... », document cité, p. 4. Nous publions l'intégralité de l'appel en annexe.

Il n'en reste pas moins que le Cercle des socialistes de culture musulmane a introduit un mode d'ethnicisation du politique, relativement original.

Pour la première fois, la référence au fait islamique est constitutive d'un groupe « intégré » à un parti politique français.

Pour la première fois aussi, des élites politiques issues de l'immigration maghrébine avancent la notion de « laïcs de culture musulmane », exprimant une volonté commune de structurer au sein de la mouvance socialiste française un pôle arabo-musulman.

Enfin, l'originalité de la démarche initiée par le Cercle tient au caractère hétéroclite de ses alliances politiques et partisanes. N'est-ce pas notamment le courant le plus jacobin et le plus nationaliste de la gauche française (Socialisme et République de J.-P. Chevènement) qui aura constitué, en 1989, son principal parrain politique ?

Les retombées de la défaite de la gauche aux élections législatives de 1993, d'une part, et la scission du courant chevènementiste, d'autre part, ont cependant remis en cause sa stratégie interne à l'espace partisan, l'obligeant à prendre ses distances avec le Parti socialiste.

Le Mouvement des beurs civiques :
des « intégrationnistes » critiques

Le Mouvement des beurs civiques, devenu en 1991 le Mouvement des droits civiques (MDC), illustre l'alliance circonstancielle entre une partie de la mouvance beur dite « intégrationniste » et la gauche socialiste. Il est né du climat de confiance induit par les nouvelles mesures législatives et réglementaires en faveur de la reconnaissance culturelle et sociale des nouvelles générations issues de l'immigration : la loi du 9 octobre 1981, relative à la levée des obstacles administratifs au droit d'association des étrangers et l'autorisation d'émettre accordée aux radios « libres ».

Le MDC représente une émanation directe de *Radio Beur*, qui fut pendant longtemps l'un des rares médias à défendre une certaine expression politique des enfants de l'immigration maghrébine dans la région parisienne. À l'instar de nombreuses organisations, le MDC a participé à l'instrumentalisation de l'identité beur, sans pour autant tomber dans la logique « attrape-tout » de France Plus ou le multiculturalisme médiatique de SOS Racisme. En effet, l'association a su préserver une marge d'autonomie par rapport au jeu des courants du Parti socialiste, tout en participant à la promotion d'une algérianité symbolique, d'autant plus originale qu'elle est portée par des générations qui n'ont connu ni l'époque glorieuse du nationalisme arabe, ni le combat historique des *moudjahids* (combattants, résistants). Les membres du MDC affirment clairement leur soutien à la cause palestinienne et leur volonté de réhabiliter la mémoire de l'immigration algérienne en France. Du reste, la venue à Paris du président de l'Organisation de libération de la Palestine (OLP), Yasser Arafat, en 1989, a fourni à une partie de l'équipe de *Radio Beur* l'occasion rêvée pour lancer le mouvement :

« Oui, nous nous sommes créés au moment de la venue de Yasser Arafat à Paris, c'est un événement qui nous a semblé extrêmement important. Nous sommes très sensibles à la question palestinienne, à l'injustice qui est faite à ce peuple, puis au fait qu'ils sont effectivement très, très seuls. Pour nous, la venue de Yasser Arafat, c'était d'abord une victoire pour eux, et quelque part pour nous ! Sa venue sanctifiait quelque part une présence..., c'est l'événement originel, c'est l'événement fondateur. » (Abdel A., président du Mouvement des droits civiques, 1992.)

À travers le discours du président du MDC, se révèle le lien symbolique établi par les acteurs entre leur condition d'enfants d'immigrés dans la société française et la situation des Palestiniens sur la scène internationale. Plus qu'une simple cause humanitaire, le soutien des nouvelles générations issues de l'immigration maghrébine à l'OLP traduit un désir de s'affirmer en tant qu'acteur à part entière de la société globale, mais aussi du système politique français. Les hypothèses de la double allégeance ou de la double appartenance ne présentent plus ici la moindre pertinence. L'arabité et l'algérianité symboliques n'ont de sens qu'au regard des enjeux internes à la société française.

Dans une perspective similaire, le MDC a été le principal instigateur de la commémoration du trentième anniversaire du

17 octobre 1961 [1], date tragique de l'histoire de l'immigration algérienne en France :

« La commémoration du trentième anniversaire du 17 octobre 1961 a suscité des demandes d'adhésion très fortes... Clairement, les enjeux étaient civiques, mais en même temps il y avait une référence très forte dans l'association à notre mémoire : la nécessité, par exemple, d'enseigner la guerre d'Algérie dans sa globalité, mais aussi d'enseigner l'histoire coloniale, l'histoire de l'immigration, et il y a une série d'axes comme ça qui font référence à l'histoire. » (Abdel A., 1992.)

On peut s'interroger sur la portée de telles actions symboliques : parviendront-elles à mobiliser les nouvelles générations issues de l'immigration maghrébine ?

En réalité, la question paraît déjà biaisée, dans la mesure où elle donne à ce type d'actions une finalité ne correspondant pas forcément à celle des acteurs. Une initiative comme la commémoration du 17 octobre 1961 touche, en définitive, davantage des associations de droits de l'homme et des mouvements de solidarité (Ligue des droits de l'homme, MRAP, CIMADE, etc.) que les structures de quartier, tout en renforçant l'immanquable ambiguïté des campagnes civiques animées par des organisations comme le MDC.

Sur le plan politique, les dirigeants du mouvement n'ont jamais caché leurs affinités avec le Parti socialiste. En 1985-1986, ils furent les défenseurs de l'option dite « intégrationniste », prônant ouvertement une alliance avec la gauche socialiste. Au départ, ce contrat de confiance a largement profité au MDC qui a bénéficié d'un soutien politique et financier dans ses différentes actions. Mais, contrairement à la plupart des organisations médiatiques beurs, le MDC ne s'est placé sous la dépendance d'aucun courant ou personnalité en particulier. Loin d'être compensée par un apolitisme de façade, l'absence d'allégeance directe s'est manifestée par une orientation clairement à gauche :

---

1. Cet événement est souvent confondu avec l'« affaire du métro Charonne ». Le 17 octobre 1961, la Fédération clandestine du FLN-France organise à Paris une manifestation de soutien à la cause indépendantiste. L'intervention des forces de l'ordre se soldera par des multiples interpellations, des blessés et même des morts parmi les manifestants.

« C'étaient des relations de proximité jusqu'en 1989 avec le Parti socialiste, les partis de gauche en général. Il y avait une espèce de parenté intellectuelle. Notre association était clairement de gauche, dans le sens d'une transformation sociale. Les partis de gauche nous semblaient plus à même de répondre à ces nécessités, par le fait aussi que le droit de vote des immigrés était une des propositions du candidat Mitterrand. » (Abdel A., 1992.)

L'« affaire des foulards islamiques », en 1989, et la guerre du Golfe, en 1990-1991, ont incité les dirigeants du MDC à prendre leurs distances vis-à-vis du PS, ces deux événements ne faisant que révéler des dissensions plus profondes : dès lors que le Parti socialiste, de retour au pouvoir en juin 1988, renonçait à de nombreux projets en matière d'immigration-intégration, la rupture semblait inévitable. Loin de favoriser, cependant, une plus forte cohésion au sein du mouvement, celle-ci a exacerbé les conflits internes, créant une ligne de fracture entre les partisans de l'autonomie totale, favorables à l'idée de candidatures autonomes aux élections locales, et les défenseurs d'une autonomie limitée, opposés à cette forme de passage au politique. Le MDC n'a pu surmonter ces contradictions, précipitant ainsi son autodissolution :

« Je ne sais pas où en est l'association, puisqu'il y a eu un schisme au moment où nous nous sommes posés la question de présenter des listes aux élections régionales... On aurait pu s'en servir éventuellement pour tirer une sonnette d'alarme, mais là aussi on est devant des voies qui sont bouchées, avec d'un côté le vote communautaire et, de l'autre, les partis politiques en France qui n'ont rien à faire des franco-maghrébins. Ce genre d'ambiguïté a fait que l'association a implosé. » (Abdel A., 1992.)

En 1993, le Mouvement des droits civiques avait cessé pratiquement toute activité en région parisienne. Son support médiatique, *Radio-Beur*, a été dissous au profit d'une nouvelle chaîne de radios locales, *Beur-FM*, contrôlée par une personnalité médiatique issue de l'immigration maghrébine [1] et proche de l'association France-Libertés de Danielle Mitterrand.

---

1. Il s'agit du docteur Nacer Kettane, d'origine kabyle, président du réseau des radios locales *Beur-FM* qui émet notamment à Paris, à Marseille et à Grenoble.

Prenant acte de la crise de l'associationnisme élitiste et des limites de la conception de l'intégration « par le haut », des mouvements comme Mémoire fertile ont tenté de réactiver, chez les enfants issus de l'immigration maghrébine la conception de la « nouvelle citoyenneté », prônant un retour sur le local et la société civile.

LES MOUVEMENTS
POUR LA « NOUVELLE CITOYENNETÉ »

La thématique de la nouvelle citoyenneté, revendiquée par certaines associations issues de l'immigration maghrébine [1] au cours des années quatre-vingt, se situe à la confluence de deux traditions de gauche. Du marxisme d'abord, dont elles tirent l'essentiel de l'analyse du phénomène d'exclusion des populations immigrées : celui-ci ne serait que la forme exacerbée d'une exclusion plus générale, générée par le système capitaliste. Les partisans de la nouvelle citoyenneté condamnent avec virulence le libéralisme économique. Ils rejettent les thèses élitistes de l'exemplarité sociale et de la réussite individuelle et décrivent la société française d'aujourd'hui en termes pessimistes :

« Un tissu social de plus en plus affaibli et la pauvreté qui en découle, des solidarités de base de plus en plus entamées par l'idéologie ambiante du néolibéralisme, de l'individualisme et de la privatisation de toutes les sphères de la vie [2]. »

De la nouvelle gauche, ensuite, elles héritent d'un projet de société à la fois culturel et politique [3]. La volonté utopique de promouvoir une « citoyenneté active de proximité » implique-

---

1. On citera Mémoire fertile, les Jeunes Arabes de Lyon et sa banlieue (JALB), Nejma de Salon-de-Provence et l'Association nouvelle génération Immigrée (ANGI).
2. Extrait de la revue de l'association Mémoire fertile, septembre 1989.
3. Pour une analyse des valeurs véhiculées par la Nouvelle gauche, cf. Monique Dagnaud, « La classe d'alternative. Réflexion sur les acteurs du changement social dans les sociétés modernes », *Sociologie du travail*, 4, 1981.

rait ainsi une rupture progressive avec le système élitaire et unitaire de représentation :

« Face aux fausses alternatives, il est préférable d'avancer la revendication de citoyenneté comme participation à la transformation sociale, comme contribution à l'élaboration et à la construction d'une autre société où l'intégration ne sera pas synonyme d'automutilation et de reniement... [1]. »

Pour résumer en une formule l'idéologie des défenseurs de la nouvelle citoyenneté, nous pourrions dire qu'ils prennent au marxisme sa toile de fond analytique (analyse en termes de classes et d'exploitation économique) et à la nouvelle gauche son utopie réformatrice, même si ces deux héritages ne sont pas toujours assumés consciemment par les acteurs.

Rejet de l'élitisme ethnique et défense d'une laïcité « rénovée »

Bien qu'elles ne renoncent pas à revendiquer, au sein du champ politique, la promotion des cultures d'origine, les associations pour la *nouvelle citoyenneté* veulent se démarquer des communautarismes politiques. Elles analysent les enjeux actuels autour de l'ethnicité maghrébine comme une tentative consciente ou inconsciente d'occulter les mécanismes d'exclusion à l'œuvre dans la société française. Le discours sur la « communauté » constituerait ainsi une manipulation politique mise en œuvre par les acteurs du système dominant. Les différentialismes « arabe », « maghrébin » ou « musulman » conduiraient inévitablement au ghetto politique, renforçant l'impuissance des acteurs périphériques, et notamment ceux issus de l'immigration maghrébine. Les promoteurs de la nouvelle citoyenneté remettent en cause autant l'idéologie du droit à la différence de SOS Racisme que l'ethnicité exotique de France Plus :

« Toute focalisation sur une " communauté " en termes de " problème " (quelles que soient les intentions des promoteurs) tend à glis-

---

1. Saïd Bouamama, *Vers une nouvelle citoyenneté...*, *op. cit.*, p. 189.

ser dans la logique du " bouc émissaire " et finit par signifier socialement que les " Arabes " sont responsables de la crise de l'identité
française ¹. »

Pour ces associations, la reconnaissance de la dimension
arabo-berbère de la société française doit s'inscrire dans un mouvement plus général de remise en question d'un des dogmes
fondateurs de l'État-nation français, c'est-à-dire l'unité de la
citoyenneté et de la laïcité. Au moment des « affaires de foulards » et de la guerre du Golfe, elles se sont nettement démar-
quées des positions défendues par les autres organisations issues
de l'immigration maghrébine.

Elles ont reproché aux organisations à problématique culturaliste (le Cercle des socialistes de culture musulmane, par
exemple) leur tendance à tout expliquer par des variables de
type identitaire, y compris les phénomènes d'exclusion sociale :

« En valorisant une image irréelle et figée des « différences » et des
cultures, en refusant aux personnes issues de l'immigration d'autres
catégories d'appartenance que celle de leur communauté, l'idéologie
du « melting-pot » revêt à l'image de l'assimilation et de l'intégration, la même dimension idéologique, c'est-à-dire un processus permettant d'éviter que les questions sociales soient posées ². »

Elles ont accusé les tenants du néo-assimilationnisme (France
Plus, par exemple) de se draper dans le mythe de neutralité de
la laïcité pour mieux conforter leur position dans le système
politique et nier la réalité de la discrimination :

« Le discours assimilationniste [...] révèle l'ambiguïté des attitudes
basées sur un humanisme abstrait... Face aux attitudes d'exclusion,
l'humanisme réagit par des attitudes d'inclusion-assimilation ³. »

Aussi, depuis le milieu des années quatre-vingt, ces associations mènent-elles un combat pour une redéfinition du contenu
idéologique des principes de la laïcité et de la citoyenneté. Elles
considèrent que ces concepts ont fait leur temps et qu'ils
doivent être, non pas réfutés, mais retravaillés sous l'effet des

---

1. Document interne de l'association Mémoire fertile [s.d.].
2. Saïd Bouamama, *Vers une nouvelle citoyenneté...*, *op. cit.*, p. 187.
3. *Ibid.*, p. 176.

changements sociétaux. Elles cherchent à renouer avec les uto-
pies autogestionnaires et localistes de la nouvelle gauche revendiquant une réactivation des citoyennetés concrètes, enracinées
dans les espaces de quotidienneté des groupes et des individus.
Mais cette transformation ne pourra s'accomplir que si, conjoin-
tement, les acteurs font un travail de réflexion sur leur mémoire
socio-historique, sur les dogmes fondateurs de leur société
d'origine (le Maghreb) et d'accueil (la France). L'appel à une
réforme économique et sociale est inséparable d'une réforme
culturelle et intellectuelle.

En liant la question de la place des minorités maghrébines
en France à celle de la refondation de l'État-nation, les promoteurs de la nouvelle citoyenneté ont contribué à enrichir
le débat d'idées qui traverse aujourd'hui l'associationnisme
maghrébin. Toutefois, ils ne sont jamais parvenus à s'imposer,
n'influençant que de façon modeste les autres organisations
issues de l'immigration maghrébine. Il convient donc de s'interroger sur les limites de la stratégie « par le bas ».

Les limites de la stratégie « par le bas » : une fétichisation de la société civile

Des associations comme Mémoire fertile, présidée par Saïd
Bouamama ou les Jeunes Arabes de Lyon et sa banlieue (JALB),
animée par le député européen Djida Tazdaït [1], ambitionnaient
de créer une sorte de fédération des organisations laïques issues
de l'immigration maghrébine, première étape vers la conquête
d'une autonomie à l'égard des partis politiques français et des
organismes financeurs :

« Si la question de la structuration reste encore en suspens, beaucoup disent déjà leur volonté de créer un rapport de force structuré
et autonome [2]. »

---

1. Élue au Parlement européen sur la liste des Verts en 1989, elle a refusé
d'appliquer le système de la « tournante » et a donc siégé de façon continue
jusqu'en 1994. Elle a été notamment vice-présidente de la Délégation inter-
parlementaire des relations avec le Maghreb, présidée par le socialiste Claude
Cheysson. Entretien avec l'auteur, mars 1991.
2. Compte rendu du séminaire *Transparences* organisé par le député européen, Djida Tazdaït, Bron, mai 1990.

La référence à la culture islamique et à la religion musulmane est quasiment absente des débats et des négociations qui se sont déroulés entre 1988 et 1995. Ces organisations ont surtout mis en avant les thèmes de l'autonomie, la défense des cultures d'origine et l'appartenance commune aux nouvelles générations maghrébines de France. Mais, faute de cohésion suffisante et de plate-forme entre les différents acteurs, le projet de fédération autonome n'a jamais abouti et la plupart de ses protagonistes ont aujourd'hui disparu de l'univers associatif et politique français. La raison principale de cet échec réside dans l'incapacité de ces élites associatives à mettre en œuvre une stratégie « par le bas », susceptible de mobiliser les petites structures de quartier : la jonction ne s'est jamais réalisée, les jeunes animateurs des cités populaires jugeant le discours sur la nouvelle citoyenneté « trop intellectuel », voire même incompréhensible.

Parties du projet utopique de reconquête des banlieues et de rupture avec les stratégies élitistes traditionnelles, les associations pour la nouvelle citoyenneté ont dû finalement renoncer à toute participation directe au système politique français. Cette situation d'impuissance doit être également recherchée dans leur tendance à fétichiser la société civile, sans pour autant créer les conditions d'une dynamique de mobilisation autonome et collective.

Leur discours se fonde sur une critique de la toute-puissance de l'État français et des projets assimilationnistes :

> « Processus de légitimation des inégalités, l'assimilation vise donc en premier lieu la « normalité sociale », non pas de la minorité à assimiler, mais de la majorité considérée et se considérant malgré ces inégalités comme faisant partie de la totalité abstraite à défendre [1]. »

La dénonciation du « rouleau compresseur étatique » s'accompagne, par ailleurs, d'un appel lancé en direction des acteurs de la « société civile » pour la conquête de leur autonomie dans les champs politique, économique et culturel :

> « Pour en sortir, il faut que la société civile se manifeste davantage en tant qu'un tout social décisif : besoin de mouvements sociaux autonomes, basés sur les préoccupations concrètes des citoyens [2]. »

---

1. Saïd Bouamama, *Vers une nouvelle citoyenneté...*, *op. cit.*, p. 179.
2. *Ibid.*

Mais quelle est donc la « société civile » sollicitée ici ? La société « aliénée », « étatisée » et, par conséquent, incapable de susciter la moindre action autonome, ou bien une « collectivité à part », portée par des acteurs éclairés, aptes à accomplir ce processus de rupture ?

Nous touchons là à un paradoxe dans lequel l'État bienfaiteur est remplacé par une société civile fétichisée, hissée à son tour au rang d'abstraction. Ce paradoxe se trouve renforcé par leur incapacité à sortir du prisme de l'immigration : la fétichisation de la société civile conduit aussi à une fétichisation de l'acteur immigré.

Pour les nouvelles élites politiques issues de l'immigration maghrébine, les organisations médiatiques ont constitué des référentiels, leur offrant un cadre d'action et de réflexion dans le champ politique. Peu au fait des processus décisionnels à l'échelon national, mal informées sur leurs possibilités d'intervention, elles ont trouvé des « passerelles » leur permettant de nouer des contacts et des relations avec l'*establishment* politique français (députés, ministres, responsables nationaux des partis, etc.). Les débuts de l'associationnisme médiatique beur ont d'ailleurs été caractérisés par un foisonnement de colloques et de meetings en tout genre sur les thèmes de l'intégration et de la participation politique des enfants issus de l'immigration. Mais ces élites se sont très rapidement lassées des grand-messes multiculturelles, en prenant conscience et en dénonçant les associations médiatiques comme des coquilles vides, au service de stratégies personnelles ou partisanes.

Quant aux associations pour la nouvelle citoyenneté, elles sont restées enfermées dans leurs querelles de chapelles et dans des débats trop byzantins pour susciter le moindre intérêt chez les enfants issus de l'immigration maghrébine.

À partir de 1990, l'associationnisme maghrébin à caractère national traverse une crise profonde, sujet aux critiques de plus en plus vives de la part des pouvoirs publics français et des élites locales issues de l'immigration. Les divisions qui se sont manifestées au moment de la guerre du Golfe marquent la fin de l'époque glorieuse de l'associationnisme maghrébin à vocation civique et l'abandon du « grand projet » de participation politique des nouvelles générations issues de l'immigration. En

1995, les campagnes pour l'inscription des Français d'origine maghrébine sur les listes électorales et leur présence dans les conseils municipaux avaient pratiquement disparu tant à l'échelon national que local.

CHAPITRE 9

LA CRITIQUE RADICALE
DU MULTICULTURALISME D'ÉTAT

Tirant parti de la crise de confiance frappant l'associationnisme maghrébin à vocation médiatique, les nouvelles organisations à problématique racialiste vont construire leur visibilité
sur la dénonciation virulente de la politique multiculturelle
conduite par les gouvernements socialistes depuis 1981. À ce
titre, elles rencontreront un écho favorable chez certaines personnalités de la droite française, mais aussi dans les organisations appartenant à la nébuleuse national-populiste. Leur rhétorique n'est d'ailleurs pas sans présenter de nombreuses
convergences avec les thèmes véhiculés par certains courants de
l'extrême droite. Fortement critiques à l'égard des organisations
multiculturelles comme France Plus et SOS Racisme, les mouvements racialistes dénoncent la « manipulation de l'immigration maghrébine [1] » par les partis politiques traditionnels et
l'action des lobbies occultes dans la société française (les francs-

---

1. Entretien avec Farid Smahi, président de l'association Arabisme et francité, février 1993. F. Smahi a connu un parcours migratoire quelque peu
tortueux : né à Bron (Rhône) dans une cité d'urgence, il gagne l'Algérie avec
ses parents. Il suit alors une scolarité chez les jésuites d'Algérie, avant de
revenir s'installer définitivement en France comme sportif de haut niveau
(équipe nationale de water-polo). Marié à une Française, il occupe plusieurs
responsabilités associatives, dont la présidence du comité France Plus-Paris.
En désaccord avec cette association, il en démissionne pour fonder en 1992
sa propre organisation, Arabisme et francité.

maçons, les juifs, les Kabyles...). Ils entendent lutter, par ailleurs, contre ce qu'ils appellent la « dégénérescence orchestrée [1] » de la culture arabo-islamique en France.

FANTASMES DE DILUTION DE L'IDENTITÉ ARABO-MUSULMANE

Dans le discours des associations à problématique racialiste, les références au Maghreb et à l'Afrique du Nord tendraient plutôt à décliner au profit des référents arabo-islamiques. Outre l'association Arabisme et francité, nous pouvons citer l'exemple de la création à Marseille en 1990 d'une organisation intitulée Perspectives et solidarités arabo-musulmanes de France qui a pour vocation de réunir l'ensemble des élites de culture arabo-musulmane, jugées « utiles » pour la communauté. Tout se passe comme si l'enracinement des migrations maghrébines sur la « terre de France » se traduisait par le besoin quasi psychologique de se rattacher à un ensemble de civilisation plus vaste et plus abstrait (le monde arabo-musulman), au détriment des origines proches (le Maghreb). Ce déclin de la référence maghrébine et la montée corrélative du référent arabo-islamique révèlent une volonté des élites issues de l'immigration de retourner symboliquement leur situation de domination, le monde arabe évoquant la possibilité d'un « dialogue civilisationnel » sur un pied d'égalité avec l'Occident, alors que le Maghreb reste fondamentalement associé à l'image de l'ancien colonisé :

« Nous sommes Arabes, les dignes héritiers d'Ibn Khaldoun, d'Averroès, d'Abu Nawas... Nous sommes les héritiers de ces gens-

---

1. Au cours de notre démonstration, nous verrons comment l'association Arabisme et francité dénonce le thème de la musique rap pour montrer la volonté des gouvernements socialistes de nuire à la jeunesse des banlieues. Selon les responsables de cette organisation, le financement public des groupes de rap par des organismes tels que le FAS participe à une entreprise de dégénérescence culturelle volontaire. Le rap constituerait une forme de « Sida culturel » introduit par le Parti socialiste et ses « complices associatifs », SOS Racisme (le « lobby juif ») et France Plus (le « lobby kabyle ») pour déstabiliser les banlieues. Entretien avec Farid Smahi, président d'Arabisme et francité, février 1993.

là... On s'est aperçu que des deux côtés (la France et le monde arabe),
il y avait un déséquilibre intellectuel immense, un gouffre culturel
immense chez certains de ces immigrés qui ne savent même pas d'où
ils viennent, qui ne savent même pas qui est Abu Nawas, Averroès,
Ibn Khaldoun, parce que le système les coupe des origines [1]. »

La perte des racines arabo-musulmanes chez les enfants issus
de l'immigration ne serait pas seulement la conséquence désas-
treuse d'un processus socioculturel (l'acculturation), mais relèverait aussi d'une manipulation du système politique français.

Une condamnation de la mixité culturelle

La revendication de la « préservation inconditionnelle [2] » de
l'identité arabo-musulmane en France débouche sur une argumentation de type mixophobique et sur un discours anti-immigrationniste. Une association comme Arabisme et francité joue
très largement sur le thème de la dangerosité des masses immigrées, mais sur un registre différent de celui des autres organisations. La question de l'immigration n'est ni occultée, ni
euphémisée, mais déplacée vers d'autres « communautés ethniques » : les Africains noirs, les Antillais, les Asiatiques... Dès
lors, se manifeste un désir de retourner symboliquement la
situation de domination frappant les Arabes de France en
déconstruisant l'image positive des autres communautés et en
insistant sur l'aveuglement dont serait victime l'opinion française. La communauté asiatique, symbole aux yeux de la majorité des Français d'une « intégration réussie », est tout particulièrement visée par les élites maghrébines porteuses des thèses
racialistes :

« Il y a une communauté en France qui est une communauté asiatique, qui ne sait même pas parler français, qui ne vit que de
commerce et autres : *modus vivendi* dans la presse, pas de crime, pas
de délinquance, tant mieux ! Mais, ça reste à savoir ! » (Farid S.,
1993.)

1. Entretien avec Farid Smahi, président d'Arabisme et francité, 1993.
2. Pierre-André Taguieff, *La force du préjugé. Essai sur le racisme et ses doubles*,
Paris, La Découverte, 1988, p. 15.

Le retournement de la situation de dominé et de stigmatisé aboutit à un renversement de la « hiérarchie des communautés » au sein de la nation française. Dans la représentation hiérarchique développée par Arabisme et francité, la communauté arabe est plus faible numériquement que la communauté asiatique, même si elle est paradoxalement plus visible (cf. schéma). L'invisibilité des Asiatiques de France relèverait donc d'une logique de dissimulation volontaire. En définitive, pour les tenants du racialisme, « les Arabes payent injustement le prix de leur bonne intégration à la société française [1] ».

Le dénigrement des autres minorités immigrées est inséparable de la défense d'une idéologie de pureté identitaire qui se traduit dans leur discours par une condamnation virulente de la mixité culturelle. Celle-ci ne procéderait ni d'un mouvement naturel, ni même d'une dynamique d'intégration sociale, mais constituerait le produit d'une manipulation politique, visant à diluer les identités communautaires. Le terme beur représente, pour les associations racialistes, le symbole de cette volonté d'affadissement identitaire, orchestrée de toutes pièces par le Parti socialiste et les associations médiatiques (France Plus et SOS Racisme). L'exemple, le plus souvent cité, est celui de la musique rap qui, selon les dirigeants d'Arabisme et francité, a été promue pour anéantir les velléités d'autonomie des jeunes Arabes de France et les condamner à la déchéance culturelle :

« On a balancé dans les banlieues ce qu'on appelle un rap, le rap. Le rap n'est pas arabe et n'est pas africain et il n'est même pas français ! On leur a balancé ce virus pour les déculturer, et faire en sorte qu'il y ait une coupure entre leurs origines ancestrales et carrément la France. Donc, c'est le virus du rap.
Rap, qu'est-ce que ça veut dire ? Il n'y a aucun journaliste qui a mis rap : définition. Et vous constaterez quand même que rap, ça se rapproche de rapatriés. On a assommé ces jeunes et j'ai condamné.
Vous verrez que j'ai donné une interview dans le journal *Minute* : le Front national, c'est un parti comme tout le monde. » (Farid S., 1993.)
Emblème de la mixité culturelle, le rap serait avant tout cette forme de « culture dégénérée » que les tenants du racialisme veulent

---

1. Farid Smahi, 1993.

expurger de la communauté arabe, afin qu'elle s'intègre sans complexe identitaire à la société française.

Représentations hiérarchiques de l'intégration
des « minorités ethniques » à la nation française

* Représentation courante [1]   * Représentation d'arabisme et francité

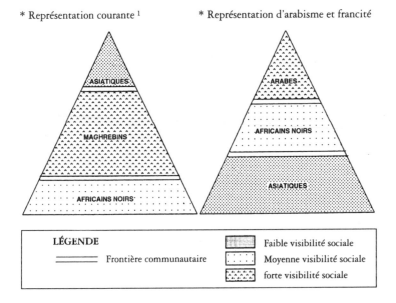

LÉGENDE   Faible visibilité sociale
                    Frontière communautaire   Moyenne visibilité sociale
                                                           forte visibilité sociale

Thèse du complot identitaire
et critique de l'antiracisme médiatique

À l'idée fréquemment avancée de la récupération des associations de beurs par le Parti socialiste, Arabisme et francité associe une interprétation ethnique : le PS se serait servi de certaines minorités pour contrôler, puis réduire à néant les velléités

1. Cf. notamment Christian Jelen, *La famille, secret de l'intégration. Enquête sur la France immigrée*, Paris, Robert Laffont, 1993, 231 p. Dans cet ouvrage, qui se veut « objectif » mais qui véhicule en réalité tous les poncifs sur l'immigration en France, l'auteur établit une hiérarchie d'intégrabilité à la nation française en plaçant au sommet les Asiatiques, suivis des Maghrébins et, au bas de la pyramide, les Africains noirs.

d'autonomie des Arabes de France. Aussi, faudrait-il voir dans la revendication du droit à la différence une volonté des « juifs de SOS Racisme » de préserver leurs intérêts particularistes et dans le thème du droit à l'indifférence, le projet de France Plus de « kabyliser » l'immigration maghrébine, pour mieux occulter ses racines arabo-musulmanes :

> « En fait, tous ceux qui se sont servis de ça (SOS Racisme et France Plus), ils cherchaient trois buts. Premièrement, combattre le Front national pour empêcher le débat démocratique. Ça consiste à monter les jeunes contre des Français. Deuxièmement, les utiliser pour améliorer les relations avec les pays d'origine... Troisièmement, les utiliser pour ce qu'on appelle le " rapprochement judéo-arabe ". Pour terminer, nous pouvons dire qu'ils sont tombés dans un piège. France Plus et SOS Racisme ont fait un tort énorme à l'image de l'immigration en France. Ils sont entrés dans une espèce d'outrance des revendications qui ont fait très mal à l'immigration. » (Mustapha Y., journaliste et membre fondateur d'Arabisme et francité, 1993.)

Une telle lecture de l'évolution des organisations beurs, aussi caricaturale qu'elle puisse paraître, n'est finalement pas très éloignée de la critique philosophique et scientifique des effets pervers de l'antiracisme médiatique [1]. Ils développent des conclusions comparables, en ce qui concerne les excès liés à la diabolisation du Front national : celle-ci aurait accrédité l'idée manichéenne d'une coupure irrémédiable entre une France moyenne raciste et chauvine et une France tolérante, cosmopolite et ouverte sur le monde.

En revanche, les énonciateurs de ces thèses se séparent totalement sur les remèdes à apporter. Tandis que P.-A. Taguieff prône le retour à une forme d'universalisme kantien et Paul Yonnet en appelle à la réhabilitation du roman national, les associations racialistes revendiquent un droit absolu des communautés à se protéger et à préserver leur pureté originelle.

---

1. Cf. Pierre-André Taguieff, *La force du préjugé...*, *op. cit.*, 644 p. et Paul Yonnet, *Voyage au centre du malaise français. L'antiracisme et le roman national*, Paris, Gallimard, 1993, 303 p.

LA FIN D'UN TABOU
DIALOGUER AVEC L'EXTRÊME DROITE

Face au multiculturalisme officiel promu par les gouvernements français depuis le milieu des années soixante-dix (politique des Langues et cultures d'origine sous V. Giscard d'Estaing), certains groupes minoritaires tentent d'opposer aujourd'hui un communautarisme contestataire. À l'instar du populisme, ils se nourrissent du sentiment d'abandon touchant certaines franges de la population française, de la haine des élites au pouvoir et développent une rhétorique résolument anticlassiste ou plutôt a-classiste (la communauté d'abord !) : « De larges secteurs, tout en étant dominés, sont aussi profondément marginalisés et agissent plus en termes d'" êtres communautaires " que d'acteurs de classe [1].» Contrairement à une idée reçue, ce communautarisme ne revêt pas exclusivement la forme d'une contestation religieuse (l'islamisme), mais est porté par une nouvelle génération d'élites laïques, issues majoritairement des organisations universalistes (partis de gauche, syndicats et associations de solidarité). Dépourvues de toutes références idéologiques précises, elles prônent une mobilisation politique de type « communautaire », en accord avec les grands principes de la citoyenneté.

En effet, les années quatre-vingt-dix ont été marquées par la montée, au sein de l'associationnisme maghrébin de France, de thèses populistes et antisocialistes, y compris chez les anciens leaders formés par la gauche. Ce glissement s'est traduit de multiples façons : décision de ne pas renouveler leur adhésion au Parti socialiste, critique de la politique multiculturelle des années quatre-vingt, rapprochement avec les organisations de droite (RPR-UDF) ou les courants nationalistes de la gauche (Mouvement des citoyens de J.-P. Chevènement). Les itinéraires politiques de dirigeants associatifs tels qu'Arezki Dahmani (président de France Plus) ou Rachid Kaci (Democracia), passés en quelques années de la mouvance socialiste aux cercles des fidèles de Charles Pasqua, sont loin de constituer des exceptions. Nous avons pu relever des évolutions semblables chez des élus municipaux d'origine maghrébine ou des dirigeants d'associations

---

1. François Dubet, « Défendre son identité », *Esprit*, mars 1981, p. 82.

locales. Leur antisocialisme s'enracine dans une vision globale de la société française et ne se réduit pas à un pur opportunisme politique. Il présente de nombreux éléments de convergence avec le populisme de certains mouvements d'extrême droite. Les leaders des organisations racialistes développent une vision du jeu politique français en termes de lobbies et de corruption au plus haut niveau de l'État. Ils dénoncent ainsi l'influence croissante du « lobby juif » dans les sphères économique, politique et médiatique et véhiculent un antisionisme viscéral débouchant parfois sur une forme d'antisémitisme : « Ce sont les juifs qui font la politique étrangère de la France et qui sont derrière la plupart des associations antiracistes [1]. »

Un des éléments de rupture introduit par les associations racialistes est de briser le tabou du dialogue avec le Front national. Cette tendance n'est ni nouvelle, ni exceptionnelle. Nous l'avions déjà repéré chez certains élus locaux issus de l'immigration pour qui « le Front national est un parti comme les autres. La meilleure preuve d'intégration, c'est qu'un Maghrébin soit un jour candidat sur une liste du FN [2] ».

Cette volonté de « normaliser » l'image du Front national débouche sur un projet politique : le dialogue avec l'extrême droite consacrerait la réconciliation des différentes communautés de France autour de l'idéal national et s'opposerait ainsi à ceux qui, à l'instar de SOS Racisme et de France Plus, contribuent à perpétuer un esprit de discorde au sein du corps social. Le projet des associations racialistes de dialoguer avec l'extrême droite repose fondamentalement sur un mythe d'unité et de réconciliation dans le cadre d'une France perçue essentiellement communautaire :

« Nous, on a dit : " On va les réconcilier (les Français et les Arabes), quitte à discuter avec les gens du Front national. " Et pourquoi pas ? Ils sont quand même quatre millions qui votent. Donc, on n'a pas

---

1. À l'occasion de la venue de Harlem Désir à l'Université des sciences sociales de Grenoble en 1989, des individus avaient écrit sur un mur le slogan suivant : « *SOS Racisme = SOS Sionisme* ». Source visuelle V. Geisser.
2. Ce type d'affirmation n'est pas rare. Un ancien dirigeant de France Plus déclarait ainsi : « Le Front national, nous (les Maghrébins) n'avons rien à craindre. Les vrais ennemis pour le FN, ce sont les juifs, pas nous ! » Propos recueillis par Schérazade Kelfaoui, Centre de recherches et d'analyses géopolitiques de l'Université Paris-VIII.

peur d'aller discuter avec les gens du Front national, si SOS Racisme dit : " non, il faut empêcher Bruno Mégret de tenir meeting ! " Il y a là l'idée de réconciliation... Il y a un relais culturel dans les deux sens, renvoyer chacun à ses origines et il y a une volonté de réconcilier les deux.» (Mustapha Y., 1993.)

Au-delà de leur discours anti-immigrationniste et de leur dénonciation de la mixité culturelle, les leaders racialistes partagent un certain anti-américanisme, comparable à celui du Parti communiste, du Mouvement des citoyens ou du « Combat» pour les valeurs de Philippe de Villiers.

Mais, contrairement à ces forces politiques, leur anti-américanisme s'articule de façon paradoxale à une vision apologétique du modèle communautaire anglo-américain. Stigmatisées en tant que menaces pour la cohésion nationale française (le danger du rap, des Mac Donald et de l'impérialisme culturel), les sociétés américaine et britannique se trouvent valorisées pour la liberté qu'elles accordent aux minorités ethniques :

« Il y a une volonté en France d'empêcher l'émancipation de la communauté arabe. Par rapport à la réussite de la communauté indopakistanaise en Angleterre, par rapport à la réussite même des Noirs aux États-Unis, il y a une volonté d'empêcher une émancipation de la communauté arabe. Les Chinois, ils ont créé l'année dernière une banque coopérative ; les catholiques, ils ont leurs écoles privées ; les juifs, ils ont leurs propres écoles qui ferment quand ils veulent... Vous vous imaginez demain si les musulmans créent une école.» (Mustapha Y., 1993.)

Il s'agit bien sûr d'une représentation totalement fantasmatique des sociétés anglo-américaines, n'entretenant qu'un lointain rapport avec les réalités. Néanmoins, ce type de comparatisme spontané est aujourd'hui très présent chez les acteurs politiques issus de l'immigration maghrébine, qui sont de plus en plus nombreux à louer les vertus d'un modèle d'intégration combinant la liberté de l'individu au maintien des solidarités communautaires.

Il serait bien sûr réducteur d'interpréter le succès actuel des associations maghrébines à idéologie racialiste comme une simple manipulation de l'extrême droite française, à l'instar de l'activisme du Front national dans les milieux rapatriés d'Afrique du Nord. Le mouvement paraît plus profond et

plonge directement ses racines dans la crise de confiance qui
frappe l'antiracisme médiatique. Le message dont elles sont porteuses est révélateur des bouleversements idéologiques qui
touchent l'ensemble de la société française (influence croissante
des thématiques national-populistes), mais aussi l'associationnisme maghrébin, marqué par l'émergence d'un discours revi-
valiste sur la pureté des origines, aussi bien chez les élites ber-
bérophones (Kabyles, Rifains et Chaouis), que chez celles
d'origine arabe.

CHAPITRE 10

LES ASSOCIATIONS
POUR LA CRÉATION D'ENTREPRISES

L'émergence, à la fin des années quatre-vingt, des associations pour la création d'entreprises s'inscrit dans la problématique de la formation d'une élite française d'origine maghrébine, tout en introduisant des éléments de rupture par rapport aux modes d'action passés [1]. Le thème de l'« intégration par l'économie », encouragé à grands coups de subventions par les gouvernements socialistes, peut être interprété comme une réponse à l'« échec » de l'associationnisme civique et culturel. Aussi, la mise en avant de réussites individuelles serait-elle susceptible de produire un effet d'entraînement communautaire : la promotion d'élites maghrébines à vocation économique (des « Bernard Tapie ethniques ») inciterait les nouvelles générations issues de l'immigration à rompre avec le cycle infernal de la « galère ».

Le thème de l'« intégration par l'économie » passe par un discours radicalement apolitique qui rompt, en apparence, avec les implications idéologiques et partisanes de l'associationnisme beur des années quatre-vingt. Il s'agit désormais de s'allier avec des figures exemplaires et valorisantes de la société française, en

---

1. Cf. également Abdelkader Belbahri, « La création d'entreprises par des jeunes issus de l'immigration », *Migrations Société*, 3 (18), novembre-décembre 1991, et Vincent Geisser, « Les associations franco-maghrébines pour la création d'entreprises : un modèle de rechange ? », *Migrations Société*, 5 (28-29), juillet-octobre 1993.

les choisissant, si possible, comme « parrains » et « soutiens » de l'organisation.

Toutefois, ces nouvelles associations pour la création d'entreprises ne sont pas exemptes de références à l'ethnicité maghrébine. Les atouts du communautarisme ne sont plus envisagés exclusivement d'un point de vue franco-français : l'arabité ou la maghrébinité des cadres de demain représenterait ainsi un avantage décisif pour la conquête de nouveaux marchés outre-Méditerranée.

LA FIN DU CIVISME ?

Les thèmes de l'exemplarité et des modèles communautaires ne sont pas propres à l'associationnisme entrepreneurial. Nous les avions déjà rencontrés dans le cadre des associations civiques et culturelles. Mais c'est la première fois qu'ils sont associés à une logique d'insertion sociale et de promotion professionnelle. Ils quittent, en quelque sorte, la sphère du civisme et du politique pour s'inscrire dans l'économie et le monde de l'entreprise.

Dans l'énonciation de leurs motivations et de leurs objectifs d'organisation, les dirigeants d'associations entrepreneuriales [1] recourent à un constat identique : le mouvement associatif issu de l'immigration maghrébine aurait cantonné la jeunesse des banlieues dans un « ghetto économique et culturel », sans lui donner les moyens de s'en sortir individuellement. De ce constat, ils tirent une conclusion commune : les pouvoirs publics doivent réorienter leur système de subventions vers des objectifs qu'ils jugent plus pragmatiques et mieux adaptés à la situation des « jeunes en galère » :

« Notre association a été créée à partir d'un constat qui était très simple... Ce constat est que la question de l'emploi était très mal abordée, voire pas du tout abordée, notamment pour les jeunes issus

---

1. Notre enquête a porté principalement sur trois organisations : la Fondation « 3 CI » implantée dans plusieurs régions (Ile-de-France, Rhône-Alpes, PACA...), Marseille-Ecosmopole et l'Association des cadres d'origine maghrébine d'Europe (ACADOME).

de l'immigration. Tout ce qui était proposé, c'étaient des actions en matière sociale ou en matière culturelle, sans véritablement se pencher sur cette question de l'emploi qui représente pourtant quelque chose de très important.» (Tahar R., direction de la fondation «3 CI», 1992.)

Cette conception de l'associationnisme comme «tremplin à l'emploi» produit une implication directe sur leur fonctionnement interne : l'association n'est plus définie comme une réunion d'individus autour d'un projet collectif mais davantage comme un cabinet conseil ou une agence d'expertise, l'adhésion devenant purement instrumentale :

«Il n'y a pas vraiment d'adhérents. Il y a un millier de souscripteurs en gros. Les adhérents, en fait, ce sont les créateurs d'entreprises. L'adhésion est de 250 F. Elle représente l'adhésion à un concept et ça permet à l'adhérent de recevoir *La lettre de l'association*. Depuis le début, nous avons participé à environ 373 créations d'entreprises.» (Tahar R., 1992.)

Les réunions d'adhérents et les assemblées générales sont rarissimes, pour ne pas dire inexistantes. Les actions et les objectifs annuels sont déterminés par le directeur de l'association, assisté de son secrétariat [1]. L'essentiel de son activité associative réside dans la prospection de nouveaux «parrains», susceptibles d'apporter des financements publics ou privés :

«Quand on n'est pas très connu, il est plus difficile d'obtenir des subventions. Il est toujours important d'indiquer ce que nous faisons. L'«aspect média» est très important, surtout pour les personnes qui n'ont pas connaissance de ce qui existe. Il faut faire connaître ce que l'on fait, autant aux créateurs potentiels qu'aux institutions et autres.» (Tahar R., 1992.)

Les réseaux de parrainage sont plus ou moins étendus selon les organisations [2]. La recherche de financements s'apparente, à

---

1. Il n'existe pas toujours de directeur. Cette fonction est alors remplie par un président qui, sans être rétribué officiellement, consacre la plus grande partie de son temps à son organisation.
2. Par exemple, la Fondation «3 CI» a réussi à regrouper dans son comité de parrainage des personnalités d'horizons politiques divers, comme Bernard Stasi, Jacques Chaban-Delmas, Gaston Defferre ou Jean-Pierre Cot.

certains égards, aux méthodes adoptées par les partis politiques français. Ce n'est d'ailleurs pas un hasard si les dirigeants de ce nouveau type associatif sont davantage issus de la classe politique locale que du monde des affaires. En effet, les promoteurs maghrébins de la problématique de l'intégration par l'économie sont généralement des anciennes élites socioculturelles ou politiques reconverties récemment dans l'associationnisme entrepreneurial.

ARABITÉ SYMBOLIQUE
ET MÉDIATION ÉCONOMIQUE

À l'instar de nombreuses élites françaises d'origine maghrébine, les dirigeants d'associations pour la création d'entreprises véhiculent une vision communautariste de la société française :

« La société française en général et le bassin d'emploi de l'agglomération marseillaise en particulier sont concernés par le problème de l'intégration des diverses ethnies ou communautés minoritaires qui les composent [1]. »

S'exprime ici une volonté des acteurs de retourner leur ethnicité dans le sens d'une maximisation des avantages. La « maghrébinité » que leur renvoie la population française « de souche » est pleinement assumée, pour être finalement transformée comme vecteur de promotion économique et sociale. À travers des thématiques telles que la « biculture » ou la « double appartenance », nous voyons émerger des projets qui dépassent le cadre étroit de l'État-nation, ces élites défendant l'utopie d'un espace euro-méditerranéen, dans lequel elles joueraient à la fois le rôle d'entrepreneurs et de médiateurs :

« En effet, les Français d'origine arabe sont les seuls réellement capables d'effectuer la pénétration commerciale difficile que représente

---

1. Extrait de la plaquette de présentation de l'association Marseille-Ecosmopole, 1992.

le monde arabe. Ils ne sont pas handicapés par les difficultés liées à la langue, à la religion et aux phénomènes culturels en général [1]. »

Nous ne polémiquerons pas sur les notions de biculture ou de double appartenance, dont nous avons montré précédemment qu'elles se fondaient sur l'idée illusoire qu'un individu pouvait se situer à égale distance de deux entités culturelles, procédant ainsi à une double substantialisation : celle de la « culture d'origine » et celle de la société d'accueil. Soulignons, en revanche, les limites d'une telle conception culturaliste faisant sens néanmoins pour certaines catégories d'acteurs associatifs et politiques issus de l'immigration maghrébine.

Les nouvelles générations sont souvent ignorantes des fondements culturels des pays du Maghreb et *a fortiori* de ceux du Machreck, dont elles ne pratiquent ni la langue ni l'écriture. Leur relation avec les pays d'origine reste, en grande partie, conflictuelle : conflit d'ordre privé, occasionné par un voyage familial (le fameux « retour au bled »), ou conflit d'ordre public par médias interposés (les retombées de la situation politique au Maghreb). Les élites françaises d'origine maghrébine portent généralement un regard moralisateur sur les sociétés arabo-musulmanes. Elles sont jugées à l'aune des modèles et des valeurs de la société française. L'idée d'une médiation euro-méditerrannéenne ou euro-maghrébine n'est certes pas dénuée de tout fondement, mais se heurte encore à une vision faite de clichés et d'*a priori*.

Par ailleurs, l'hypothèse d'une proximité « des structures mentales entre Arabes de France et Arabes de là-bas [2] » n'est pas sans rappeler le culturalisme des anthropologues coloniaux qui prétendaient tout comprendre de la mentalité de l'Autre, au nom d'une affinité et d'une proximité affectives. Certes, ces idées ne sont plus fondées aujourd'hui sur la foi dans la science et le progrès universel : elles sont consubstantielles, chez les élites maghrébines de France, à un sentiment d'échec et de frustration qui les pousse à réinvestir une arabité symbolique qu'ils avaient pourtant délaissée au cours de leur ascension sociale. Le ralentissement, voire l'arrêt de ce processus, les incite

---

1. Plaquette Marseille-Ecosmopole, 1992.
2. Déclaration de l'une des dirigeantes de l'association Marseille-Ecosmopole lors d'une réunion interne, juin 1992.

à chercher dans le domaine symbolique de nouvelles ressources d'autolégitimation : l'arabité reconstruite, vécue d'autant plus intensément qu'elle n'est pas donnée d'avance, devient une marque identitaire brandie à l'intention des pouvoirs publics et des entrepreneurs privés.

UNE POSITION APARTIDAIRE
DANS LE CHAMP POLITIQUE ?

L'apolitisme de façade ne représente pas une spécificité des organisations issues de l'immigration maghrébine. Il constitue l'une des principales caractéristiques du phénomène associatif en France. Cet apolitisme ne signifie nullement que les associations soient exclues du jeu politique ; bien au contraire, elles en sont fortement dépendantes : « Sous leurs formes douces ou acidulées, elles dessinent le contour d'une nouvelle culture politique qui, sous la bannière de l'apolitisme, exprime une position apartidaire et antipoliticienne largement partagée par tous les courants associatifs... L'apolitisme associatif se révèle ainsi tout à fait spécifique et paradoxal : les associations s'y révèlent partie prenante du jeu dont elles dénoncent les règles [1]. »

Ce phénomène se manifeste avec d'autant plus d'acuité dans l'immigration maghrébine de France que la majorité des organisations n'a pas de base sociologique : le militantisme y est inexistant, l'adhésion purement formelle, quand elle n'est pas l'objet d'une mystification statistique. Les associations maghrébines à vocation entrepreneuriale n'ont donc pas rompu avec cette logique, la portant même à un degré supérieur. Elles se drapent généralement dans un apolitisme radical :

« Il n'y a plus d'investissement du politique dans l'associatif. Est-ce le rôle des associations d'être dans la politique ? Moi, je ne crois pas ! Les associations ont un but d'intérêt général qui n'a rien à voir avec la politique. Certes, il y a des associations à caractère politique, c'est un choix qu'elles ont fait, mais un centre social n'a pas à s'in-

---

1. Dominique Mehl, « Culture et actions associatives », *Sociologie du travail*, 1, 1982, p. 27.

vestir dans la politique, à choisir un camp nouveau.» (Tahar R.,
directeur de la Fondation « 3-CI », 1992.)

Cette conversion récente à l'apolitisme de façade a produit
trois effets majeurs dans leur relation aux partis politiques français. Le premier se traduit par un renforcement de leur rhétorique antibureaucratique, qui revêt parfois des accents populistes :

« Moi, ce que je reproche, c'est que les élus quels qu'ils soient ne
s'investissent pas dans les quartiers, à part le Front national... C'est
pour ça qu'il y a une désaffection du politique par rapport aux associations.» (Tahar R., 1992.)

Le deuxième effet est perceptible dans le choix des alliés qui
ne se limite plus simplement à un parti, à un courant ou à une
tendance politique. Les responsables d'associations entrepreneuriales sont souvent des leaders multipositionnels : ils multi-
plient leurs adhésions et leurs « prises de contrôle », selon une
logique de diversification des secteurs d'influence politique
(partis et clubs), culturelle (radio communautaire, association
interculturelle...) et économique (*ethnic business*).

Par ailleurs, leur glissement, en quelques années, vers une
rhétorique antipoliticienne s'accompagne d'une diversification
et d'une multiplication des soutiens politiques. Leurs relations
avec les hommes politiques ne sont pas complètement niées
mais euphémisées sous le terme de « techniciens », ce qui peut
paraître paradoxal quand on sait que ces mêmes leaders dénoncent précisément l'incapacité des politiques à gérer les problèmes des jeunes des cités populaires.

Enfin, l'apolitisme associatif dans l'immigration maghrébine
a favorisé l'émergence d'une logique « attrape-tout », mêlée à
une certaine dose de communautarisme. Les organisations entrepreneuriales sont contraintes d'avancer à l'intention des pouvoirs publics un quota minimal d'adhérents ethniques, si elles
veulent espérer un renouvellement de leurs subventions. L'apologie du *self made man* et de l'esprit d'entreprise se trouve ainsi
combinée à l'affirmation d'une ethnicité symbolique.

Nées de la crise des organisations culturelles et civiques, les
associations pour la création d'entreprises se prétendaient por-

teuses d'un modèle alternatif, susceptible de favoriser l'intégration économique des nouvelles générations issues de l'immigration maghrébine. Ce projet de rupture avec les logiques
assistantielles n'est pourtant pas exempt de contradictions. Dans
la majorité des cas, leurs promoteurs n'ont aucune expérience
du monde de l'entreprise. Engagés au début des années quatre-
vingt dans l'associationnisme beur, ils font figure de profanes
dans le champ économique. Leur connaissance des principes du
management et des circuits économiques nationaux ou internationaux est souvent rudimentaire. De plus, alors qu'ils van-
tent les bienfaits de l'initiative privée et individuelle pour sortir
les jeunes de la galère, les dirigeants d'associations entrepreneuriales vivent de subventions publiques. En effet, leurs
actions ne fonctionnent qu'avec l'aide de l'État, des collectivités
locales ou des organismes spécialisés tels que le Fonds d'action
sociale (FAS).

Mais ces contradictions ne sont pas propres à l'associationnisme maghrébin. Il convient de les resituer dans le contexte
de l'époque, où la gauche socialiste accomplit son virage à 180
degrés, en se convertissant aux « vertus » du néolibéralisme et
de l'entreprise privée. Instrumentalisant des figures médiatiques
comme Bernard Tapie, Paul-Loup Sulitzer ou Alain Minc, elle
entendait promouvoir des « modèles de réussite » pour l'ensemble des jeunes Français confrontés au chômage et aux difficultés d'insertion professionnelle. En ce sens, les associations
maghrébines n'ont fait que reprendre à leur compte un *credo*
commun à de nombreuses personnalités de la gauche française
et qui débouchera, quelques années plus tard, sur de profondes
désillusions.

CHAPITRE 11

ETHNICITÉ ET IDÉAL RÉPUBLICAIN

Le 18 janvier 1991, soit deux jours après le déclenchement de la guerre du Golfe, le Premier ministre, Michel Rocard, reçoit à Matignon « une délégation composée d'intellectuels arabes et juifs et de jeunes beurs [1] ». Au-delà de ce geste hautement symbolique, se dégage toute une conception de la société française, comme assemblage de minorités et du rôle des élites communautaires dans le maintien de la cohésion nationale. En tant qu'intellectuels, issus de communautés particularistes, ces acteurs sont considérés comme aptes à engendrer des médiations et à apporter des solutions à la crise. C'est donc bien leur statut d'intellectuels ethniques qui est sollicité ici par les pouvoirs publics français. Toutefois, le processus actuel d'ethnicisation du politique n'est pas univoque. Il entraîne un brouillage des codes identitaires dont l'ethnicité et l'étrangeté constituent, en définitive, les seuls éléments d'unité dans la représentation de la crise. « Intellectuels arabes », « intellectuels juifs » et « jeunes beurs » possèdent en commun d'appartenir à des ethnicités périphériques à l'ethnie dominante (les Français « de souche »). Ils sont inclus dans la communauté nationale, sans vraiment y être, ce qui légitime

---

1. Nous reprenons ici les termes du communiqué officiel publié par Matignon. Cf. aussi le discours de François Mitterrand du 3 mars 1991 dans lequel il remercie les « communautés juive et musulmane ».

aux yeux des responsables politiques français de gauche comme de droite la problématique idéologique de l'intégration républicaine. En ce sens, le processus d'ethnicisation du politique en France est inséparable d'un processus de périphérisation des identités communautaires et ethniques.

UNE MISE EN SCÈNE OFFICIELLE
DU DIALOGUE INTERCOMMUNAUTAIRE

En tant que parti au pouvoir, au moment de la crise du Golfe le PS s'est voulu porteur d'un discours central de cohésion, censé ramener dans le giron de la communauté nationale des ethnicités potentiellement conflictuelles et sécessionnistes. L'idée de conflit intercommunautaire, telle qu'elle est véhiculée par le discours des leaders socialistes français, ne passe pas exclusivement par un axe centre-périphérie, mais opère un découpage au sein même de la périphérie entre périphérie arabo-musulmane et périphérie juive. On comprend dès lors la portée symbolique du thème du dialogue et plus particulièrement du dialogue judéo-arabe dont le PS fut l'un des plus ardents défenseurs en France :

« Le dialogue qui s'y est engagé, riche et authentique, a éclairé la nécessité d'œuvrer ensemble afin que le conflit dans le Golfe ne puisse être transposé sur notre territoire... Les motifs d'inquiétude existent, les raisons d'espérer sont réelles. La situation d'une France riche de diversité permet, dans une période de conflit, que se poursuive et avance le dialogue judéo-arabe. Ce dialogue, le Parti socialiste le poursuivra en ouvrant largement sa porte chaque semaine à toutes les associations qui s'interrogent et souhaitent exprimer leur sentiment [1]. » (Communiqué de Pierre Mauroy, Premier secrétaire du Parti socialiste, janvier 1991.)

Dans une telle représentation, le conflit est doté d'un statut symbolique ambigu : il est à la fois menaçant pour la cohésion sociale et générateur de rapprochement entre les différentes composantes de la communauté nationale.

---

1. *PS Info*, janvier 1991.

Si, au premier degré, le thème du conflit renvoie à une vision catastrophiste de la cohésion nationale, il est aussi facteur de clarification identitaire, dans la mesure où il contribue à conforter une lecture originale du corps social en termes communautaires. Il participe, à sa façon, à la définition d'un nouvel idéal national et républicain. La contradiction apparente existant dans la cooccurrence entre le thème du dialogue et celui de la balkanisation n'est que la manifestation discursive d'un décodage de la réalité sociale qui tend aujourd'hui à s'imposer chez les décideurs politiques. On nie officiellement la présence de communautés particularistes sur le territoire français, tout en faisant appel à elles pour décrypter et résoudre les crises internes. La gestion actuelle de la « crise corse » par la majorité RPR-UDF répond à une logique quasi identique. La dialectique de la Différence et de l'Unité débouche sur une *praxis* politique, celle de la négociation permanente *entre* et *avec* les composantes particularistes de la communauté nationale, négociation dont le Parti socialiste, par l'intermédiaire de ses cadres et de ses élus, entend être à la fois l'initiateur et l'arbitre. Cette position a été clairement exprimée par un maire socialiste devant le comité directeur du 2 février 1991 :

« Je voudrais ajouter un mot en tant que maire d'une commune où 25 % de la population est d'origine maghrébine, comme la moitié des militants de la section socialiste. J'ai passé mon après-midi d'hier à aller voir les commerçants maghrébins dans certains quartiers, j'ai vu la communauté juive... Il faut que des initiatives soient prises dans tous les domaines pour expliquer la politique du Parti socialiste sur le terrain, et bien entendu, en tenant le même discours à tous et en évitant de créer un conglomérat de communautés philosophiques et religieuses [1]. » (Gilles Catoire, comité directeur, février 1991.)

« Tenir à tous le même discours » fait référence à un discours central de cohésion, assumé et revendiqué par les cadres du Parti socialiste et prenant corps idéologiquement dans la croyance commune en un modèle français d'intégration.

---

1. *PS Info*, février 1991.

CRISE ET CÉLÉBRATION
DU « MODÈLE RÉPUBLICAIN FRANÇAIS »

Dans le discours des leaders socialistes français, l'intégration ne renvoie ni à un processus, ni même à un état social, mais d'abord à un modèle actualisé par des politiques publiques. L'intégration serait une immense machine à fabriquer de la cohésion nationale, ordonnant et organisant la différence, conformément aux valeurs centrales qu'incarne l'idéal républicain. Le discours sur l'intégration est un discours de la mise en forme de la conformité de la différence – non de son abolition – et ses énonciateurs légitimes (les responsables politiques) prétendent s'ériger en gestionnaires de la cohésion nationale et indirectement en gestionnaires des ethnicités. La différence n'est plus niée, comme sous la Troisième République, mais désormais enserrée dans une représentation polycommunautaire de la société nationale, et exerce à ce titre une certaine contrainte sociale. L'apologie du « modèle républicain » passe donc par une lutte pour l'agencement permanent des ethnicités au sein de l'ensemble statonational :

« Mais attention. Les Juifs, d'un côté, les beurs de l'autre... comme si, avec bien sûr leur sensibilité, ils n'étaient pas les uns et les autres membres de la communauté nationale, dont il ne faut réserver la représentation [...]. Favorisons le dialogue, agissons pour l'intégration mais de grâce n'encourageons pas le retour en arrière vers une France conçue et vécue comme une sorte d'addition de communautés [1]. »
(Laurent Fabius, comité directeur, février 1991.)

Cette crainte du « retour en arrière », évoquée par l'ancien Premier ministre, Laurent Fabius, renvoie à la France de l'Ancien Régime, dans laquelle les diverses communautés n'étaient censées être rattachées à aucun élément central, assurant la cohésion nationale. Dans cette conception, l'assimilation-intégration, « fille de la modernité révolutionnaire et républicaine », ne constitue pas la négation des identités communautaires, mais sa réappropriation symbolique dans un nouvel idéal fusionnel. Telle qu'elle se profile dans le discours des responsables socialistes français, la problématique de l'intégration est l'expression

_____

1. *Ibid.*

d'un certain volontarisme politique qui se greffe sur une vision conservatrice de l'immuabilité et de la supériorité dudit « modèle républicain », renvoyant implicitement les modèles étrangers (Allemagne, Grande-Bretagne et États-Unis) aux risques permanents de fragmentation sociale et communautaire. Ainsi, d'une stigmatisation des effets supposés d'une crise (la guerre du Golfe), on parvient à un discours d'autosatisfaction sur les vertus salvatrices d'un modèle républicain, susceptible d'être unique dans la capacité à assurer l'équilibre entre l'idéal unitaire et le respect des identités communautaires.

À bien des égards, les discours politiques et médiatiques sur l'intégration ressemblent à des plaidoyers *pro domo*, aux connotations chauvines et nationalistes, qui rencontrent d'ailleurs un certain écho dans la littérature sociologique [1]. Comment ne pas établir une relation entre la célébration sociologique du modèle français d'intégration et son panégyrique politique véhiculé par les acteurs partisans et associatifs ?

LES ÉLITES MAGHRÉBINES : DES PACIFICATEURS SOCIAUX ?

La crise du Golfe a contribué à réactiver des tensions et des clivages au sein du Parti socialiste et des instances gouvernementales [2] qui ne sont pas sans rapport avec ceux qui se sont développés dans l'associationnisme maghrébin en France. En relançant la lutte pour le contrôle de la parole légitime sur le marché symbolique de l'immigration-intégration, la guerre du Golfe, loin de favoriser une clarification des positionnements, s'est traduite par un brouillage des « cartes identitaires », ren-

---

1. Cf. Dominique Schnapper, *La France de l'intégration : sociologie de la nation en 1990*, Paris, Gallimard, 1991, et du même auteur, *La communauté de citoyens : sur l'idée moderne de nation*, Paris, Gallimard, 1994.
2. Le 29 janvier 1991, Jean-Pierre Chevènement démissionne de son poste de ministre de la Défense, suite à une campagne au sein de l'opposition et de la majorité présidentielle dénonçant son absence de conviction quant au bien-fondé de l'engagement militaire de la France dans le Golfe. Par ailleurs, plusieurs leaders socialistes proches de J.-P. Chevènement quitteront le courant « Socialisme et République » pour protester contre ses positions pro-irakiennes.

dant encore plus complexe l'analyse des discours et des stratégies des acteurs collectifs d'origine maghrébine.

Le conflit médiatique entre France Plus et SOS Racisme : ethniser le discours républicain universaliser le discours communautaire

Les deux principales associations médiatiques de la mouvance
beur se sont livrées tout au long de la crise du Golfe (août 1990-
mars 1991) à une guerre des communiqués, dont l'enjeu majeur
était le bien-fondé de la participation des Français d'origine aux
manifestations dites « pacifistes ». À ce niveau, la crise a révélé
l'opposition entre les deux stratégies associatives et leur conception antagoniste de l'intégration des beurs à la nation française.
Influencé par des valeurs héritées du tiers-mondisme et de
l'antiracisme militant, SOS Racisme s'est clairement démarqué
des positions officielles du gouvernement et du Parti socialiste,
dénonçant l'adhésion aveugle à la « logique de guerre » et le
traitement policier touchant les minorités issues de l'immigration. Fortement liés à la Nouvelle école socialiste de Julien
Dray, les responsables locaux de l'association, grâce aux « Mai-
sons des potes » implantées dans les cités parisiennes, ont
encouragé des manifestations publiques auxquelles ont pris part
des jeunes issus de l'immigration maghrébine, accréditant ainsi
chez certains parrains du mouvement antiraciste (Pierre Bergé,
Bernard-Henri Lévy, Georges-Marc Benamou, Guy Konopnicki...) l'idée d'une dérive « munichoise » et « pro-arabe » de
l'organisation.
Prenant le contre-pied de SOS Racisme, l'association France
Plus a dénoncé le caractère « subversif » des discours pacifistes
et s'est attachée à mettre en valeur sa fonction symbolique
d'accompagnement des pouvoirs publics dans la gestion de la
crise. En se présentant comme les ultimes défenseurs du
« modèle d'intégration républicaine », les dirigeants de France
Plus ont cherché à discréditer l'image multiculturelle de SOS
Racisme, synonyme à leurs yeux de tendances sécessionnistes et
antipatriotes. Mais cette dénonciation n'est pertinente sur le
plan politique que si elle est associée à une autovalorisation de
son rôle de pacificateur des banlieues françaises. Se dégage ainsi

la représentation fantasmatique d'une maîtrise possible de l'immigration maghrébine et de ses éventuels dérapages, mise en opposition avec l'action « pernicieuse » de SOS Racisme, censé faire le lit des extrémismes et des fondamentalismes :

« Au moment où les efforts d'intégration commencent à porter leurs fruits ; au moment où on constate une évolution vers une coexistence positive entre communautés... la crise du Golfe risque de remettre en cause tous les efforts consentis de part et d'autre pour une intégration réussie. Face aux événements graves et tragiques auxquels sont confrontées la France et la Communauté internationale, le comité de France Plus lance un appel solennel à la Communauté musulmane et à tous les citoyens français d'origine maghrébine de ne participer à aucune manifestation publique, quelle qu'en soit la nature [1]. » (Communiqué de France Plus, janvier 1991.)

Nous comprenons mieux dès lors la signification de la démarche adoptée par France Plus pendant la crise du Golfe : l'appel lancé aux jeunes issus de l'immigration maghrébine de ne participer à aucune manifestation publique est vécu comme un accomplissement « naturel » de sa fonction de protection et d'éducation des « masses immigrées ». L'élite maghrébine, définie par sa double filiation sociale et ethnique, fonde la légitimité de son intervention, en entretenant l'illusion auprès des pouvoirs publics de prévenir les membres de « sa » communauté de leurs pulsions autodestructrices.

Le dialogue judéo-arabe :
un recours à l'ethnicité « politiquement correcte »

Au moment de la crise du Golfe, ont été organisées un peu partout en France des rencontres sur le thème du dialogue judéo-arabe, à l'initiative de dirigeants associatifs et d'intellectuels, se prévalant d'une certaine représentativité communautaire. À Marseille, par exemple, la problématique du rapprochement entre juifs et Arabes de France a même connu

---

1. Rédigé par le bureau national de France Plus, ce communiqué a été envoyé aux élus locaux d'origine maghrébine afin qu'il soit lu en séance publique du conseil municipal. Sources : documentation V. Geisser.

un début d'institutionnalisation, sous la forme d'un « conseil des communautés », présidé par le maire [1].

Comment expliquer cet engouement actuel pour un thème qui, certes, n'est pas nouveau dans le champ politique, mais connaît, notamment depuis la guerre du Golfe et les « accords Arafat-Rabin », une certaine réactivation ? Trois types d'explication non exclusifs l'un de l'autre peuvent être avancés.

Le succès actuel du thème du dialogue judéo-arabe est d'abord consécutif à l'évolution du regard que porte la majorité sur ses minorités périphériques. Il fait partie intégrante du discours central de cohésion et fonctionne comme une sorte d'exorcisme aux fantasmes de balkanisation et de division du corps social. Le discours insiste sur la conflictualité potentielle entre deux composantes particularistes de la communauté nationale (les juifs et les Arabes) pour mieux la prévenir et la canaliser dans un acte positif : le dialogue. Dans ce cadre, nous pouvons classer les initiatives du Parti socialiste et les différentes déclarations de François Mitterrand (1981-1995) sur la réconciliation des Français autour de l'idéal national.

Le thème du dialogue judéo-arabe constitue également une production des imaginaires croisés de deux communautés (juive et arabo-musulmane), se nourrissant aux sources du mythe de l'« Andalousie perdue ». Il s'agit certes d'une construction intellectuelle à la fois romantique et culturaliste. Elle trouve cependant une certaine traduction sociologique dans les prises de position et les stratégies déployées par les acteurs sociaux. Du côté des intellectuels juifs, le thème du dialogue judéo-arabe rencontre surtout un écho favorable dans le champ culturel, où s'exprime le désir de certains acteurs de se réapproprier leur culture sépharade (juifs d'Afrique du Nord) et de faire de leur passé familial au Maghreb un support d'affirmation identitaire. Cette volonté de démarcation s'affirme autant vis-à-vis des Français « de souche » que des juifs askhénazes d'origine euro-

---

1. Il s'agit de « Marseille-Espérance » qui édite chaque année un calendrier intercommunautaire préfacé par le maire : « Fidèle à son histoire et à sa vocation, Marseille, riche aussi de ses différentes communautés, est de nouveau fière d'offrir ce symbole, unique en son genre dans notre pays, de tolérance et d'ouverture [...]. Ce troisième calendrier intercommunautaire procède de la volonté de mieux faire connaître et de rassembler et dans une même unité chrétiens, juifs, musulmans et bouddhistes. » (Marseille-Espérance, édition 1994.)

péenne. Du côté des intellectuels arabo-musulmans, le phénomène est circonscrit à l'élite associative et politique. Il semble d'ailleurs que le dialogue judéo-arabe soit davantage porté par des intellectuels exilés (immigration politique) que par ceux issus de l'immigration économique.

Intervient ici un troisième facteur d'explication : le dialogue judéo-arabe comme enjeu interne aux espaces communautaires. Vu de l'espace franco-maghrébin, cette problématique culturaliste paraît être l'émanation d'une élite qui y trouve une source d'innovation par rapport aux mobilisations associatives passées. Elle s'inscrit délibérément dans une stratégie élitaire. On peut situer les initiatives lancées par France Plus pendant la guerre du Golfe dans ce cas de figure : instrumentaliser le dialogue judéo-arabe pour conforter son ascension politique et obtenir une reconnaissance auprès des pouvoirs publics. Il est l'expression d'une revendication de parité identitaire avec les élites juives de France, dont les élites arabo-musulmanes envient le statut symbolique valorisant (et valorisé) au sein de la société française.

Des conseillers municipaux d'origine maghrébine isolés et désemparés

Dès les débuts de la crise du Golfe (août-septembre 1990), certains élus d'origine maghrébine ont choisi de se retirer temporairement de la vie politique locale et même, parfois, de toute vie publique. Ce choix s'est manifesté concrètement par un refus de participer aux séances du conseil municipal et aux différentes activités liées à leur mandat électoral. Ce choix d'une neutralité politique temporaire doit être interprété moins comme la résultante d'une décision mûrement réfléchie que comme une réaction passionnelle aux risques de stigmatisation. En tant qu'élus d'origine maghrébine, ils se sentaient particulièrement exposés aux feux de la critique et à l'accusation de double allégeance. Toute déclaration contre la guerre aurait pu être interprétée comme un engagement *de facto* en faveur du régime de Saddam Hussein.

D'aucuns ont pourtant osé braver la neutralité ou le rôle de pacificateur social qu'entendaient leur faire jouer les pouvoirs publics, en prenant clairement position devant les conseils municipaux. L'analyse du contenu de leurs interventions publiques souligne la récurrence des thèmes du loyalisme républicain et de la fidélité des populations maghrébines à la Nation française, comme si ces élites cherchaient à faire taire les rumeurs concernant la présence en France d'une « cinquième colonne » et d'un « lobby pro-irakien » :

« Il y a un aspect de cette guerre que je n'ai pas abordé dans ma réflexion, c'est celui lié à la présence de 4 ou 5 millions de musulmans sur le territoire national [...]. Les journalistes avec une certaine complaisance, parfois « douteuse », ont réalisé des micro-trottoirs à Barbès ou ailleurs avec des pauvres gens peu au fait de la géopolitique. À partir de là, on fait frissonner la France profonde... Heureusement jusqu'à maintenant ceux qui aiment fantasmer sur la cinquième colonne en sont pour leur frais. En dehors des habituels excités, la communauté musulmane prêche la modération [1]. » (Hocine C., adjoint au maire de Villeurbanne, chargé des questions de sécurité.)

Les élus d'origine maghrébine vont ainsi œuvrer à normaliser au sein de leur municipalité l'image de la communauté musulmane et à dénoncer la politique de traitement à deux vitesses. Dans cet esprit, ils revendiqueront une parité identitaire avec la communauté juive de France qui aurait bénéficié d'une attention particulière des pouvoirs publics :

« Monsieur le Maire, vous avez demandé des mesures visant la protection de la communauté juive (il va de soi qu'elle est légitime). Il va de soi que les autres communautés l'ont interprété contre elles. Vous devez déclarer que ces mesures concerneront toutes les communautés [2]. » (Soraya R., conseillère municipale à Vénissieux, banlieue lyonnaise.)

Mais, d'une façon générale, les initiatives de ces élites sont restées isolées et surtout coupées des populations maghrébines. Les actions, destinées à l'origine à mobiliser les jeunes sur des thèmes tels que les rapports Nord-Sud, le nouvel ordre mondial ou la question palestinienne, se sont finalement transformées en

---

1. Extrait du texte manuscrit remis par l'auteur, mars 1991.
2. Déclaration devant le conseil municipal de Vénissieux, janvier 1991. Texte dactylographié remis par l'auteur.

réunion de professionnels. Cette incapacité des élus d'origine maghrébine à promouvoir des formes originales de mobilisation n'est pas seulement due à leur faible implantation dans les cités, mais aussi à la tension permanente entre l'idéal de citoyenneté que sous-tend une telle médiation, et le degré réel de « citoyennisation » des populations visées.

LA GUERRE DU GOLFE EN FRANCE : UN « LABORATOIRE D'ETHNICITÉS » ?

À travers la multiplicité des stratégies déployées, la crise du Golfe a mis en évidence la complexité du processus actuel d'ethnicisation. Si la raison principale de la compétition entre organisations est d'obtenir une reconnaissance étatique pour leur capacité à parler et à agir au nom des groupes particularistes, il semble, en revanche, que ce recours à l'ethnicité se fasse selon des modalités différentes. Le conflit médiatique entre France Plus (l'*outsider*) et SOS Racisme (l'*insider*) a permis d'apporter un éclairage nouveau. D'un côté, avec France Plus, on assiste à une tentative d'ethniciser les catégories traditionnelles du discours républicain. L'association se drape derrière une idéologie néoassimilationniste pour mieux faire valoir sa fonction de médiation ethnique auprès de l'État français. De l'autre, avec SOS Racisme, s'exprime une volonté d'universaliser le discours communautaire. Le thème de la coexistence harmonieuse entre minorités ethniques tend à s'imposer comme le mode de lecture universel des sociétés postindustrielles.

Par ailleurs, la crise du Golfe a mis à nu les contradictions relatives aux modes d'investiture et à la sélection politique de ces nouveaux élus issus de l'immigration maghrébine. La logique symbolique ne se suffit plus à elle-même, se retournant dans certains cas contre ses défenseurs : la « maghrébinité », principale ressource de leur légitimité, devient, le temps de la crise, un facteur de marginalisation dans le champ politique. Quant à la logique communautaire, elle se heurte à la situation d'impuissance de ces élites laïques, « victimes » de la concurrence des leaders religieux, souvent mieux implantés dans les collectivités maghrébines de France. Par une sorte d'ironie de l'histoire, les élus symboliques se sont retrouvés malgré eux dans un rôle de médiateurs communautaires ou de pompiers de service, tandis que ceux qui aspiraient à remplir une fonction de représentation de leur communauté ont souvent été écartés de toute décision et initiative par les pouvoirs publics. Ces observations tendent à prouver que le système politique français tolère l'expression d'une certaine ethnicité maghrébine, mais dans les limites qu'il entend fixer au gré des situations. Or, ces limites ne sont jamais clairement définies par les acteurs et font l'objet d'une négociation permanente. Légitimes à un moment donné de l'actualité, ces formes d'ethnicités peuvent être considérées ultérieurement comme de véritables menaces pour la cohésion nationale. En ce sens, la crise du Golfe a montré que l'ethnicité était moins le produit de revendications communautaires de base qu'une ressource négociée par les différents acteurs du champ politique.

CONCLUSION

UN LOBBY MAGHRÉBIN EN FRANCE ?

Le thème du *lobby* est devenu aujourd'hui récurrent dans le discours des nouvelles élites associatives et politiques issues de l'immigration maghrébine. Il est aussi très présent dans les propos de certaines élites juives qui cherchent ainsi à accréditer l'idée d'un « vote juif » dans l'Hexagone et à négocier une « place » dans le système politique français [1]. Toutefois, il reste obéré de préjugés négatifs chez la majorité des acteurs politiques, en raison notamment de son utilisation par la propagande d'extrême droite. Il évoque les courants racistes de l'entre-deux-guerres et l'idéologie antisémite du régime de Vichy. Dans l'esprit de nombreux intellectuels français contemporains, le terme même de *lobby* répond à une volonté d'exclure ou d'exterminer [2]. Ainsi, il serait moins l'expression d'une revendication minoritaire que la création diabolique d'un système politique génocidaire (l'État français de 1940 à 1944) ou d'un mouvement de pensée xénophobe (la théorie des « quatre États confédérés » de Charles Maurras).

Une telle interprétation occulte cependant le processus de réappropriation de la symbolique lobbyiste par les minorités

---

1. Sylvie Strudel, *Votes juifs. Itinéraires migratoires, religieux et politiques*, Paris, Presses de Sciences Po, 1996.
2. Cf. Pierre-André Taguieff, *La force du préjugé. Essai sur le racisme et ses doubles*, Paris, La Découverte, 1988.

elles-mêmes. Aujourd'hui, le lobby ne constitue plus exclusivement le produit du regard de la majorité sur l'Autre (conception sartrienne de l'identité) [1], mais appartient très largement à l'imaginaire social et politique des élites minoritaires. Dans les années soixante-dix, par exemple, le thème du *lobby* fut au centre des débats au sein du Conseil représentatif des institutions juives de France (CRIF), où certains dirigeants d'associations défendirent ouvertement l'hypothèse d'un « lobby juif » en France, susceptible de donner des consignes de vote et d'imposer les fêtes religieuses communautaires (Yom Kippour, Pessah...) comme jours fériés reconnus officiellement par la République française [2].

En définitive, aujourd'hui, l'imaginaire lobbyiste ne naît pas exclusivement d'une fantasmatique xénophobe qui se résumerait à un contrôle du pouvoir politico-médiatique par des minorités occultes. Il apparaît de plus en plus comme une revendication portée par les minorités culturelles et religieuses, associant une volonté de défense des intérêts du groupe (face protectrice) au projet d'instaurer un mode original de mobilité sociale (face stratégique). Sur ce plan, les élites associatives et politiques issues de l'immigration maghrébine ne se distinguent guère des autres minorités.

Au cours de notre réflexion, nous avons rarement utilisé la formule de « lobby maghrébin de France », non en raison de son caractère tabou, mais parce qu'elle nous semblait inapte à décrire la situation actuelle des collectivités maghrébines de l'Hexagone. Pourtant, nous n'avons jamais exclu l'hypothèse lobbyiste et nous nous sommes même demandé dans quelle mesure certaines organisations ne recouraient pas à une logique lobbyiste plus ou moins déguisée. Aussi n'est-il pas inutile de confronter les logiques de l'associationnisme maghrébin en France aux critères généraux de définition du lobby [3].

---

1. Jean-Paul Sartre, *Réflexions sur la question juive*, Paris, Gallimard, 1954.

2. Cf. Chantal Benayoun, « La question d'une politique juive aujourd'hui », dans Pierre Birnbaum (dir.), *Histoire politique des juifs de France*, Paris, Presses de Sciences Po, 1990, p. 258-277.

3. Selon notre acception, ces critères sont au nombre de trois : des intérêts communs et consciemment partagés par les acteurs communautaires ; une action clairement orientée en direction des pouvoirs publics en vue d'obtenir la satisfaction des demandes et des besoins émanant du groupe ; une orga-

Des intérêts communs et consciemment partagés
par les acteurs issus de la « communauté maghrébine »
de France ?

Notre recherche a mis en lumière la présence, chez les élites maghrébines de France, d'une conscience groupale qui s'exprime principalement sur le mode de la défiance. Elles éprouvent généralement un sentiment d'altérité à l'égard des autres élites politiques (juives, arméniennes, françaises « de souche », etc.) tout en dénonçant le manque de représentativité communautaire de leurs pairs : « Celui-là, il prétend représenter les Maghrébins et les musulmans mais, en réalité, il ne représente que lui-même [1]. » Ce type d'identification n'est finalement pas très éloigné du sentiment de la coappartenance tel que l'exprime Malek Chebel : « Le sentiment de la coappartenance comme ferment actif peut se greffer sur des supports variés qui, au demeurant, ne s'excluent pas les uns des autres [2]. » Cependant, la coappartenance ne débouche pas encore, chez les élites maghrébines de France, sur de véritables intérêts communs. Nous touchons là un des paradoxes de l'ethnicité à la française : elle se développe en marge des logiques classistes héritées du mouvement ouvrier sans parvenir pour autant à les contourner et à les transcender.

De ce constat, nous pouvons tirer l'une des principales conclusions de ce jeu de l'ethnicité dans le système politique français : l'ethnicisation du politique en France participe au déclin des formes de mobilisation fondées sur la solidarité de classe, mais reste impuissante à engendrer un modèle alternatif, crédible pour les acteurs minoritaires et les pouvoirs publics.

---

nisation suffisamment puissante pour maintenir une pression permanente et établir un rapport de force avec les institutions publiques ou privées.

1. Expression entendue dans la bouche de nombreuses élites politiques et associatives d'origine maghrébine.

2. Malek Chebel, *La formation de l'identité politique*, Paris, PUF, 1986, p. 80.

*Une action communautaire clairement orientée
en direction des pouvoirs publics ?*

Le deuxième critère de définition du lobby pose davantage problème dans la mesure où son action est censée revêtir un caractère souterrain, c'est-à-dire difficilement perceptible par l'observateur extérieur. Cette conception, très répandue chez les auteurs européens, se fonde sur une interprétation biaisée de la notion. Au contraire, le lobby se distingue de la mobilisation temporaire par sa capacité à maintenir une pression permanente sur les pouvoirs publics. Il repose, certes, sur un « système de couloirs », mais ces « couloirs » se situent généralement au sein de l'espace public (Parlement, administration, armée, médias, etc.). Le lobby se définit moins par la présence d'une « culture du secret » que par un mouvement consistant à rendre publics des enjeux qui, au départ, sont privés.

Avons-nous repéré un tel système de couloirs chez les élites maghrébines de France ? De l'étude des réseaux relationnels à l'échelon national, comme sur le plan local, nous avons dégagé différents types d'intervention auprès des pouvoirs publics. Il apparaît que ces interventions émanent généralement d'initiatives individuelles et qu'elles ne sont presque jamais relayées par des organisations. Dans la majorité des cas, elles visent à obtenir une gratification d'ordre personnel dépourvue de tout caractère collectif. Nous pouvons en tirer une seconde conclusion sur l'ethnicité à la française : l'échec actuel du lobbyisme dans l'immigration maghrébine est moins dû à l'état d'impuissance économique de ces populations qu'au fonctionnement particulier du système politique français qui privilégie la cooptation personnelle sur la promotion collective, et la résolution privée des conflits sur la négociation publique [1].

A contrario, le lobbyisme caractéristique du fonctionnement de la démocratie américaine apparaît comme une compensation à l'individualisme radical : on injecte une certaine dose de « collectif » dans des institutions qui ont pour principale référence l'individu comme valeur morale et sujet empirique.

---

1. Même si cela peut paraître contradictoire avec l'image d'une France où les questions religieuses et communautaires donnent lieu à des manifestions publiques. Mais cette image doit être nuancée au regard des centaines d'affaires qui trouvent une solution par la négociation privée et contractuelle.

Vers une organisation politique maghrébine à l'échelle nationale ?

La majorité des observateurs politiques s'accorde à constater l'état de division des communautés arabo-musulmanes de France et leur incapacité à se doter de structures représentatives à caractère religieux et laïc. Une des explications avancées est l'hétérogénéité culturelle, sociale et linguistique de ces populations. Cette thèse revêt parfois une connotation culturaliste : les Arabes seraient à l'image du monde arabo-musulman, divisés et empêtrés de leurs querelles intestines.

Outre son caractère réducteur, une telle affirmation établit une relation mécanique entre l'incapacité organisationnelle d'un groupe, son homogénéité socioculturelle et ses croyances communes. Le culturalisme rejoint ici l'objectivisme : on procède à un recensement méthodique des facteurs d'unité et de division pour justifier, dans la majorité des cas, l'allégation que les maghrébins de France sont incapables de s'auto-organiser et citer, en contre-exemple, la communauté juive. Un tel raisonnement ne permet pas de comprendre les raisons pour lesquelles les communautés juives de France parviennent à dépasser leurs clivages politiques, sociaux et culturels (ashkénazes/sépharades) et à se doter d'institutions nationales et représentatives. À cet égard, les juifs de France feraient plutôt figure d'exception : la célébration collective de la mémoire des morts (les victimes du génocide nazi) est liée intrinsèquement à la défense présente et future de la terre des « origines » (*Eretz Israël*). C'est ce lien original et inédit entre la mémoire et l'avenir « hors de France » qui fonde une sensibilité juive transcendant les clivages internes à la communauté. La *Shoah,* réactualisée dans l'impératif de survie de l'État d'Israël, entretient le sentiment minoritaire et crée une cohésion minimale entre les membres du groupe.

Cette réflexion comparative entre les communautés juives et les collectivités arabo-musulmanes de France nous conduit à souscrire au point de vue suivant : la puissance organisationnelle d'un groupe minoritaire repose moins sur son homogénéité socio-économique (unité de classe), sa religion (croyances et pratiques communes), sa culture, son adhésion à un système idéologique, que sur sa capacité à construire une « mémoire de minorité » puisant dans le passé (le culte des morts) et se projetant dans l'avenir (la défense de la terre originelle).

En revanche, la difficulté des collectivités arabo-musulmanes à se structurer à l'échelle nationale renvoie moins à des raisons objectives et institutionnelles qu'à l'absence d'une mémoire de minorité capable de se projeter dans le futur. Certes, au cours de notre réflexion, nous avons souligné les différentes initiatives des élites maghrébines de France pour réhabiliter la mémoire de leurs parents et construire une forme d'épopée migratoire. Mais, à la différence des juifs de France, cette épopée ne parvient pas encore à jeter les bases d'un avenir collectif. Ni la Palestine occupée, ni l'Irak humilié, ni même le racisme franco-français ne remplissent cette fonction symbolique. En tant qu'Arabes ou musulmans de France, on se sent solidaire de la cause palestinienne, du drame irakien ou des victimes des crimes racistes, mais on ne se confond presque jamais avec eux. L'identification communautaire s'arrête aux frontières de la compassion.

Islamité et citoyenneté : musulmans respectueux, électeurs responsables

Aux lendemains des mouvements collectifs animés par des jeunes issus de l'immigration maghrébine (1983-1985), deux scénarios furent élaborés à propos de leur devenir sociopolitique : l'intégration par le biais des partis politiques français ou le repli communautaire à forte connotation religieuse. Les sociologues ont coutume d'opposer la figure du jeune beur intégré à celle du délinquant tenté par les valeurs de l'islam radical. Aujourd'hui encore, on serait tenté d'interpréter l'activisme des associations de jeunes musulmans dans les quartiers déshérités, comme l'expression d'un refus de la citoyenneté et d'une défiance à l'égard du modèle républicain français. Or, l'observation fine des stratégies déployées par les organisations musulmanes françaises révèle une volonté commune d'inscrire leur combat pour le renouveau de la pensée islamique dans une démarche citoyenne. Il s'agit de vivre son islamité en harmonie avec la société française. Loin d'appeler leurs adhérents au repli communautaire, ces organisations les exhortent à réinvestir les valeurs civiques qui feront d'eux des musulmans respectueux et des électeurs responsables devant les urnes. On voit émerger ici une conception originale qui se manifeste par un désir des dirigeants islamiques issus des nouvelles générations d'être des partenaires de la socialisation des jeunes maghrébins de France et des acteurs centraux du passage au politique [1].

Simultanément, les élites laïques d'origine maghrébine (élus locaux et dirigeants associatifs), longtemps absentes sur le terrain religieux, s'investissent de plus en plus dans les associations et les fédérations musulmanes, revendiquant un droit de regard sur l'organisation du culte islamique et l'abattage rituel.

Ces itinéraires croisés d'élites maghrébines (du cultuel au politique et du politique au cultuel) favorisent une nouvelle dynamique institutionnelle qui pourrait déboucher, à moyen terme, sur l'émergence en France d'un pôle arabo-musulman à vocation à la fois politique et religieuse.

Bien que notre propos se soit porté principalement sur les enjeux de l'ethnicité dans le système politique français, nous ne pouvons ignorer la dimension européenne du phénomène. L'émergence d'élites et de leaders issus des minorités se trouve aujourd'hui stimulée par le processus d'unification européenne qui offre de nouvelles opportunités d'action. Au-delà des cadres nationaux, s'esquissent des projets de regroupement politique, culturel et religieux dont l'unité, encore fragile, pourrait se faire autour du thème de la défense et de la promotion des ethnicités dites « minoritaires ». Ainsi, entre 1989 et 1994, plusieurs députés européens d'obédiences politiques différentes ont prôné l'idée d'une Europe des communautés et ont proposé la création d'un Parlement des minorités « qui permettrait des réflexions de fond, de communiquer entre les réseaux existants, de travailler à des résolutions communes, pour trouver les bases d'une unité communautaire, inscrite dans une société de droit [2] ». Certes, on peut voir dans cette proposition la résurgence d'une

---

1. On se référera notamment aux initiatives de l'Union des jeunes musulmans qui, lors de son troisième congrès (avril 1994), a annoncé la création d'un comité civique pour l'inscription des jeunes sur les listes électorales. Cf. Vincent Geisser, « L'affirmation d'un " islam jeune " dans les quartiers populaires et sur les campus universitaires », dans *Maghrébins en Europe. Chronique de l'annuaire d'Afrique du Nord*, tome 33, Paris, Éditions du CNRS, 1994, p. 893-897.
2. Cette proposition a été émise notamment par trois députés européens (Djida Tazdaït, Dacia Valente et Max Siméoni) lors d'une séance de travail sur le thème « Minorités et partis politiques : émergence et visibilité », *Séminaire transparence*, 20 et 21 novembre 1993.

idéologie passéiste, imprégnée par les valeurs du multiculturalisme. Mais, plus fondamentalement, de tels projets, aussi utopiques soient-ils, mettent en exergue les nouvelles dynamiques de mobilisation suscitées par la construction communautaire et l'adhésion massive des individus issus des collectivités immigrées à l'Union européenne. Face aux risques éminents de repli nationaliste et au développement des courants xénophobes, les institutions européennes apparaissent comme des nouveaux espaces d'expression pour des élites et des leaders à la recherche d'une reconnaissance politique.

ANNEXE 1

LISTE DES CONSEILLERS MUNICIPAUX
D'ORIGINE MAGHRÉBINE
RECENSÉS OU ENQUÊTÉS
POUR LE MANDAT 1989-1995

ABAD Hamid, élu « majorité présidentielle » à Saint-Parize-Le-Châtel, municipalité « majorité présidentielle » (1 201 habitants) [1].

AKROUNE Adrien-Brahim, élu groupe « majorité municipale » à Marseille, municipalité Vigouroux (800 850 habitants).

ALLEL Samir, élu centre gauche en Avignon, municipalité « majorité présidentielle » (86 939 habitants).

AMEZIANE Nora, élue groupe « socialistes et apparentés » à Alès, démissionnaire en cours de mandat, municipalité « divers droite et divers gauche » (41 037 habitants).

ASSOU Ali, élu groupe « socialistes et apparentés » à Saint-Ouen, municipalité d'union de la gauche (42 343 habitants).

BAALACHE Toufik, élu de gauche à Bagnolet, municipalité d'union de la gauche (32 600 habitants).

BDELATIF Mohamed, élu groupe « socialistes et apparentés » à Béthune, municipalité d'union de la gauche (24 556 habitants).

BELACHEMI Jean-Louis, élu groupe « majorité municipale » à Toulouse, municipalité UDF-RPR (358 688 habitants).

BELAÏ Driss, élu groupe « socialistes et apparentés » à Bondy, municipalité d'union de la gauche (46 676 habitants).

BELLOCUH Mohamed, élu de gauche à Gennevilliers, municipalité d'union de la gauche (44 818 habitants).

---

1. Nombre d'habitants d'après le recensement de 1990.

BENNACER Mohamed, élu groupe « socialistes et apparentés » à Grand-Couronne, municipalité d'union de la gauche (9 792 habitants).

BEN YACOUB Linda-Chérifa, élue groupe « majorité municipale » dans le 8ᵉ secteur à Marseille, municipalité Vigouroux (800 550 habitants).

BERHAÏLI Farida, élue groupe « majorité municipale » à Épinal, municipalité RPR-UDF (36 732 habitants).

BEZIT Ali, élu RPR à Guyancourt, municipalité d'union de la gauche (18 307 habitants).

BOUDALI Khaled, élu de gauche à Bourges, municipalité d'union de la gauche (75 609 habitants).

BOUDJOUDI Abdallah, élu groupe « socialistes et apparentés » à Condé-sur-Escaut, municipalité d'union de la gauche (11 289 habitants).

BOUFHAL Smaïl, élu groupe « socialistes et apparentés » à Grand-Couronne depuis 1983, municipalité d'union de la gauche (9 792 habitants).

BOUHRAOUA Nacer, élu groupe « socialistes et apparentés » à Châtellerault, municipalité d'union de la gauche (34 618 habitants).

BOULAKCHOUR Kabira, élue groupe « socialistes et apparentés » à Longwy, municipalité d'union de la gauche (15 439 habitants).

BOULAOUINAT Leïla, élue groupe « socialistes et apparentés » à Bron, municipalité d'union de la gauche (39 683 habitants).

CHABAGA Hocine, adjoint au maire groupe « socialistes et apparentés » à Villeurbanne, municipalité d'union de la gauche (116 872 habitants).

CHAÏB Malika, élue « groupe socialistes et apparentés » à Gières (banlieue grenobloise), municipalité d'union de la gauche (4 373 habitants).

CHEKROUN Hamid, élu groupe « majorité municipale » à Bordeaux, municipalité RPR-UDF (210 336 habitants).

CHERFI Djamila, élue groupe « socialistes et apparentés » à Pantin, municipalité d'union de la gauche (47 303 habitants).

CHERIF Hocine, élu groupe « socialistes et apparentés » à Montpellier, municipalité d'union de la gauche (207 996 habitants).

DJAÏZ Samir, élu de gauche à Colombier-Fontaine (banlieue de Montbéliard), municipalité d'union de la gauche (1 523 habitants).

DJAOUAT Karima, élue groupe « socialistes et apparentés » à Fresnes, municipalité d'union de la gauche (26 959 habitants).

DRAOUZIA Dahbia, élue MRG à Aix-en-Provence, municipalité d'union de la gauche (123 842 habitants).

DRISS Samy, élu groupe « socialistes et apparentés » à Orléans, municipalité d'union de la gauche (105 111 habitants).

FEHRAT Latifa, élue groupe « socialistes et apparentés » à Nanterre, municipalité d'union de la gauche (84 565 habitants).

FRIHCA Chérif, élu groupe « majorité municipale » à Toulon, municipalité UDF-RPR (167 619 habitants).

GHAZALI Aurida, élue groupe « socialistes et apparentés » à Pont-Sainte-Maxence, municipalité d'union de la gauche (10 934 habitants).

HAMADI-DENI Nadia, élue groupe « socialistes et apparentés » à Dijon, municipalité RPR-UDF (146 703 habitants).

HAMIDI Larbi, élu groupe « socialistes et apparentés » à Moyeuvre-Grande, municipalité d'union de la gauche (9 203 habitants).

HAMROUN Abdelkader, élu groupe « majorité municipale » à Nîmes, municipalité UDF-RPR (125 471 habitants).

HANANA Habib, élu groupe « socialistes et apparentés » à Chilly-Mazarin, municipalité d'union de la gauche (16 939 habitants).

HARROUDJ Katya, élue groupe « socialistes et apparentés » à Vaulx-en-Velin, municipalité d'union de la gauche (44 174 habitants).

HENNI Nourredine, élu groupe « socialistes et apparentés » à Dunkerque, municipalité d'union de la gauche (70 331 habitants).

IFRI Malik, élu « groupe socialiste et apparentés » à Lille, municipalité d'union de la gauche (172 142 habitants).

KACET Salem, adjoint au maire CDS à Roubaix, municipalité UDF-RPR (97 746 habitants).

KANEB Saïd, élu groupe « socialistes et apparentés » à Strasbourg, municipalité d'union de la gauche (252 338 habitants).

KEDADOUCHE Zaïr, élu groupe « socialistes et apparentés » à Aubervilliers, municipalité d'union de la gauche (67 557 habitants).

KEBAB Taïeb, élu groupe communiste à Septèmes (agglomération marseillaise), municipalité d'union de la gauche (10 415 habitants).

KHARMOUDI Mustapha, élu groupe « socialistes et apparentés » à Belfort, démissionnaire en cours de mandat municipalité d'union de la gauche (50 125 habitants).

LACHAUD Malika, élue groupe « socialistes et apparentés » à Clermont-Ferrand, municipalité d'union de la gauche (136 181 habitants).

LALLAOUI Medhi, élu de gauche à Bezons, municipalité d'union de la gauche (25 680 habitants).

LAZERG Halima, élue groupe « socialistes et apparentés » à Villeneuve-d'Ascq, municipalité d'union de la gauche (65 320 habitants)

LOUDHINI Salem, élu groupe « socialistes et apparentés » à l'Île-Saint-Denis, municipalité d'union de la gauche (7 413 habitants).

MAACHE Amar, élu groupe « socialistes et apparentés » à Belle-Roche, municipalité d'union de la gauche (232 habitants).

MECHAÏ Abdelatif, élu groupe « socialistes et apparentés » à Cergy, municipalité d'union de la gauche (48 226 habitants).

MECHRI Hervé, élu RPR à Paris, municipalité RPR-UDF (2 152 423 habitants).

MERABTI Saïd, adjoint au maire groupe « socialistes et apparentés » à Vitrolles, municipalité d'union de la gauche (35 397 habitants).

MESSAOUDI Homad, élu groupe « socialistes et apparentés » à Château-Thierry, municipalité d'union de la gauche (15 312 habitants).

NEDJIMA-PLANTADE, élue groupe « socialistes et apparentés » à Épinay-sur-Seine, municipalité d'union de la gauche (48 762 habitants).

RADJOUD Farid, élu de gauche à Orly, municipalité d'union de la gauche (21 646 habitants).

RAHAL Tahar, élu « majorité municipale » (Jacques Médecin) à Nice, municipalité de droite (342 439 habitants).

RAHMOUNI Kheira, élue groupe « socialistes et apparentés » à Mourenx, municipalité d'union de la gauche (7 460 habitants).

RAHMOUNI Soraya, élue groupe « socialistes et apparentés » à Vénissieux, municipalité d'union de la gauche (60 444 habitants).

REDJIMI Sugini, élu de droite à Rillieux, municipalité UDF-RPR (30 791 habitants).

SABAR Lekbir, élu groupe « socialistes et apparentés » à Mantes-la-Jolie, municipalité d'union de la gauche (45 087 habitants).

SADIA Rachid, élu de gauche à Grigny (région de Lyon), municipalité d'union de la gauche (7 498 habitants).

SAHIRI Aziz, adjoint au maire « divers droite » à Grenoble, municipalité RPR-UDF (150 758 habitants).

SALI Georges, élu groupe « socialistes et apparentés » à Saint-Denis, municipalité d'union de la gauche (89 988 habitants).

TERAGOULT Fatima, élue groupe « socialistes et apparentés » à Saint-Étienne-de-Rouvray, municipalité d'union de la gauche (30 731 habitants).

TIR Slimane, élu écologiste à Roubaix, municipalité UDF-RPR (97 746 habitants).

TOUABI Henri, élu groupe « socialistes et apparentés » à Saint-Ouen, municipalité d'union de la gauche (42 343 habitants).

VAUDAY Malika, élue groupe « socialistes et apparentés » à Villefranche-sur-Mer, municipalité de droite (8 088 habitants).

ZAOUALI Anouar, élu depuis 1983 « divers droite » à Voreppe (Isère), municipalité RPR-UDF (8 446 habitants).

ZERDAB Nadir, adjoint au maire, groupe « majorité municipale » à Marseille, municipalité Vigouroux (800 550 habitants).

LISTE DES DIRIGEANTS D'ASSOCIATIONS D'ÉLITES MAGHRÉBINES ET DES PERSONNALITÉS INTERROGÉS ENTRE 1990 et 1995

AÏSSOU Abdel, ancien directeur de *Radio-Beur*, membre fondateur du Mouvement des beurs civiques, diplômé de l'École nationale d'administration (entretien 1992).

BARIKI Slah, directeur de *Radio-Gazelles* jusqu'en 1995 (radio intercommunautaire) à Marseille, membre de l'association Marseille-Espérance, journaliste et chroniqueur (entretiens 1992 et 1995).

BEN YACOUB Linda-Chérina, conseillère municipale dans le 8ᵉ secteur à Marseille (mandat 1989-1995), présidente de Marseille-Écosmopole, association pour l'aide à la création d'entreprises (entretien 1992).

BELHEINE Khelil, président de l'association Nejma de Salon-de-Provence (entretien 1992).

BOUACHERA Leïla, ancienne directrice juridique d'*Antenne 2*, membre du CDS, chargée de mission au Conseil supérieur de l'audiovisuel (entretiens 1993 et 1994).

BOUAMAMA Saïd, président de l'association Mémoire fertile, enseignant à Villeneuve-d'Ascq et à Lille, écrivain spécialisé sur les questions de citoyenneté.

BOUFARA Khadija, conseillère municipale associée aux Ulis (Essonne), membre du bureau de SOS Racisme (entretien 1991).

BOUKENOUCHE Saïd, ancien président de *Radio-Gazelles* à Marseille, président de la section marseillaise de la Ligue des droits de l'homme, membre fondateur de Perspectives et solidarités arabo-musulmanes de France (PSAMF).

BOUZIRI Saïd, membre fondateur de la fondation Génériques (mémoire de l'immigration en France), adhérent à la Ligue des droits de l'homme (entretien 1992).

CHABAGA Hocine, colonel de l'armée française en retraite, adjoint au maire de Villeurbanne (1989-1995), ancien membre du Conseil de réflexion sur l'islam en France (CORIF).

CHERFAOUI M., président de l'Association des cadres d'origine maghrébine d'Europe (ACADOME, entretien 1992).

CHEURFA Sultana, présidente du Cercle des socialistes de culture musulmane, auteur de l'article « Contre l'assimilation », *Le Monde*, 24 novembre 1989 (entretien 1992).

DAHMANI Arezki, président du mouvement des droits civiques France Plus (entretien 1991).

EL YAZAMI Driss, membre fondateur de la fondation Génériques, membre du comité central de la Ligue des droits de l'homme (rencontre en 1994, séminaire LDH à Marseille).

GABSI Abdallah, ancien président de l'Amicale des Tunisiens de Toulouse, coordinateur d'une enquête sur l'insertion profession-nelle des scientifiques arabes en France (entretiens 1994, 1995 et 1996).

JAZOULI Adil, sociologue, auteur de nombreux articles et ouvrages sur la question des banlieues, directeur et fondateur de « Ban-lieuescopie » (entretien 1991).

KACI Rachid, président fondateur de l'association Democracia, conseiller de Didier Schuller dans le département des Hauts-de-Seine (entretien 1993).

KARI Embarek, conseiller régional RPR d'Île-de-France, membre fon-dateur du Haut conseil des musulmans de France (entretien 1993).

KEDADOUCHE Zaïr, conseiller municipal à Aubervilliers (1989-1995), conseiller régional d'Île-de-France, conseiller technique du ministre de l'Intégration, Éric Raoult, depuis 1995.

KELFAOUI Schérazade, géographe au Centre de recherches et d'analyses géopolitiques de l'Université Paris VIII, spécialiste du vote des Français d'origine maghrébine (Marseille, Roubaix et Saint-Denis) et auteur de nombreuses études sur la question.

MORIN Georges, ancien maître de conférences à l'Institut d'études politiques de Grenoble, conseiller de Louis Mermaz, fondateur de la revue *Grand Maghreb*, créateur du Groupe des trente (militants socialistes d'origine maghrébine) et de la Conférence nationale des élus socialistes d'origine maghrébine, secrétaire national auprès du premier secrétaire du PS des questions relatives aux Français d'ori-gine maghrébine et président de l'association Coup de Soleil, inspecteur général de l'Éducation nationale (entretiens 1991, 1992 et 1993).

RAHMANI Tahar, directeur général de la fondation « 3 CI » (fondation pour l'aide à la création d'entreprises), directeur de *Radio-Soleil* Marseille, vice-président du Cercle des socialistes de culture musulmane, membre du Parti socialiste, conseiller municipal groupe « socialistes et apparentés » à Marseille depuis juin 1995 (entretien 1992).

REZIG Djelloul, ancien membre de l'équipe olympique algérienne d'athlétisme, président de la Ligue des musulmans de Vitrolles et de l'Amicale des Algériens de l'Étang-de-Berre, fonctionnaire municipal (entretien 1994).

REZOUALI Mouloud, secrétaire général du mouvement des droits civiques France Plus (entretien 1992).

SAMRAKANDI Habib, rédacteur en chef de la revue *Horizons maghrébins*, université de Toulouse-le-Mirail (nombreuses rencontres entre 1990 et 1995).

SMAHI Farid, équipe de France de water-polo, ancien président du comité France Plus Paris, président fondateur de l'association Arabisme et francité, auteur de nombreuses chroniques « libres » dans la presse conservatrice (entretien 1993).

TADNOS Ramzi, membre fondateur de Perspectives et solidarités arabo-musulmans de France, bibliothécaire à la Maison de l'étranger de Marseille (entretiens 1994 et 1995).

TAZDAÏT Djida, président fondateur de l'association des Jeunes Arabes de Lyon et sa banlieue (JALB), député au Parlement européen de 1989 à 1994 (entretiens 1991 et 1994).

YAHYAOUI Mustapha, journaliste et membre fondateur d'Arabisme et francité (entretien 1993).

ASSOCIATION FRANCE PLUS :
DÉCLARATION CONSTITUTIVE [1]

Plus de 1 500 000 citoyens français sont d'origine maghrébine. En intégrant les minorités, nous sommes plus de 3 millions de citoyens français d'origine étrangère (deuxième génération). Une réalité incontournable, même si longtemps elle fut niée. Désormais, ces citoyens français, qu'ils le soient devenus par un choix personnel, ou par le jeu de la fatalité historique, entendent affirmer la solidarité profonde qui les unit, face à l'ignorance, à la xénophobie, au racisme, et à la situation de sous-développement qui est, trop souvent, la leur. Force leur est, aujourd'hui, de constater que les forces politiques de la France ont, trop longtemps, ignoré cette situation et qu'ainsi la solidarité nationale s'est peu ou mal exercée sur les citoyens français d'origine étrangère. Ainsi l'argumentation de l'extrême droite française a-t-elle pu toucher de larges secteurs de l'opinion, pis, entend-on aujourd'hui des voix s'élever, en dehors même de cette extrême droite pour contester notre citoyenneté française, voire proposer de la remettre en cause. Quarante-cinq années après le régime de Vichy, des hommes politiques qui pourtant se proclament, bien sûr, républicains et démocrates, n'hésitent pas à réclamer une révision du Code de la nationalité, et cela contre d'autres citoyens français ! Certes, d'autres démocrates manifestent un refus sincère de cette dépravation des mœurs politiques françaises. Diverses organisations, souvent animées par des jeunes de toutes origines ethniques, ont su refaire de la lutte antiraciste un idéal de morale politique. Reste malheureusement que

---

1. Extrait du document produit par l'association à sa création en janvier 1985. Source : documentation de l'auteur.

la solidarité avec les membres des minorités ethniques ou culturelles résidant en France n'est que rarement apparue comme une priorité absolue du combat pour les forces de progrès. Parce qu'ils estiment que la situation faite à leur communauté ne cesse de s'aggraver, des citoyens français d'origine étrangère, par ailleurs déjà engagés dans diverses organisations (politiques, sociales, culturelles, confessionnelles...), ont estimé nécessaire de proposer à tous les Français d'origine étrangère, de se rassembler sous un même sigle : FRANCE PLUS.

Les objectifs sont :
– Pour un code d'intégration (nationalité).
– Pour l'intégration des jeunes d'origine étrangère dans la société française.
– Pour l'exercice des droits civiques.
– Pour l'émergence d'acteurs politiques.
– Pour l'émergence d'acteurs économiques.
– Pour la défense de la démocratie et des libertés.
– Pour une vie digne et humaine.

Car, seule, la pleine participation des citoyens français d'origine étrangère à la vie de leur pays, la France, leur apportera les élémentaires garanties de liberté, de solidarité et de sécurité que tout citoyen peut, dans une nation moderne, attendre de l'État. Cette exigence élémentaire peut représenter malheureusement un défi à ce qu'est la société française d'aujourd'hui. Relever ce défi, autrement dit prouver que la France républicaine reste fidèle à certains principes de liberté, d'égalité et de fraternité, doit être la tâche urgente des forces de progrès de la France. C'est dans un tel mouvement que FRANCE PLUS inscrit son action, c'est dans un tel mouvement que FRANCE PLUS entend être un initiateur. En invitant tous les Français d'origine étrangère à user pleinement de leurs droits de citoyen, notamment de leurs droits électoraux : inscription sur les listes électorales, candidatures...

Ainsi, FRANCE PLUS apportera son soutien effectif à tous les Français d'origine étrangère qui, à tous les échelons de la vie politique, économique et syndicale, poseront leur candidature à des fonctions électives, pour peu que ces candidats se réclament des principes moraux qui animent FRANCE PLUS.

Paris, janvier 1985.

ANNEXE 4

CONFÉRENCE NATIONALE DES ÉLUS SOCIALISTES ORIGINAIRES DU MAGHREB (CNESOM) [1]

« Trois ans déjà ! »

Mars 1989 : au soir des élections municipales, il apparaît qu'un nombre significatif de Français maghrébins vont enfin siéger dans les instances communales. Depuis 1983, à la demande de Lionel Jospin et Pierre Mauroy, j'animais un réseau de militants PS, fils et filles d'immigrés et de rapatriés d'origine maghrébine. Nous tentions, ensemble, de définir ce que devait être la politique du parti et du gouvernement pour la meilleure intégration à la communauté nationale des populations originaires du Maghreb. Et nous nous étions rendu compte que, si les problèmes d'intégration économique et sociale touchaient surtout nos compatriotes d'origine musulmane, les juifs et les pieds-noirs rencontraient des difficultés semblables aux leurs quant à leur perception par l'opinion publique : le Maghreb, son histoire complexe et tragique, comme ses réalités aujourd'hui, sont très mal connues des Français et nous en souffrons tous, trop souvent, dans notre dignité.

---

1. Extrait du bulletin d'information de la CNESOM, 2, janvier 1992. Source : documentation de l'auteur.

1989 : les premiers pas

Ma délégation auprès du Premier secrétaire ayant justement été élargie en 1988 à l'ensemble des Français originaires du Maghreb, de souche immigrée ou rapatriée, je lançais donc au printemps 1989, avec l'accord de Pierre Mauroy et de Guy Vadepied, une action conjointe PS-Fédération nationale des élus socialistes et républicains visant à rassembler tous les élus socialistes et apparentés originaires du Maghreb. Il nous fallait d'abord recenser tous ces élus. Par le triple canal des fédérations du PS, de celles de la FNESR et des maires socialistes, nous arrivions à collecter, en trois mois, les coordonnées d'environ 300 élus, nationaux et locaux, dont une centaine d'origine musulmane. Une première journée de rencontre eut lieu le 4 novembre 1989 à l'Assemblée nationale. Une complicité réconfortante apparut dès ce jour-là entre nous. Elle tenait bien sûr à nos racines communes, mais surtout à la volonté farouche de se battre ensemble contre les exclusions et l'intolérance qui avaient conduit à tant de drames outre-Méditerranée. À l'issue de nos travaux, nous déterminions neuf thèmes principaux de réflexion : trois de nature économique et sociale (logement, école, emploi), trois de nature culturelle (programmes d'enseignement, rôle des médias, islam de France) et trois touchant à la vie publique (rapports avec la justice et la police, rapports avec l'armée, intégration politique).

1990 : la Rencontre nationale avec le gouvernement

Du 5 au 7 janvier 1990, au cours de quatre demi-journées de travail saluées par un message du président de la République, nous rencontrions, en présence du Premier secrétaire du PS et du secrétaire général de la FNESR, le Premier ministre Michel Rocard, le président de l'Assemblée nationale Laurent Fabius, les présidents des groupes parlementaires Louis Mermaz et Claude Estier et les neuf responsables gouvernementaux en charge de nos problèmes : Lionel Jospin, Jean-Pierre Chevènement, Pierre Joxe, Claude Evin, Pierre Arpaillange, Louis Besson, Jean-Pierre Soisson, Catherine Tasca et le délégué aux rapatriés Maurice Benassayag. Nous avons pu leur exposer longuement le fruit de nos réflexions et nous avons écouté les réponses qu'ils y apportaient. La qualité et la richesse du dialogue ainsi entamé ont permis de poursuivre depuis lors, par des rencontres périodiques de nos commissions de travail avec les ministres et leurs collaborateurs. Sans prétendre aucunement « représenter » l'ensemble des populations dont nous sommes issus, nous sommes à même de traduire par nos interlocuteurs les attentes et les espoirs de nos compatriotes, et de réagir aux actions et aux projets que les ministres ont engagés ou nous font connaître.

1991 : « mission du dialogue » au Maghreb

En février 1991, déchirés par l'incompréhension croissante qui s'installait entre la France et le Maghreb durant le conflit du Golfe, nous décidions, avec l'aval de Jean-Louis Bianco à l'Élysée, de Jean-Paul Huchon à Matignon, de Pierre Mauroy au PS et de Jean-Pierre Joseph à la FNSER, de mener là-bas une « mission au Maghreb ». Du 7 au 12 mars 1991, quinze d'entre nous, représentant toutes nos composantes, se rendaient à Tunis, Alger et Rabat pour y rencontrer les autorités gouvernementales, les partis politiques et les ligues de droits de l'homme. Ce fut une mission difficile, tant l'incompréhension avait été grande, de part et d'autre. Mais elle nous a justement permis d'expliquer aux Maghrébins comment les Français avaient vécu ce conflit et de mieux saisir comment eux-mêmes l'avaient traversée. Nous avons pu ainsi réduire nos divergences à leur stricte réalité, en les débarrassant de tous les faux procès. Chacun d'entre nous, ici et là-bas, a pu aussi se persuader combien notre destin, au Nord comme au Sud de la Méditerranée, devient de plus en solidaire, face aux turbulences qui nous environnent.

Une double démarche de rassemblement

Forts de leur connaissance des problèmes, de leur engagement et des responsabilités qu'ils exercent sur le terrain, les élus socialistes originaires du Maghreb veulent, plus que jamais, poursuivre leur double démarche de rassemblement : au sein de la société française d'abord, en contribuant à accélérer l'intégration à la nation de tous nos compatriotes, autour de la Méditerranée occidentale ensuite, en travaillant, par le biais de leurs villes notamment, et à la compréhension réciproque et à la coopération entre les habitants des deux rives.

Georges MORIN
Délégué national auprès du premier secrétaire du PS,
chargé des Français originaires du Maghreb.
Délégué national de la FNESR,
chargé des élus originaires du Maghreb.

ANNEXE 5

LE CERCLE DES SOCIALISTES
DE CULTURE MUSULMANE (CSCM)

« LA BOSNIE NE DOIT PAS ÊTRE
UNE NOUVELLE PALESTINE [1] »

Les horreurs de la guerre en Bosnie ont frappé l'opinion occidentale. Pourtant, dans son unanimité apparente, l'indignation reste très insuffisante en face du processus de purification ethnique en cours. La politique du Gouvernement français n'est pas clairement énoncée. Les débats politiques et médiatiques ne proposent guère d'analyse approfondie, ni d'interprétation claire et agissante. Ils ne s'animent qu'autour de faux débats : certains renvoient dos à dos les agresseurs serbes et leurs victimes musulmanes ; d'autres feignent d'en appeler à une action militaire dont ils ne définissent ni les conditions politiques ni les objectifs conséquents. Dans les deux cas, l'action humanitaire sert d'alibi, quand ce n'est pas de paravent à la purification ethnique. Dans les deux cas, les questions essentielles sont évacuées :
– les responsabilités des grandes puissances, et tout particulièrement celle des États européens, sont effacées ;
– la conception ethnique de la nation, fondée sur le droit du sang, est loin d'être clairement condamnée ;
– l'ancienneté européenne de l'islam balkanique est déniée, tandis que Belgrade et Zagreb agitent chacune l'épouvantail islamiste.
– Le caricatural clivage entre proserbes et atlantistes est une mystification. Les enjeux sont, dans les faits, pourtant clairs :

---

1. Appel lancé par le CSCM en février 1993 et signé par une centaine de personnalités. Source : documentation de l'auteur.

– la Bosnie, unitaire et démocratique, est aujourd'hui la seule chance d'une solution multicommunautaire. Si l'existence de la Slovénie, de la Croatie et de la Serbie sont aujourd'hui acquises, le dépeçage de la Bosnie-Herzégovine constituerait une catastrophe pour les Bosniaques en général, et les Musulmans en particulier. Nous ne pouvons ignorer que, dans cette hypothèse, le pire n'a sans doute pas encore eu lieu ;

– l'Europe riche, si elle laisse le communisme yougoslave déboucher sur l'épuration ethnique, avaliserait ainsi le traitement catastrophiste ultérieur des crises qui menacent au Kosovo, dans les Balkans et dans l'ex-Empire soviétique ;

– le « nouvel ordre mondial », qu'a inauguré la guerre contre l'Irak, est en fait un vaste désordre qui n'offre aucune coopération équitable aux besoins de développement et de libertés des peuples ; sans le droit des peuples à disposer d'eux-mêmes, les droits de l'homme ne sont qu'un leurre.

Tolérer le massacre et la déportation massive des populations, dénier les droits nationaux de peuples entiers, refuser les chances d'États multicommunautaires, ce serait créer en Bosnie une nouvelle Palestine. Il ne suffit pas que le gouvernement israélien manipule la détresse de quelques familles bosniaques pour faire oublier les millions de Palestiniens exilés – de 1947 aux 415 déportés récents – ce qui témoigne du peu de détermination des grandes puissances quand il s'agit de garantir, de Sarajevo à Jérusalem, le droit des peuples à vivre en paix chez eux.

Les soussignés expriment leur solidarité active avec le peuple bosniaque, comme avec le peuple palestinien. Ils tiennent à ce que cette prise de position soit exprimée et défendue dans les débats politiques français.

Le Cercle, le 28 février 1993

ANNEXE 6

ASSOCIATION ARABISME ET FRANCITÉ
PROJET DE CHARTE [1]

I. DÉFINITIONS

Il s'agit [...] d'un retour aux sources des valeurs communes arabes. Arabes et musulmans de France sont les héritiers d'une grande civilisation née au milieu du VIIe siècle, ininterrompue depuis, son âge d'or étant situé entre le VIIe et le Xe siècle.

Les Arabes de France ne sont donc pas une peuplade sans origine, sans racines, sans mémoire, et sans identité... La culture arabo-musulmane, avec ses apports, a contribué à l'histoire de l'humanité.

Arabisme et Francité est un appel pressant lancé à tous les Français, quelle que soit leur origine, pour vivre ensemble avec leurs différences. Ce n'est pas un simple souhait ou désir, mais une ardente volonté.

II. POURQUOI LES ARABES SONT-ILS EN FRANCE ?

Parce qu'il existe deux siècles d'histoire et de vie commune entre la France et le monde arabe depuis la campagne d'Égypte de Napoléon en 1798.

Cette présence s'est donc enracinée jusqu'à devenir une réelle composante de la société.

À l'origine, les Arabes n'étaient pas candidats à l'immigration.

---

1. Extraits du projet de la charte d'Arabisme et francité, juin 1992. Source : documentation de l'auteur.

Contrairement aux Italiens, Espagnols ou Européens de l'Est qui affluaient sur le territoire français par vagues successives aux XIXe et XXe siècles, les Arabes restaient chez eux, n'envoyant à l'étranger que des étudiants.

Entre 1914 et 1918, la France faisait appel aux colonies à la recherche de main-d'œuvre et de soldats, entre 1920 et 1930 d'ouvriers, entre 1940 et 1945 elle avait de nouveau besoin de soldats et enfin entre 1945 et 1975 de main-d'œuvre ouvrière.

Ainsi entre 1914 et 1918, 132 321 Nord-Africains dont 78 056 Algériens, 35 506 Marocains et 18 249 Tunisiens furent introduits en France comme ouvriers, tandis que 200 000 furent mobilisés comme soldats : 30 000 moururent sur le front. Il suffit de visiter de nos jours leur cimetière dans les Ardennes... (Pour information, deux prestigieux édifices musulmans ont été édifiés : la mosquée de Paris et l'hôpital Avicenne de Bobigny). Ces Arabes resteront les héros de la nation, morts pour la patrie. 80 % des 130 000 hommes du corps expéditionnaire du maréchal Juin en Italie avaient permis à la France de retrouver sa place militaire parmi les Alliés, au rang de grande puissance, avec toute sa dignité après l'humiliante défaite de juin 1940. Les soldats contribuèrent donc à la victoire contre le nazisme... Il ne faut pas non plus oublier que la France est allée chercher les Arabes dans leurs villages en ouvrant des bureaux de recrutement dans les grandes villes du Maghreb.

Quelles ont été les conséquences de cet appel à l'immigration ?

Nos parents sont venus, forcés ou volontaires, et ont rendu avec fierté service à la France. Les Arabes réclament donc un dû qui n'a pas été donné à leurs parents : le mérite d'être citoyen français à part entière, sans complexe, sans honte ni justification. Ils ont contribué au développement économique après guerre ainsi qu'à l'enrichissement culturel du pays.

Ils veulent rester en France et y resteront.

L'histoire nous montre qu'un citoyen français d'origine étrangère, même assimilé, n'échappe guère à son destin. En effet, en 1940, cela faisait un siècle et demi que les juifs étaient bien intégrés, voire même assimilés pour certains d'entre eux (Juifs d'Alsace). Cela n'a pas empêché qu'ils soient montrés du doigt, catalogués, fichés, arrêtés massivement sur des critères que beaucoup d'entre eux essayaient de dissimuler pour mieux s'intégrer. Une expression arabe ne dit-elle pas : « Asslouka, Asslouka » (racines...).

III. L'INTÉGRATION EST AVANT TOUT UNE RÉUSSITE SOCIALE

C'est un non-sens que de parler, aujourd'hui, en 1992, d'intégration des immigrés. C'est renier l'histoire et son évolution. Nous n'avons pas besoin d'intégration mais d'ouverture de postes administratifs, de logements... Il faut donner à cette communauté les moyens d'exprimer ses opinions librement, chaque fois qu'elle est appelée à le faire. Elle doit par conséquent refuser toute forme d'aliénation ou de dépendance. Nous ne pouvons accepter le discours actuel sur l'intégration, discours creux, concept faux utilisé à des fins essentiellement politiques. Aucune réponse adéquate ne semble être trouvée à ce jour concernant ladite « immigration ». L'assistanat est un mauvais choix, car rien n'est plus insupportable que de se sentir à la charge de la société. Force est de constater aujourd'hui que les citoyens français d'origine arabe, handicapés par la vie des banlieues, doivent dénoncer et refuser leur marginalisation, se prendre en charge avec l'aide de l'État afin de participer activement à l'épanouissement économique et social, et éviter la pauvreté et la révolte.

IV. RETOUR À LA COMMUNAUTÉ

Le XIXe siècle et le début du XXe ont été marqués par l'immigration massive de l'Est vers l'Ouest, du Sud vers le Nord, avec une évidente volonté de la part des populations immigrées de s'assimiler et d'oublier leur pays d'origine marqué par la misère, l'injustice ou l'oppression.

Cette fin de XXe siècle a donné naissance à un phénomène inverse : celui du retour aux sources et de la prise de conscience des richesses ancestrales. Citons par exemple les Noirs américains qui découvrent l'Afrique depuis le best-seller *Racines*, ou l'attachement des juifs de France à l'État d'Israël.

Ce n'est donc pas le moment pour nous de rompre avec le passé et d'oublier nos origines et nos racines. D'autant que nous sommes les héritiers d'une civilisation arabo-musulmane qui a fasciné le Moyen Âge, et dominé des siècles durant les deux tiers du Bassin méditerranéen, irriguant l'Europe médiévale d'idées nouvelles et de connaissances scientifiques.

Cette civilisation aujourd'hui mal connue et son apport culturel ignoré sont le résultat de « clichés » diffusés par certains médias et repris dans les manuels scolaires. Elle est pourtant une source d'inspiration, un modèle, une fierté, et doit rester un *Passeport culturel*.

Une fois notre spécificité culturelle réaffirmée et nos racines reconnues, il nous sera plus facile de nous insérer dans la communauté française sans complexe, et de nous situer sur l'échiquier national et européen.

V. ARABES FRANÇAIS ET FIERS DE L'ÊTRE

13 millions de Français sur 58 millions sont d'origine étrangère, soit 23 % de la population. L'identité nationale n'a jamais été remise en cause du fait de l'immigration sinon par la venue d'une suprana-tionalité européenne véhiculée par le traité de Maastricht.

La France a toujours été un pays d'immigration ; elle a accepté tout naturellement, durant des siècles, ces immigrés aux ethnies et cultures diverses qui sont aujourd'hui français.

Pourquoi en serait-il autrement pour une seule catégorie d'hommes, à savoir les Français d'origine arabe ?

La difficulté d'intégration viendrait-elle du fait que les Arabes sont de culture et de religion différentes ? Argument tapageusement avancé par certains...

– *La religion* est une affaire privée qui ne regarde que celui qui la pratique depuis 1905, date à laquelle fut décidée la séparation de l'Église et de l'État.

– *La culture d'origine* est un héritage, une sorte de legs reçu de ses parents.

La France, bien que fille aînée de l'Église, est un pays laïc où les valeurs républicaines priment sur toutes les autres. L'État ne fait pas de différence entre croyants et non-croyants ; la pratique religieuse est garantie par la Constitution et la liberté culturelle, protégée par les lois.

VI. COMMENT SE DÉFINIT UN FRANÇAIS D'ORIGINE ARABE, PAR RAP-PORT À QUOI ?

D'autres minorités se sont posé les mêmes questions avec angoisse ou perplexité ; les réponses semblent être les mêmes pour tous. En effet, un Arabe français est un citoyen à part entière, ayant des droits et des devoirs. Il se définit également par rapport à sa culture et à sa religion. Alors se pose pour les uns et pour les autres le problème suivant : « Peut-on être français et attaché à la culture et à la religion de ses ancêtres ? » La réponse est OUI, dans le respect des lois répu-blicaines. Pourquoi les Arabes de France devraient-ils se démunir de leur culture pour accéder à leurs droits de citoyens...

La citoyenneté n'est ni à vendre ni à acheter. Elle est sollicitée par tous ceux qui font le choix de devenir français. Par contre, la différence culturelle doit être considérée comme un élément d'enrichissement et non comme un handicap à l'intégration.

Refusons l'acculturation, autrement dit l'assimilation par la perte de notre culture maternelle et de notre spécificité, composantes essentielles de notre identité. Nous ne sommes pas d'origine inconnue et ne voulons pas rester cantonnés dans les lointaines banlieues, désignées du doigt comme « source de tous les maux » dont souffre la société française.

VII. QUEL AVENIR ?

Il faut s'affranchir des tutelles et des parrainages, défendre nous-mêmes nos intérêts et être les interlocuteurs directs des partis politiques, des organes de l'État, des institutions de la République et de nos pays d'origine. Plus d'intermédiaires.

Nous donnerons la priorité absolue à l'action économique et sociale, ainsi qu'aux droits civiques. Nous ne chercherons pas à créer une minorité ethnico-culturelle isolée ni un lobby électoral qui se rallierait tantôt à la droite, tantôt à la gauche. Chacun doit pouvoir contribuer à sa manière et selon ses moyens, de l'endroit où il se trouve, à défendre au mieux les intérêts de la France...

Juin 1992.

BIBLIOGRAPHIE

Balibar (Étienne), Wallerstein (Immanuel), *Race, nation, classe. Les identités ambiguës*, Paris, La Découverte, 1988.

Bastenier (Albert), Dassetto (Felice), *Immigration et espace public. La controverse de l'intégration*, Paris, CIEMI-L'Harmattan, 1993.

Birnbaum (Pierre), *Destins juifs. De la Révolution française à Carpentras*, Paris, Calmann-Lévy, 1995.

Birnbaum (Pierre), *Les fous de la République*, Paris, Le Seuil, coll. « Point », 1994.

Birnbaum (Pierre), dir., *Histoire politique des juifs de France*, Paris, Presses de Sciences Po, 1990.

Birnbaum (Pierre), Leca (Jean), dir., *Sur l'individualisme, théories et méthodes*, Paris, Presses de Sciences Po, 2ᵉ édition, 1991.

Bouamama (Saïd), *L'ambiguïté laïque, vers une nouvelle citoyenneté. Crise de la pensée laïque*, Lille, Boîte de Pandore, 1991.

Bouamama (Saïd), Cordeiro (Albano), Roux (Michel), *La citoyenneté dans tous ses États. De l'immigration à la nouvelle citoyenneté*, Paris, CIEMI-L'Harmattan, 1992.

Brunet (Jean-Paul), dir., *Immigration, vie politique et populisme en banlieue parisienne (fin XIXᵉ-XXᵉ siècle)*, Paris, L'Harmattan, 1995.

Camilleri (Carmel), Kastersztein (Joseph), Lipianski (Edmond), Malewska-Peyre (Hanna), Taboada-Leonetti (Isabelle), Vasquez (Ana), *Stratégies identitaires*, Paris, PUF, 1990.

Chaliand (Gérard), dir., *Les minorités à l'âge d'or de l'État-Nation*, Paris, Fayard, 1978.

Cesari (Jocelyne), *Être musulman en France, associations, militants et mosquées, Paris Aix en-Provence, Karthala-IREMAM, 1994.*

Cesari (Jocelyne), *Faut-il avoir peur de l'islam ?*, Paris, Presses de Sciences Po, 1997.

Citron (Suzanne), *Le mythe national, l'histoire de France en question*, Paris, coédition Les Éditions ouvrières et Documentation internationale, 1989.

Costa-Lascoux (Jacqueline), Témime (Émile), dir., *Les Algériens en France*, Paris, Edisud, 1985.

Costa-Lascoux (Jacqueline), *De l'immigré au citoyen*, Paris, La Documentation française, 1989.

Costa-Lascoux (Jacqueline), Weil (Patrick), dir., *Logiques d'États et intégrations*, Paris, Kimé, 1992.

Dubet (François), *La galère des jeunes en survie*, Paris, Fayard, 1987.

Epstein (A.), *Ethos and Identity. Three Studies in Ethnicity*, Londres, Tavistock, 1978.

Étienne (Bruno), *La France et l'islam*, Paris, Hachette, 1989.

Étienne (Bruno), dir., *L'islam en France*, Paris, CNRS, 1990.

Gallissot (René), dir., *Pluralisme culturel en Europe*, Paris, L'Harmattan, 1994.

Glazer (Nathan), *Affirmative Discrimination. Ethnic Inequality and Public Policy*, New York, Basic Books, 1978.

Glazer (Nathan), Moynihan (D.P.), *Beyond the Melting Pot*, Cambridge, The MIT Press, 1970.

Glazer (Nathan), Moynihan (D.P.), *Ethnicity : Theory and Experience*, Cambridge, Harvard University Press, 1975.

Higham (J.), *Ethnic Leadership in America*, Baltimore, Johns Hopkins University Press, 1978.

Howe (D.), *Black Sections in the Labor Party*, Londres, Race Today, 1985.

Jazouli (Adil), *L'action collective des jeunes Maghrébins de France*, Paris, CIEMI-L'Harmattan, 1986.

Kepel (Gilles), *Les banlieues de l'islam. Naissance d'une religion en France*, Paris, Seuil, 1987.

Khellil (Mohand), *L'intégration des Maghrébins en France*, Paris, PUF, 1991.

Lapeyronnie (Didier), dir., *L'intégration des minorités immigrées. Étude comparative France-Grande-Bretagne*, Paris, ADRI, 1990.

Lapeyronnie (Didier), dir., *Les politiques locales d'intégration des minorités immigrées en Europe et aux États-Unis*, Paris, ADRI, 1990.

Laronde (Michel), *Autour du roman beur. Immigration et identité*, Paris, L'Harmattan, 1993.

Laumett (M.), *Les jeunes d'origine étrangère. De la marginalisation à la participation*, Paris, PUF, 1985.

Leveau (Rémy), Kepel (Gilles), dir., *Les musulmans dans la société française*, Paris, Presses de Sciences Po, 1988.

Lewis (Bernard), Schnapper (Dominique), dir., *Musulmans en Europe*, Arles, Actes Sud, 1992.

Lorreyte (Bernard), dir., *Les politiques d'intégration des jeunes issus de l'immigration*, Paris, CIEMI/L'Harmattan, 1989.

Maffesoli (Michel), *Le temps des tribus*, Paris, Méridiens-Klincksieck, 1988.

Martiniello (Marco), *Leadership et pouvoir dans les communautés d'origine immigrée. L'exemple d'une communauté ethnique en Belgique*, Paris, CIEMI-L'Harmattan, 1992.

Martiniello (Marco), *Ethnicité et sciences sociales*, Paris, PUF, coll. « Que sais-je ? », 1995.

Moscovici (Serge), *Psychologie des minorités actives*, Paris, PUF, 1979.

Myrdal (G.), *An American Dilemma. The Negro Problem and Modern Democracy*, New York, Harper and Row, 1944.

Nicolet (Claude), *L'idée républicaine en France*, Paris, Gallimard, 1982.

Noblet (Pascal), *L'Amérique des minorités. Les politiques d'intégration*, Paris, CIEMI-L'Harmattan, 1993.

Noiriel (Gérard), *La tyrannie du national. Le droit d'asile en Europe, 1793-1993*, Paris, Calmann-Lévy, 1991.

Noiriel (Gérard), *Le creuset français. Histoire de l'immigration, XIXe-XXe siècle*, Paris, Éditions du Seuil, 1988.

Oriol (Paul), *Les immigrés, métèques ou citoyens ?*, Paris, Syros, 1985.

Oriol (Paul), *Les immigrés devant les urnes. Le droit de vote des étrangers*, Paris, CIEMI-L'Harmattan, 1992.

Park (R.E.), *Race and Culture*, New York, The Free Press, 1950.

Pharo (Patrick), *Politique et savoir-vivre, enquête sur les fondements du lien civil*, Paris, L'Harmattan, 1991.

Rex (John), *Race and Ethnicity*, Milton Keynes, Open University Press, 1986.

Roux (Michel), *Les Harkis. Les oubliés de l'histoire, 1954-1991*, Paris, La Découverte, 1991.

Sartre (Jean-Paul), *Réflexions sur la question juive*, Paris, Gallimard, 1954.

Sayad (Abdelmalek), *L'immigration ou les paradoxes de l'altérité*, Bruxelles, De Boeck-Wesmael, 1991.

Schnapper (Dominique), *Juifs et Israélites*, Paris, Gallimard, 1980.

Schnapper (Dominique), Mendras (Henri), *Six manières d'être Européens*, Paris, Gallimard, 1990.

Schnapper (Dominique), *La France de l'intégration. Sociologie de la nation en 1990*, Paris, Gallimard, 1991.

Schnapper (Dominique), *L'Europe des immigrés*, Paris, François Bourin, 1992.

Schnapper (Dominique), *La communauté des citoyens. Sur l'idée moderne de nation*, Paris, Gallimard, 1994.

Sellam (Sadek), *L'islam et les musulmans en France. Perceptions, craintes et réalités*, Paris, Tougui, 1987.

Sellam (Sadek), *Être musulman aujourd'hui*, Paris, La nouvelle cité, 1989.

Sennet (Richard), *Les tyrannies de l'intimité*, Paris, Seuil, 1976.

Stora (Benjamin), *Histoire de la guerre d'Algérie (1954-1962)*, Paris, La Découverte, coll. Repères, 1993.

Stora (Benjamin), *Ils venaient d'Algérie. L'immigration algérienne en France, 1912-1992*, Paris, Fayard, 1992.

Strudel (Sylvie), *Votes juifs. Itinéraires migratoires, religieux et politiques*, Paris, Presses de Sciences Po, 1996.

Taguieff (Pierre-André), dir., *Face au racisme. 1. Les moyens d'agir*, Paris, La Découverte, 1991.

Taguieff (Pierre-André), dir., *Face au racisme. 2. Analyses, hypothèses, perspectives*, Paris, La Découverte, 1991.

Taguieff (Pierre-André), Delannoi (Gilles), dir., *Théories du nationalisme*, Paris, Kimé, 1991.

Taguieff (Pierre-André), *La force du préjugé. Essai sur le racisme et ses doubles*, Paris, La Découverte, 1988.

Tarrius (Alain), *Les fourmis d'Europe. Migrants riches, migrants pauvres et nouvelles villes internationales*, Paris, L'Harmattan, 1992.

Thompson (D.C.), *The Negro Leadership Class*, Englewoods Cliffs, Prentice Hall, 1963.

Tribalat (Michèle), *Faire France. Une enquête sur les immigrés et leurs enfants*, Paris, La Découverte, 1995.

Tripier (Maryse), *L'immigration dans la classe ouvrière en France*, Paris, CIEMI-L'Harmattan, 1990.

Weil (Patrick), *La France et ses étrangers. L'aventure d'une politique de l'immigration, 1938-1991*, Paris, Calmann-Lévy, 1991.

Whyte (W.F.), *Street Corner Society*, Chicago, University of Chicago Press, 1943.

Wieviorka (Michel), *La France raciste*, Paris, Seuil, 1992.

Wieviorka (Michel), dir., *Racisme et modernité*, Paris, La Découverte, 1993.

Wihtol de Wenden (Catherine), *Les immigrés et la politique. Cent cinquante ans d'évolution*, Paris, Presses de Sciences Po, 1988.

Wihtol de Wenden (Catherine), dir., *La citoyenneté*, Paris, Edilig, 1988.

Wihtol de Wenden (Catherine), *Citoyenneté, nationalité et immigration*, Paris, Arcantère, 1987.

Wilson (J.Q.), *Negro Politics. The Search for Leadership*, Glencoe, The Free Press, 1960.

Wirth (L.), *Le ghetto*, Paris, Aubier, coll. « Champ urbain », 1980.

Yonnet (Paul), *Voyage au centre du malaise français. L'antiracisme et le roman national*, Paris, Gallimard, 1993.

INDEX DES NOMS

Abélès (Marc) : 115, 147.
Abitbol (Michel) : 21.
Adrien-Brahim (A.) : 73, 76, 81.
Aïssou (Abdel) : 173.
Aït Ahmed (Hocine) : 53, 57.
Aït-Ouazzou (Areski) : 46.
Akroune (Adrien-Brahim) : 118.
Anglade (Jean-Jacques) : 163.
Arafat (Yasser) : 185, 186.
Aziz (S.) : 73.

Ballion (Robert) : 77, 82.
Barbara (Augustin) : 93.
Bastenier (Albert) : 22, 30.
Bayala (Augustin) : 131, 132, 133.
Belbahri (Abdelkader) : 207.
Benamou (Georges-Marc) : 220.
Benayoun (Chantal) : 228.
Bergé (Pierre) : 220.
Bidart (Claire) : 143, 144.
Bidault (Georges) : 183.
Birnbaum (Pierre) : 21, 23, 27, 28, 30, 171, 228.
Borkowski (Jean-Louis) : 63, 64, 66.
Bouamama (Saïd) : 129, 191, 192, 193, 194.
Boubakeur (Dalil) : 33, 50, 161, 162, 163.

Boulaouinat (Leïla) : 137.
Bourguiba, 102.
Bousquet (René) : 22.
Bozon (Michel) : 87.
Braud (Philippe) : 10.
Brunet (Jean-Paul) : 35, 139.
Burgat (François) : 170, 184.
Butzbach (Étienne) : 138.

Camilleri (Carmel) : 155.
Carignon (Alain) : 123, 134, 135.
Cesari (Jocelyne) : 150, 151.
Chabaga (Hocine) : 158, 160.
Chaban-Delmas (Jacques) : 123, 209.
Charlot (Jean) : 176.
Charlot (Monica) : 176.
Chebel (Malek) : 229.
Cherkaoui (M.) : 162.
Chesnières (Ernest) : 172.
Cheurfa (Sultana) : 171, 182, 183.
Chevallier (Jacques) : 111, 131, 132.
Chevènement (Jean-Pierre) : 108, 138, 139, 186, 203, 219.
Cheysson (Claude) : 193.
Chouraqui (André) : 37.
Citron (Suzanne) : 152.
Cohen-Albert (Phyllis) : 23, 30, 31, 171.

Cot (Jean-Pierre) : 209.
Crowley (John) : 123, 124, 145.

Dagnaud (Monique) : 190.
Dahbia (D.) : 61, 81, 83.
Dahmani (Arezki) : 171, 172, 174, 175, 178, 203.
Dassetto (F.) : 30.
Debré (Michel) : 18.
Defferre (Gaston) : 118, 209.
Delemotte (Bernard) : 111, 131, 132, 133.
Deschamps (André) : 140.
Désir (Harlem) : 204.
Destot (Michel) : 135, 136.
Diligent (André) : 123.
Djida (Toumi) : 101.
Doriot (Jacques) : 120, 139.
Douglass (William A.) : 24.
Dray (Julien) : 169.
Dubedout (Hubert) : 134, 135.
Dubet (François) : 60, 75.

Elkabach (Jean-Pierre) : 22.
Embarek (K.) : 51.

Fatima (N.) : 61.
Ferry (Jules) : 183.
Francillon (Alain) : 135.

Garraud (Philippe) : 67.
Gaudin (Jean-Claude) : 118.
Gaulle (Charles de) : 18, 51, 110.
Geisser (Vincent) : 11, 142, 143, 159, 160, 161, 162, 171, 207, 233.
Giscard d'Estaing (V.) : 203.
Grawitz (Madeleine) : 176.

Hadj (Messali) : 17.
Hamlaoui (Meckachera) : 162.
Hassan II : 47.
Hernu (Charles) : 136, 160.
Higham (John) : 176.
Hussein (Saddam) : 223.

Jazouli (Adil) : 99, 103.
Jelen (Christian) : 60, 201.
Jospin (Lionel) : 170.
Joxe (Pierre) : 158, 160.
Juteau-Lee (Danielle) : 25, 26.

Kaci (Rachid) : 203.
Kalfleche (Jean-Marc) : 47.
Kebtane (Kamel) : 158.
Kedadouche (Zaïr) : 162.
Kelfaoui (Schérazade) : 34, 35, 142, 204.
Kepel (Gilles) : 149.
Kettane (Nacer) : 189.
Khali (Khadija) : 162.
Kharmoudi (Mustapha) : 138, 139.
Kheira (K.) : 61.
Konopnicki (Guy) : 220.

Laronde (Michel) : 72.
Leca (Jean) : 25, 26, 176.
Lefèvre (Marianne) : 19.
Le Pen (Jean-Marie) : 29.
Leveau (Rémy) : 99, 152, 156.
Lévy (Bernard-Henri) : 23, 220.
Lévy-Leboyer (M.) : 81.
Lorcerie (F.) : 159.
Loyer (Barbara) : 19.
Lyautey (Hubert) : 183.
Lyman (Stanford M.) : 24.

Malika (C.) : 84.
Malik (Serge) : 169.
Martiniello (Marco) : 22, 176.
Maurras (Charles) : 227.
Mechri (Hervé) : 162.
Mehl (Dominique) : 212.
Mendjelli (Rachid) : 21, 150.
Mermaz (Louis) : 170, 179.
Merton (R. K.) : 74.
Meynier (Gilbert) : 17.
Minc (Alain) : 214.
Mitterrand (Danielle) : 189.
Mitterrand (François) : 20, 21, 22, 34, 130, 138, 161, 215, 222.
Mollet (Guy) : 21, 183.
Morel (Bernard) : 120.
Morin (Georges) : 170, 179, 180.
Muxel (Anne) : 154.
Myrdal (Gunnar) : 100.

Nahnah (Mahfoud) : 57.
Naïr (Sami) : 138.
Névache (Guy) : 135.

Noblet (Pascal) : 33.
Noir (Michel) : 118, 136.

Oriol (Michel) : 183.

Pasqua (Charles) : 35, 150, 159, 160, 162, 173, 203.
Poperen (Jean) : 136.

Queyranne (Jean-Jacques) : 136, 137.
Quilès (Paul) : 161.

Raoult (Éric) : 35, 162.
Rey (Henri) : 65, 139.
Rocard (Michel) : 135, 215.
Roy (Olivier) : 43.

Sabiani (Simon) : 120.
Sadi (Saïd) : 53, 57.
Sad Saoud (Hadjila) : 91, 92.
Sahiri (Aziz) : 135.
Saïd (B.) : 61.
Saïd (M.) : 52, 54, 76.
Samir (A.) : 52.
Sanmarco (Philippe) : 120.
Sartre (Jean-Paul) : 25, 228.
Sayad (Abdelmalek) : 183.
Schnapper (Dominique) : 152, 219.
Sfez (Lucien) : 75.
Sid-Cara (Nafissa) : 18.
Siméoni (Max) : 233.
Singly (François de) : 87.
Sitruk (Joseph) : 23, 26.
Smahi (Farid) : 197, 198, 199, 200.

Souchon-Zahn (M.-F.) : 67.
Stasi (Bernard) : 209.
Stora (Benjamin) : 18.
Streiff-Fenart (Jocelyne) : 87, 95, 96.
Strudel (Sylvie) : 227.
Subileau (Françoise) : 65.
Sulitzer (Paul-Loup) : 214.

Taboada-Leonetti (Isabelle) : 155.
Taguieff (Pierre-André) : 124, 145, 199, 202, 227.
Tahar (R.) : 61.
Tapie (Bernard) : 65, 214.
Taylor (Charles) : 11.
Tazdaït (Djida) : 71, 193, 233.
Tincq (Henri) : 163.

Valente (Dacia) : 233.
Vieille (Paul) : 183.
Vigouroux (Robert) : 118.
Villiers (Philippe de) : 29, 205.

Walzer (Michael) : 11.
Weber (Max) : 10, 24, 25.
Weil (Patrick) : 19.
Wihtol de Wenden (Catherine) : 19, 67, 69, 99, 109, 156.

Yonnet (Paul) : 202.

Zaïdi (Nora) : 71.
Zaïr (K.) : 82.
Zerdab (Nadir) : 118.
Zéroual (Liamine) : 50, 57.
Zéroulou (Zaïhia) : 78, 80, 81

Transcodé et achevé d'imprimer
par l'Imprimerie Floch
à Mayenne, en juillet 1997.
Dépôt légal : septembre 1997.
Numéro d'imprimeur : 41776.
Imprimé en France.